A ENGENHARIA NA HISTÓRIA

Sérgio Rolim Mendonça

A ENGENHARIA NA HISTÓRIA

e histórias de um engenheiro

Labrador

Coordenação editorial Pamela J. Oliveira
Assistência editorial Leticia Oliveira, Vanessa Nagayoshi
Direção de arte e capa Amanda Chagas
Projeto gráfico Vinicius Torquato
Diagramação Nalu Rosa
Preparação de texto Iracy Borges
Revisão Sérgio Nascimento
Imagens de miolo Acervo pessoal do autor

Dados Internacionais de Catalogação na Publicação (CIP)
Jéssica de Oliveira Molinari - CRB-8/9852

Mendonça, Sérgio Rolim
A engenharia na história e histórias de um engenheiro / Sérgio Rolim Mendonça.
São Paulo : Labrador, 2025.
320 p.

ISBN 978-65-5625-997-0

1. Engenharia - História 2. Crônicas I. Título

25-4126 CDD 620.009

Índice para catálogo sistemático:
1. Engenharia - História

Labrador
Diretor-geral Daniel Pinsky
Rua Dr. José Elias, 520, sala 1
Alto da Lapa | 05083-030 | São Paulo | SP
contato@editoralabrador.com.br | (11) 3641-7446
editoralabrador.com.br

Dedico este livro aos
32 milhões de brasileiros que não
têm acesso à água potável e aos
90 milhões de compatriotas que não
possuem acesso à coleta de esgotos.

Todo o conhecimento que acaba com palavras morrerá à mesma velocidade com que aparece, à exceção da palavra escrita: que é a sua parte mecânica.

O conhecimento do passado e dos lugares da Terra é o ornamento e o alimento da mente humana.

Aqui está algo que quanto mais é considerado mais é desprezado – o conselho.

Leonardo da Vinci

SUMÁRIO

Prefácio 11

Apresentação 15

1. Histoire des Égouts de Paris 23

2. Leonardo da Vinci e seus canais 31

3. Michelangelo e a tecnologia 35

4. Veneza e Leonardo 41

5. Andrés Pastrana e o guarda-chuva amarelo 45

6. Consultoria no Canadá sem o visto norte-americano 51

7. Agruras de um consultor na terra dos incas 57

8. Reflexões na Semana Santa 73

9. Sonho de uma manhã de verão 77

10. O lirismo de Coriolano 85

11. A genética do colecionador 89

12. As festas do imperador 95

13. O Lyceu Parahybano e o Sistema Educacional Brasileiro 103

14. O périplo de D. João 109

15. O esquecido padre Rolim da Inconfidência Mineira **115**

16. O chanceler Rolin no contexto da Idade Média **123**

17. Os vinhedos da Borgonha **129**

18. Henrique VIII e suas seis mulheres **135**

19. Napoleão e Josephine **143**

20. O caçador de livros **147**

21. Manuel de Oliveira Lima: Dom Quixote, o Gordo .. **153**

22. Joseph Stalin ou Vladimir Putin? **157**

23. Um brasileiro no Exército Libertador **161**

24. Carta de 11 de julho de 1944 .... **167**

25. Carta de Natal **169**

26. Antônio Guedes Barbosa e Sérgio Rolim: Coincidências do Destino **175**

27. As "Memórias" de Rubens Ricupero **179**

28. E os livros? Até quando resistirão? **187**

29. *O Livro de Kells* **193**

30. Praia do Poço — O paraíso perdido **199**

31. Uso da água — racionalização **207**

32. E a água, até onde? **213**

33. Meu encontro com o Dr. Odilon **221**

34. Reúso versus escassez de água **225**

35. Alternativas de saneamento para a cidade dos Reis Magos **231**

36. Fluoretação em águas de abastecimento **237**

37. Hidrologia médica **245**

38. O Aquífero Guarani **251**

39. Terremotos e a escala Richter **259**

40. A importância da informática na engenharia **267**

41. Inovações no novo Marco do Saneamento **275**

42. Sin aqua non: Reserva de água na Paraíba é crítica **297**

Posfácio **313**

Referências **315**

PREFÁCIO

Quem conhece Sérgio Rolim Mendonça sabe que ele é naturalmente agitado. Ele mesmo se reconhece assim. Só que a sua não é uma agitação qualquer, mas o reflexo de seu permanente empreendedorismo e de sua irrenunciável perseverança. Empreendedorismo que o faz realizar mil projetos, nunca se dando por satisfeito e nunca repousando sobre as conquistas; perseverança que o faz perseguir sonhos, a despeito das dificuldades, nunca entregando os pontos, nunca aceitando derrotas circunstanciais, pois ele sabe, com paciência e foco, dar tempo ao tempo e domar as circunstâncias, para afinal revertê-las a seu favor. Com essas duas virtudes, ele tem desbravado com êxito o seu caminho na vida e na profissão.

Dizer que ele é um vencedor é mais que uma obviedade: é uma constatação imposta pelos fatos. Um vencedor que não depõe as armas nem se cansa de lutar. Pois nele a palavra aposentadoria é sempre parcial, já que está sempre substituindo umas atividades por outras. Ao despedir-se dos empregos regulares, passou, por exemplo, a publicar livros, escrever artigos, prestar consultorias, proferir palestras e presidir sua querida Academia Paraibana de Engenharia. Sempre dinâmico e criativamente inquieto. Ou, como ele mesmo diz, resumindo: agitado, no melhor sentido da palavra.

Rica e versátil é a sua biografia, ainda em construção. Como engenheiro sanitarista, trabalhou na Companhia de Água e Esgotos da Paraíba (Cagepa) e em diversos países, reconhecido como uma autoridade em sua área de atuação. E foi nessa consagradora condição que se tornou o primeiro e até agora único paraibano a integrar a Academia Nacional de Engenharia, posição ilustre que, além de honrá-lo pessoalmente, honra o seu estado de origem e seus coestaduanos. Formado pela Universidade Federal da Paraíba, é a prova viva de que instituições menos badaladas e mais recentes são capazes de produzir profissionais de reconhecidos valor e talento.

Sua produção escrita já conta com vários volumes de vivo interesse humano e profissional: desde a narrativa de sua trajetória em *O caçador de lagostas* até o resgate de seu ilustre ascendente francês, o chanceler Rolin. É muito possível que esse cultivado pendor para as letras venha do seu bisavô Coriolano de Medeiros, fundador de nossa Academia Paraibana de Letras. Mas ouso afirmar que, mesmo sem essa influência avoenga, ele escreveria — e publicaria —, pois é daqueles naturalmente inquietos que precisam produzir através de múltiplos meios. Agora, ele nos brinda com sua mais recente produção: *A Engenharia na História e as histórias de um engenheiro*, uma coletânea cujos textos atestam sua devoção pelo ofício que escolheu e sua diversificada experiência mundo afora. Percebe-se também sua perseverança na busca de seus sonhos pessoais e profissionais, marca de sua personalidade afirmativa. O autor é daqueles que sabem o que querem, conhecem suas potencialidades e, por isso, não estão dispostos a renunciar facilmente a seus projetos.

A engenharia, sabe-se, não é para diletantes, mas apenas para vocacionados. Ninguém vai ser engenheiro por falta de opção. Pelo contrário. A engenharia é sempre uma consciente escolha por parte de seus discípulos, os quais a preferem a qualquer outro ofício. É uma área não raro ingrata em termos de reconhecimento e que pressupõe aptidão para a matemática e cálculos, requisito que afasta de cara a maioria dos pretendentes. Sérgio Rolim nasceu para ser engenheiro, vê-se logo por seu entusiasmo com a profissão que elegeu e pelo sucesso que nela obteve.

Uma característica marcante da personalidade de Sérgio é a permanente disposição para enfrentar desafios intelectuais e profissionais. Seu texto "A importância da informática na engenharia" dá uma nítida ideia de como ele não se acomoda e está sempre pronto para adquirir novos saberes, dentro e fora de sua especialidade. Sua curiosidade é daquelas que só os dotados de inteligência superior costumam ter. E isso certamente contribuiu para fazer dele o brilhante engenheiro sanitarista que se tornou, muito reconhecido nacional e internacionalmente, um pouco menos em sua terra natal, esta, sempre lenta e econômica no reconhecimento de seus filhos ilustres.

Tal como a medicina que cuida da saúde pública, a engenharia sanitária, que cuida dos assuntos relacionados ao fornecimento de água e de esgotos às cidades, não é um dos ramos mais vistosos da engenharia, no sentido de dar visibilidade e remuneração à altura do mérito de seus cultores. Sabemos que as relevantes obras dos engenheiros sanitários não "aparecem" como as dos outros engenheiros, não encantam os olhos das pessoas como algumas grandes realizações da engenharia civil, até porque as tubulações com que trabalham costumam ficar "enterradas", o que também explica o pouco apreço dos políticos por elas. Entretanto, quando abrimos uma torneira para colher água potável ou acionamos a descarga dos dejetos, podemos sentir e ver a suma importância desse discreto ramo da engenharia e de seus adeptos. O professor Damião Ramos Cavalcanti afirmou, com grande acerto, que o engenheiro sanitarista "é o médico das cidades". E de fato é. A ele devemos, pois, nossa saúde e tudo de bom que daí decorre. E no caso do nosso autor, arrisco dizer que a escolha dessa nobre especialidade foi talvez uma forma (consciente ou não) de homenagear seu pai, respeitado profissional da medicina em João Pessoa.

Os textos do presente livro abordam temas os mais diversos, desde os esgotos de Paris até a importância da informática na engenharia, passando pelas curiosas experiências internacionais do autor, na qualidade de consultor, e por alguns assuntos mais técnicos da área sanitária. Mas tudo perfeitamente acessível ao leitor leigo, num estilo de quem já se familiarizou com a escrita, familiaridade essa comprovada pela exitosa publicação de várias obras. Sérgio pensa bem e escreve bem, sendo hoje, em nosso meio, um dos engenheiros mais atuantes do ponto de vista cultural. Sua recente passagem pela presidência da Academia Paraibana de Engenharia e sua regular colaboração em revistas e veículos de comunicação social, inclusive os eletrônicos, colocam-no em posição de destaque na intelectualidade paraibana e brasileira.

O livro que o leitor tem agora em mãos é rico em informações e sabor, principalmente nos textos de conteúdo histórico. Sob alguns aspectos, poder-se-ia dizer que é um livro de crônicas, pelo menos em sua maior parte. E as crônicas, o leitor sabe, constituem, no melhor sentido da palavra, o refrigério da literatura.

Francisco Gil Messias
Membro da Academia Paraibana de Letras (APL), advogado, procurador federal, escritor, poeta e cronista colaborador de vários jornais e portais na Paraíba. Publicou quatro livros, com destaque para: *Um dedo de prosa* e *O redator de obituários*.

APRESENTAÇÃO

Esportista, pesquisador, engenheiro, professor, conferencista, escritor, homem social.

Neste seu mais recente livro *A Engenharia na História e histórias de um engenheiro*, Sérgio Rolim Mendonça honrou-me, convidando-me para apresentá-lo. Tarefa difícil, pois ele tem um vasto e profícuo *curriculum vitae* e não são as poucas linhas que escrevo que o identificam em sua plenitude. Diante dessa deferência tentarei descortinar relevantes características que distinguem o conterrâneo, colega e amigo Sérgio.

Esportista — Durante o curso de Engenharia Civil, tive Sérgio Rolim como colega de classe na Escola de Engenharia da Universidade da Paraíba (EEUP), posteriormente Centro de Tecnologia da UFPB. Nossa turma de 31 alunos era, na prática, dividida em dois grupos. O primeiro, que se dedicava mais aos estudos, e o outro mais envolvido na política estudantil, em movimentos de esquerda e, também, amantes de inúmeras serenatas. Sérgio, além de se enquadrar no primeiro grupo, também se dedicava com muito afinco aos esportes. Por ser um exímio jogador de voleibol, foi um dos grandes responsáveis por levar nossa escola a ser tricampeã das olimpíadas universitárias. Por grande afeição aos esportes também praticou basquete, tênis e judô.

Foi eleito pela Federação Paraibana de Desportos Acadêmicos (FPDA) como o melhor cortador de voleibol dos VII Jogos Universitários da Paraíba. Destacou-se, durante os cinco anos do curso de Engenharia, defendendo a UFPB nos jogos universitários regionais e nacionais. Merecedor de muitas medalhas, foi titular em 66 jogos interestaduais.

Pesquisador — Iniciei meu contato com Sérgio durante o trote, após a aprovação do vestibular em 1963. Não tive a alegria de conhecê-lo no início de sua adolescência. Porém, lendo seu discurso de posse no IHGP,[1] encontrei alguns detalhes de sua infância/juventude. Verifiquei que desde essa época já possuía inclinação para a pesquisa. Os três trechos seguintes nos mostram essa tendência:

> [...] Quando estava bem próximo a completar 12 anos de idade, meu querido pai Francisco Mendonça Filho estava indo a São Paulo no começo do mês de dezembro, levando um irmão para tratamento de saúde. Aproveitei o ensejo para pedir-lhe que comprasse um presente que me fosse entregue na véspera de Natal, já que naquela altura de vida não esperava mais nada de Papai Noel. Havia lido a propaganda da referida encomenda em uma revista, cujo artigo era designado como "Polioptcon". Era um brinquedo diferente, fabricado por uma indústria de aparelhos ópticos denominada D. F. Vasconcellos. Consistia em uma caixa com um conjunto de 27 peças numeradas que nos dava condição de montar uma grande variedade de aparelhos ópticos como microscópios, lunetas, lupas, binóculos etc. Para mim, foi o melhor presente que recebi na minha vida. Passei as férias e um largo tempo tentando aperfeiçoar esses citados aparelhos, principalmente as lunetas, para tentar observar a lua mais de perto e os microscópios para examinar em detalhes fios de cabelo, moscas, pernilongos e formigas [...].

> [...] Um ano depois recebi de meus queridos pais outro maravilhoso presente. Era uma mala de tamanho razoável,

1 Instituto Histórico e Geográfico Paraibano *(IHGP). Solenidade de Posse, Sérgio Rolim Mendonça.* João Pessoa, Ed. Ideia, 2022.

patrocinada e difundida pela Unesco, contendo um mini laboratório de química com as principais vidrarias, tais como tubos de ensaio, pipeta, bureta, cadinho com sua tela de amianto, lâminas para exames em microscópio, frasco Erlenmeyer, vários tipos de ácidos, bases, sais etc. Depois de certo tempo manuseando essas substâncias, resolvi um dia preparar um veneno para matar as formigas que infestavam o quintal de nossa casa. Misturei todos os ácidos disponíveis e adicionei sulfato de cobre para o líquido se tornar azulado e o despejei nos formigueiros. Coitadas das formigas! Quando ingressei no primeiro ano científico (hoje ensino médio) já sabia de memória as fórmulas químicas dos principais produtos usados com frequência. Creio que, graças a esses dois magníficos presentes, avançou na minha mente de pré-adolescente meu interesse pela pesquisa [...].

[...] Para complementar, outro fato que me vem à memória, ocorrido nesse mesmo ano. No dia 19 de abril de 1957, Sexta-feira Santa, no período da tarde (ainda morava com meus pais na casa de meus avós maternos Romualdo e Edwirges Rolim). Meu programa nesse dia seria assistir à procissão da Sexta-Feira da Paixão que passava anualmente em frente à nossa casa, localizada na rua Duque de Caxias (antiga rua Direita). Porém, nessa ocasião estava no quintal, próximo ao galinheiro, esperando que alguma das aves pusesse um ovo. Alguém me disse que um ovo posto nesse dia santo nunca ficaria podre. Após muita espera, ansiedade e torcida, consegui obter o desejado material para minha pesquisa. Escrevi a data utilizando minha caneta Parker 51, com muito cuidado para evitar danificá-lo, e o guardei logo após, na cristaleira de minha avó. Com o passar do tempo, verifiquei que era verdade. O ovo secou internamente

> e nunca se estragou. Essa preciosidade passou cerca de vinte e dois anos no citado móvel até desaparecer, após o falecimento de meu avô. Suponho que alguém deve tê-lo jogado no lixo [...].

Engenheiro — Iniciou sua carreira profissional no final do segundo ano de Engenharia, como estagiário do Departamento de Água e Esgotos da Capital (Daec) e, logo após sua formatura, foi aprovado em concurso para engenheiro do Departamento de Saneamento Básico da Sudene. Não satisfeito, regressou depois de um ano à Companhia de Água e Esgotos da Paraíba (Cagepa). Trabalhou durante 27 anos, exercendo diversas funções, entre elas, o cargo de diretor de operação e manutenção. Neste período na empresa aprimorou sua formação, graduando-se engenheiro sanitarista pela Faculdade de Higiene e Saúde Pública da Universidade de São Paulo (FSP/USP). Obteve alguns anos depois o título de *Master of Science* em Controle da Poluição Ambiental pela Leeds University, na Inglaterra.

Admitido por concurso na Organização Pan-Americana da Saúde (Opas/OMS), exerceu o cargo de assessor em saúde e ambiente durante sete anos, na Colômbia e no México. Posteriormente ocupou o posto de assessor para a América Latina e o Caribe em sistemas de águas residuais do Centro Panamericano de Ingeniería Sanitaria y Ciencias del Ambiente/Centro Pan Americano de Engenharia Sanitária e Ambiental (Cepis/Opas/OMS), com sede em Lima, Peru.

É autor de mais de 60 projetos elaborados nas áreas de abastecimento e tratamento de água, saneamento e tratamento de águas residuais domésticas e industriais, drenagem urbana e meio ambiente.

Laureado com vários prêmios no Brasil e no exterior por sua exitosa atuação na área ambiental, com destaques para: "Premio Nacional Acodal Luis Loboguerrero, Gota de Agua", outorgado pela Asociación Colombiana de Ingeniería Sanitaria y Ambiental (Acodal) e entregue à Representação da Opas/OMS Colômbia, pela cooperação técnica da Opas na área de saneamento ambiental no país; "Diploma" recebido da Abes Nacional pelos relevantes trabalhos prestados à causa do saneamento ambiental no Brasil; "Medalha ao Mérito" outorgada em reconhecimento pela sua contribuição técnica e científica à Universidad Nacional Santiago Antúnez de Mayolo, Huaraz, Ancash, Peru; "Medalha do Mérito 2016", honraria entregue anualmente a 12 nomes da engenharia brasileira pelo Confea/Crea/Mutua; "Medalha do Mérito Educacional do IFPB – Coriolano de Medeiros", e "Acadêmico Benemérito" da Academia Paraibana de Medicina (APMED).

Professor — Durante 24 anos exerceu o magistério como professor da disciplina Cálculo Diferencial e Integral no Instituto Central de Matemática no início de sua carreira, e no Centro de Tecnologia da UFPB, lecionando várias matérias na área de saneamento, no curso de Engenharia Civil.

Durante esse período, participou de comitês de bancas examinadoras de 16 dissertações de mestrado do curso de pós-graduação em Engenharia Civil da UFPB. No ano 2000, fez parte da banca examinadora de uma tese de doutorado, convidado por "notório saber", do curso de pós-graduação em Engenharia Civil e Sanitária da Escola de Engenharia de São Carlos da Universidade de São Paulo (EESC/USP). Aposentou-se como professor titular, recebendo em 2006 o honroso título de professor emérito da UFPB.

Durante a vida profissional, ministrou pouco mais de 2.500 horas de aula em cursos de extensão nas áreas de abastecimento de água, saneamento e despejos industriais na capital de 21 estados do Brasil, além de Brasília, e em 12 países da América Latina, onde tem trabalhado como consultor para várias firmas brasileiras e estrangeiras em diversos países da região, além da Opas/OMS.

Conferencista — Reconhecido sanitarista no Brasil e no exterior, proferiu mais de 30 conferências nas Américas. Devido ao sucesso alcançado após a publicação de seu livro *Sistemas de lagunas de estabilización: cómo utilizar aguas residuales tratadas en sistemas de regadío*, foi convidado para proferir a palestra magna "Lagoons in Latin America", no workshop sobre tratamento de esgotos durante o congresso da Water Environment Federation (WEF) nos Estados Unidos, em Anaheim, na Califórnia. Um restrito grupo participou desse evento composto pelas principais autoridades norte-americanas da área ambiental, com destaque para George Tchobanoglous, Ronald Crites, E. Joe Middlebrooks e Richard Otis.

Escritor — Seus livros técnicos mais conhecidos são: *Manual do reparador de medidores de água*, Cetesb, SP (edição original publicada quando tinha 26 anos de idade, pela Companhia de Águas e Esgotos do Rio Grande do Norte — Caern); *Sistemas de lagunas de estabilización*, McGraw-Hill, e *Sistemas sustentáveis de esgotos*, Blucher, SP, em coautoria com sua filha Profª. Dra. Luciana Coêlho Mendonça. Sobre o tema biografia, os mais divulgados de seus livros são: *O caçador de lagostas* e *A saga do chanceler Rolin e seus descendentes*, ambos com o selo da Editora Labrador.

Ouso afirmar que poucos colegas e conterrâneos conhecem o Sérgio, que se tornou um cidadão do mundo. Em alguns momentos o acompanhei, viajando profissionalmente, e outras vezes como um viajante curioso e ávido para ampliar sua visão da história, cultura e desenvolvimento de outras nações.

Homem social — O cidadão Sérgio vem colaborando no campo associativo desde 1967, quando foi eleito presidente da Associação Atlética da Escola de Engenharia da UFPB, ainda estudante. Foi ainda um dos fundadores da Associação Brasileira de Engenharia Sanitária e Ambiental (Abes), Seção Paraíba, 1975. Presidiu essa seção por dois mandatos, foi eleito posteriormente diretor nacional e, em seguida, conselheiro dessa entidade. Na Colômbia, exerceu o cargo de presidente da Associação de Pessoal da Opas/OMS. Também foi o principal fundador da Academia Paraibana de Engenharia (Apenge), onde exerceu quatro mandatos como presidente.

Sérgio é casado desde 1968 com Maria Lúcia Coêlho Mendonça e têm três filhos: Fábio (bacharel em Direito), Luciana (engenheira que está seguindo o mesmo caminho do pai, professora universitária e autora de livros na área de saneamento) e Juliana (médica cardiologista e intensivista), além de cinco netos. Afirma que sua esposa Lucinha, como ele carinhosamente a chama, foi sempre seu porto seguro, uma grande companheira, responsável por tudo o que conquistou.

Ao ler esta obra é fácil depreender as luzes do seu conhecimento, sua inteligência, o merecido prestígio e o lugar de destaque que ocupa no campo profissional e literário.

Paulo Bezerril Junior

Exerceu os cargos de secretário nacional de saneamento do Ministério da Ação Social (MAS-BR), superintendente do Departamento de Águas e Energia Elétrica (DAEE-SP), diretor financeiro da Companhia de Tecnologia de Saneamento Ambiental (Cetesb) e diretor de obras hídricas do Ministério de Integração Nacional (MIN-BR)

1. HISTOIRE DES ÉGOUTS DE PARIS

Os romanos, desde a República (650 a.C. – 27 a.C.) e o Império (27 a.C – 476 d.C.), adoravam muitas divindades: uma delas era a deusa Cloacina. Cloacina era a deusa da Cloaca Máxima (principal coletor de Roma) e de todo o sistema de esgotos da cidade. A primeira moeda romana mostrando a Sagrada Cloacina foi cunhada no ano 42 a.C.,[2] dois anos depois da morte de Júlio César por Brutus, quando recebeu 23 punhaladas em um assassinato coletivo organizado pelo Senado romano, no dia 15 de março de 44 a.C. Usando seu conhecimento alexandrino, César havia corrigido o erro dos Idos de Março e, para o futuro, estabeleceu um ano de 365 dias, com um dia adicional inserido no final de fevereiro a cada quatro anos. Cloacina foi o ícone da infraestrutura do serviço público de Roma, considerada vital para seu desejado modo de vida — boa saúde por meio do saneamento.

O famoso escritor Victor Hugo foi imortalizado em *Les Misérables*. Segundo opinião do prêmio nobel de Literatura Mario Vargas Llosa, foi o melhor livro que leu até hoje. Esse livro começa com uma entusiasmada descrição científica das virtudes do excremento como abono para rejuvenescer as terras de cultivo e do proveito material que um bom governo pode tirar dos dejetos humanos.

Pierre Albuory[3] cita que Victor Hugo teve a ideia de usar as fezes humanas como fertilizante, influenciado pelo poema filosófico de Pierre Leroux, autor do *La Grève de Samarez*, livro no qual esta era a ideia mestra.

---

2 Disponível em: www.wildswinds.com.

3 ALBOURY, Pierre *apud* LLOSA, Vargas. El olor de la pobreza. *El País*, 19 nov. 2006.

Do livro de Victor Hugo, publicado em 1862, podemos extrair alguns trechos:

> [...] A ciência, depois de muito tempo testando, sabe atualmente que o adubo mais fecundante e mais eficaz é o adubo humano...; [...] Todo adubo humano e animal que o mundo perde, devolvido à terra em vez de ser jogado à água, bastaria para alimentar o mundo inteiro...; [...] Não há esterco comparável em fertilidade aos detritos de uma capital... [...]; Empregar a cidade para adubar o campo seria um sucesso certeiro...; [...] É a própria substância do povo que é levada, aqui, gota a gota, ali, em ondas, pelo miserável vômito dos nossos esgotos nos rios, e pelo gigantesco vômito dos nossos rios no oceano [...].

Ainda nesse artigo, cita-se que Vargas Llosa diz: "[...] O objeto que melhor representa a civilização não é o livro, o telefone, a internet ou a bomba atômica. É a privada [...]".[4]

Um dos maiores biógrafos brasileiros, Ruy Castro, destaca no artigo "O grosso e o fino": "[...] Nossas favelas têm computadores, TVs de plasma, gatonet e micro-ondas, mas não têm esgoto – os apartamentos de luxo da Barra da Tijuca no Rio de Janeiro também não [...]".[5]

Voltando a Victor Hugo em seu famoso livro *Os miseráveis*, é importante lembrar que, na sua época, já comentava:

> [...] A história da humanidade é refletida na história dos esgotos; [...] Crime, segredos, protesto social, liberdade de consciência, pensamento, roubo, tudo que as leis

4 LLOSA, Vargas. El olor de la pobreza. *El País*, 19 nov. 2006.

5 CASTRO, Ruy. O grosso e o fino. *Folha de S.Paulo*, 4 out. 2010. Disponível em: https://tinyurl.com/mrv7kvsd. Acesso em: 3 abr. 2025.

> humanas acusam ou têm acusado, foi escondido nesse sumidouro; [..] Das barricadas erguidas durante a revolta de junho de 1832, havia algo de cloaca nesse reduto e algo olímpico nesse emaranhado [...].

Para muitos burgueses franceses do período, o esgoto fez lembrar diversas ameaças, incluindo desordem social apresentada à civilização (o ano de 1832 foi um ano de grandes epidemias de cólera, bem como da insurreição). A história indica que redes de esgotos não foram introduzidas para aumento da comodidade ou para melhor forma de vida. Foram impostas a partir de 1832, quando a Europa foi invadida pelas epidemias de cólera.

No período Gálico-Romano a cidade de Paris chamava-se Lutetia, cuja população aproximava-se de oito mil habitantes. Abrangia a "Ille de Cité" e a parte oriental do 5º *arrondissement* da Paris atual. A água era captada do rio Sena ou de seus tributários com o rio Bièvre na margem esquerda. Nesse período, no ano 100 d.C., foi construído o aqueduto Arcueil, que transportou as águas das fontes do Ranges para abastecer as termas públicas de Lutetia. Havia também poços e a água era abundante. O aqueduto Arcueil tinha 20 km de extensão e foi destruído pelos normandos no século IX.

A água era utilizada para higiene pessoal, lavagem de pratos etc. e era jogada nos campos ou nas ruas de terra porque não havia drenagem. Os despejos eram dirigidos diretamente ao rio Sena através do solo, ao longo das suas margens. A terra funcionava como um dreno natural e a população não era suficiente para criar nenhuma poluição real.

A população começou a crescer rapidamente no século X depois do período de decadência relacionado com invasões normandas, já contando com 100 a 150 mil habitantes. Essa população era distribuída na margem direita do Sena, com os distritos do Louvre, Halles e Marais. A margem esquerda tornou-se distrito de estudantes. Em 1190, Philippe Auguste construiu uma muralha ao redor da cidade.

Devido ao longo período de guerra e desordem no comércio, essa aparente idade de ouro da ecologia urbana foi modificada com imposição de autarquia na cidade, chegando ao clímax no reinado de Luís XIII (1610-1643).

Em Paris, cada *quartier* criava lixões fora da cidade amuralhada. Alguns deles chegavam a tal altura que tinham que ser incorporados na cidade fortificada por temor de que os inimigos pudessem usá-los como posição para grandes equipamentos militares durante um cerco.

No começo do século XVI, a maioria dos parisienses não morava em habitações equipadas com fossas. Três anos depois da praga de 1530, um decreto real intimou os proprietários a construir sumidouros em cada nova habitação. Novo decreto em 1539 ameaçou o proprietário do imóvel que não conseguisse cumprir com a intimação com a apreensão de sua casa e uso da renda para pagar a instalação da fossa.

Um relatório elaborado no fim do reinado de Luís XIII revelou que Paris tinha 24 coletores de esgotos em 1636, a maioria em muito mal estado ou obstruída com lixo apodrecido. Habitantes pagavam pela construção de coletores de esgotos e drenagem de águas pluviais desde o final da Idade Média, sem nenhuma preocupação para onde iam esses efluentes: para o vizinho ou para áreas adjacentes. Alguns coletores públicos eram privados e individuais, como o Palácio da Justiça e o *Archevêché*. Seus efluentes eram descarregados diretamente no rio Sena.

Autoridades municipais continuaram a implantar esgotos em Paris durante o Velho Regime (séculos XVI a XVIII). Em 1663, foram implantados mais de 10 km de coletores, correspondendo a 25% da rede de Paris. A falta de uniformidade na altura dos coletores dificultava a circulação de ar. Com exceção de alguns poucos coletores próximos a fontes de água, só havia escoamento nos períodos de chuva. Esgotos escondiam seus dejetos, porém raramente eram limpos. Galerias tinham muito pouca declividade, várias dimensões e vários tipos de seção transversal. Somente em 1674 foi emitida uma ordem requerendo que a matéria fecal fosse mantida separada de outros tipos de dejetos nesses locais. No ano de 1780, limpadores de ruas com contrato com a municipalidade removeram 270 mil metros cúbicos de lodo (dez vezes mais do que limpadores de fossas coletavam).

Grande reservatório foi construído por Michel-Étienne Turgot na cabeceira de um coletor para facilitar sua limpeza com descargas regulares, além de estabelecer comportas para reter a água durante incêndios (1740). Numa rara mostra de interesse por esgoto, Luís XV (1710-1774) e seu séquito assistiram à inauguração da primeira descarga desse reservatório. Luís XV permaneceu cerca de meia hora conversando sobre a beleza desse projeto. Em 1779, um relatório confirmou que Paris estava perdendo a guerra com os coletores. Setenta coletores estavam totalmente obstruídos com lodo de esgoto e lixo.

Karl Marx e Friedrich Engels citam:

> [...] Excrementos do consumo são de maior importância para a agricultura. Com respeito à sua utilização, há um enorme desperdício na economia capitalista. Em Londres, por exemplo, não encontraram nada melhor para o uso de excreta de 4,5 milhões de seres humanos do que contaminar o Tâmisa com o dispêndio de pesados custos [...].[6]

Durante o Segundo Império (1852-1870), A. Mille citou em seu relatório de 1854 as cidades que visitou na Itália, Espanha e Grã-Bretanha para estudar o esgoto por filtração e irrigação com o resíduo orgânico servindo como fertilizante. Retornou

6 MARX, Karl; ENGELS, Friedrich. *O capital*. Vol. III, apud *Marx and Engels on Ecology*, ed. Howard Parsons, 1977, p.176.

à França convencido de sua importância. Plantou 27 tipos de vegetais cujo valor de mercado foi seis vezes superior aos grãos que haviam sido cultivados antes da irrigação com esgoto. O Jardim Modelo com esses vegetais foi elogiado durante a Exposição Universal de 1867.

Entre 1869 e 1870, A. Mille e Durand Claye cruzaram o Sena e utilizaram modelo de jardim de uma propriedade com 6 hectares em Gennevilliers que não usava esgoto doméstico como adubo. Essa fazenda estava localizada em área rural isolada, com população esparsa, solo arenoso, bastante poroso e inadequado para a agricultura. Irrigaram essa área com esgoto bruto e permitiram que 40 voluntários da cidade plantassem vários tipos de vegetais sem nenhuma cobrança do governo. O resultado foi espetacular, tanto para os agricultores como para os visitantes. Em julho de 1870, 165 fazendeiros da comunidade assinaram petição à Prefeitura de Paris para a extensão da distribuição gratuita do esgoto. Napoleão III (1848-1870), sobrinho de Napoleão Bonaparte, talvez um pouco cético, foi incógnito a Gennevilliers, porém regressou a Paris com uma abundância de belíssimos vegetais para sua mesa. Depois da irrigação, a antiga terra árida em Gennevilliers era capaz de produzir 40 mil cabeças de repolho, 60 mil pés de alcachofra e 90 toneladas de açúcar de beterraba por hectare. Também tiveram sucesso com espinafre, feijão, ervilha, aipo, aspargos, cebola, nabo, alface, chicória e morango. Oitocentas vacas se alimentavam do capim produzido em Gennevilliers em 1885. Entre 1889 e 1901, foram construídos oito estábulos para as vacas, uma fazenda para criação de porcos e outra para criação de carneiros. Na virada do século (1900), Paris estava irrigada com 5.000 hectares de terra e cada hectare recebia diariamente cerca de 40 mil metros cúbicos de esgotos.

Entretanto, o conteúdo do sistema de esgoto ampliado no Segundo Império continuava a ser despejado no rio Sena. Em 1874, 450 toneladas de esgoto eram despejadas diariamente em Clichy e Saint-Denis. O rio Sena não tinha capacidade de absorver todo esse esgoto. Imensas bolhas de gás com até um metro de diâmetro, durante o verão, emanavam dessa matéria putrefata e emergiam na superfície da água desse rio. Águas do rio Sena só começavam a apresentar sua normal aparência a 75 quilômetros a jusante dessas descargas.

O engenheiro civil francês Marie François Eugène Belgrand (1810-1878) foi um dos principais responsáveis pela modernização do sistema de esgotos de Paris, durante o século XIX. Muitas de suas obras ainda são utilizadas atualmente. O prefeito de Paris, Georges-Eugène Haussmann, foi incumbido por Napoleão III de modernizar a cidade, escolhendo Belgrand como diretor do Departamento de Água e Esgotos de Paris, em março de 1855. O sistema de esgotos da cidade foi quadruplicado entre 1852 e 1869. A rede de esgotos possuía no ano 2000 cerca de 2,35 milhões de metros de extensão.

Os principais acidentes que ocorriam com os trabalhadores de esgotos (*égoutiers*) eram quedas nos subterrâneos escuros, asfixia devido aos gases dos esgotos, afogamento devido às enchentes, picadas de aranhas e insetos venenosos e contaminação pela urina dos ratos. As mortes eram devidas principalmente à tuberculose. Estudos médicos recentes mostram que os *égoutiers* parisienses possuem nos seus ventres cinco a seis vezes mais parasitas intestinais que outros indivíduos da mesma classe socioeconômica.

Valéry Giscard d'Estaing foi citado no periódico *L'Observateur*, em 2/12/1974, com a frase: "[...] Os franceses têm muito orgulho dos trabalhadores dos esgotos, sinto isso profundamente. Todos os franceses são os mesmos — engenheiros e varredores de ruas [...]".

Os projetos de Belgrand são um dos mais extensivos sistemas de esgoto urbano existentes no mundo, servindo como fase transicional para o tratamento moderno de esgotos. Atualmente a cidade parisiense possui a maior estação de tratamento de esgotos da Europa, a "Seine Aval", que trata mais de 75% dos esgotos gerados pela população. Em 2015 já havia atingido tratamento terciário na estação de tratamento de esgotos com nitrificação e desnitrificação. Sua capacidade de tratamento é de 2,1 milhões de metros cúbicos por dia.

A origem das visitas aos esgotos de Paris data de 1867, quando houve a Exibição Universal patrocinada pelo barão Haussmann, prefeito do Distrito do Sena, que deu oportunidade aos parisienses de ver por eles próprios as custosas obras implantadas para resolver, da melhor maneira possível, os problemas de tratamento de esgotos da Cidade Luz. A Editora Larousse relatou em 1870 que "[...] todo mundo sabe que nenhum estrangeiro distinto quer deixar Paris sem esse singular passeio [...]". De 1892 a 1920, a visita aos esgotos era realizada por meio de um vagão puxado por uma locomotiva que transportava os passageiros através do principal coletor Sébastopol, no último sábado de cada mês. O rei de Portugal foi o primeiro dignitário a visitar os esgotos de Paris. Entre 1920 e 1975, a visita aos esgotos de Paris era realizada em botes que faziam o percurso no coletor principal Asnières, entre Madeleine e Concorde, toda quinta-feira e no último sábado do mês. O sucesso foi tão grande que não havia vaga para tanta gente. A ideia então foi organizar um circuito que podia ser feito a pé com roupas normais, em uma locação central com fácil acesso. Desde 1975, a visita ao museu dos esgotos de Paris é realizada próximo à Pont de l'Alma, na margem esquerda do rio Sena, próximo à torre Eiffel. O local foi modernizado e ampliado em 1989.

2. LEONARDO DA VINCI E SEUS CANAIS

Leonardo da Vinci, em uma de suas listas de coisas a fazer, incluiu como um dos itens a realizar o seguinte tópico: "Descreva a língua do pica-pau". Como é possível que um gênio, um homem excepcional, dotado de uma inteligência quase divina e faculdades fora do comum, pudesse se preocupar com um assunto que na vida prática parece não ter nenhuma utilidade real?

Leonardo nasceu em 15 de abril de 1452 em Anchiano, Florença, próximo de Vinci. Faleceu na França no dia 2 de maio de 1519, com a idade de 67 anos. Incursionou por campos bem diversos, como a pintura, arquitetura, escultura, astronomia, matemática, anatomia humana e animal, hidráulica, óptica, aerodinâmica, cartografia, topografia etc.

Ficou mais conhecido internacionalmente devido à pintura *Mona Lisa/La Gioconda*, cujo original pertence aos acervos do Museu do Louvre em Paris. Entre suas pinturas não menos famosas podemos citar: *Ginevra de' Benci*, National Gallery of Art, Washington, DC; *A Madona com o Cravo*, Munique; *A Anunciação* e *A Adoração dos Magos*, ambos na Galleria degli Uffizi, Florença; *Cecila Gallerani (Dama com Arminho)*, Museu Narodowe, Cracóvia; *Retrato de uma Desconhecida (La Belle Ferronnière)*, Museu do Louvre, Paris; *A Virgem dos Rochedos*, National Gallery, Londres; *A Última Ceia*, Santa Maria da Graça, Milão.

Para quem se interessar pela vida de Leonardo, um livro recente, escrito pelo proeminente biógrafo Walter Isaacson, foi publicado em 2017 pela Intrínseca com o título *Leonardo da Vinci*. Para que saciem sua curiosidade, a língua do pica-pau pode se estender por mais que o triplo do comprimento de seu bico. Ela se retrai para dentro do crânio quando não está sendo usada. Suas estruturas similares a cartilagens se prolongam para além da mandíbula, envolvendo a cabeça da ave e fazendo uma curva para baixo, na direção das narinas. Isso é muito importante para proteger seu cérebro do impacto quando bica uma árvore, além de facilitar na busca de alimentação durante a caça às larvas. A batida com repetição contra a casca de uma árvore equivale a dez vezes a força necessária para matar um ser humano. Sua língua bastante comprida e sua estrutura de suporte funcionam como uma espécie de amortecedor, protegendo seu cérebro do choque.

Os estudos de Leonardo sobre fenômenos hidráulicos se anteciparam a conceitos que são considerados hoje próprios de estudos avançados nessa área da engenharia. Desde sua chegada à corte milanesa, em 1482, até 1499, quando deixou a cidade, elaborou projetos de medição de vazões, canalizações, canais e irrigações, e controlou instalações hidráulicas. Com o muito que aprendeu em Milão, sonhou em transformar a Toscana mediante a derivação de um canal para Florença com o desvio do rio Arno, passando por Prato, Pistoia, Serravalle e incorporando Pisa. A ideia era fertilizar essas áreas e possibilitar o estabelecimento de novos moinhos com os quais se poderia obter um lucro de 200 mil ducados anuais (um ducado era uma moeda de ouro pesando 3,5 gramas, correspondendo hoje a aproximadamente mil e duzentos reais). Seus estudos, com o apoio de seu amigo Nicolau Maquiavel, previam a escavação de uma enorme vala, com cerca de 10 metros de profundidade, em um trecho do rio Arno localizado antes de Pisa, desviando essa água para Florença com o uso de barragens. Uma barragem seria construída dentro do rio, depois outra mais adiante na correnteza, um pouco à frente da anterior e, de forma similar, uma terceira, quarta e quinta barragens, permitindo que o rio desembocasse no canal construído para ele. As obras para a construção desse canal começaram em 1504 com vazão média prevista por Leonardo da ordem de 36 metros cúbicos por segundo. A título comparativo, o Canal Adutor Acauã-Araçagi, a principal obra hídrica que está em fase de construção na Paraíba e que receberá água da transposição do rio São Francisco, terá vazão máxima de 10 metros cúbicos por segundo, em um trecho com extensão de 150 quilômetros. Entretanto, o projeto de Leonardo não foi obedecido. Foram construídas duas valas em paralelo, cada qual com 4 metros de profundidade. Não deu certo e a obra foi abandonada.

O professor venezuelano Santos Eduardo Michelena apresentou os cálculos de vazão com os dados das dimensões desse canal trapezoidal projetado por da Vinci, obtidos com computadores sofisticados.[7] A diferença do resultado obtido pelo engenheiro Michelena para o dele foi de apenas 8%, mesmo sem Leonardo possuir conhecimento de hidráulica superior, nem contar com nenhum recurso de informática.

Imaginem se Leonardo da Vinci vivesse nos tempos atuais!

---

7 MICHELENA, Santos Eduardo. *Apuntes sobre los dibujos hidráulicos de Leonardo da Vinci*. Hidroven, 1997.

3. MICHELANGELO E A TECNOLOGIA

Michelangelo di Lodovico Buonarroti Simoni, não menos famoso que Leonardo da Vinci, nasceu em um castelo em ruínas do Casentino, na Toscana, construído sobre uma crista rochosa no alto de um despenhadeiro, onde abaixo corre o Tibre seguindo seu curso em direção a Roma, em 6 de março de 1475, falecendo em Roma no dia 18 de fevereiro de 1564, aos 89 anos. Era 23 anos mais moço que Leonardo da Vinci.

Michelangelo era famoso como escultor. Entre suas mais importantes esculturas destacam-se *La Pietà* e a estátua de *Davi*.

Devido ao impacto da morte de Lorenzo de Medici em 1492, Michelangelo saiu de Florença, passando por Veneza, Bolonha, regressando a Florença cinco anos depois, em 1497, mas rumando imediatamente até Roma. No ano de 1497 o cardeal francês Jean Bilhères de Lagraulas encomendou ao escultor sua obra mais famosa, *La Pietà*, esculpida em mármore, para ser instalada na Basílica de São Pedro no Vaticano. Essa obra, executada entre os anos de 1498 e 1499, está excepcionalmente polida e acabada, e com ela talvez Michelangelo tenha alcançado a verdadeira perfeição. O artista sentiu-se tão orgulhoso dessa escultura que esculpiu a sua assinatura na fita que divide o peito da Virgem Maria (é o único mármore assinado pelo autor).

Em 1501, Michelangelo regressa a Florença e no ano seguinte começa a esculpir a estátua do herói bíblico Davi, uma escultura em mármore com 5,17 metros de altura, concluída em 1504. É um fascinante modelo escolhido pelo artista com um nu completo, mostrando a turbulência interior que a figura deixa transparecer. A estátua de *Davi* tornou-se um símbolo de Florença, mostrando o triunfo da democracia contra o poder dos Medici.

Quatro anos depois da conclusão de *Davi*, Michelangelo foi contratado em 1508 pelo papa Júlio II para pintar os afrescos da Capela Sistina na Basílica de São Pedro no Vaticano. Por incrível que pareça, Michelangelo detestava a pintura (talvez, para não competir com Leonardo). Por esse motivo, antes de aceitar a obra, redigiu várias cartas demonstrando seu descontentamento. O teto da Capela Sistina mede 40 m × 14 m e foi pintado no período entre 1508 a 1512. A técnica de pintura usada era chamada de *buon fresco* (afresco), requerendo que o artista pintasse em reboco úmido, fazendo com que o processo de pintura tivesse que ser rápido, não podendo haver correções ou repinturas. As nove cenas principais, que representariam a criação de Deus do mundo e do homem no Gênesis, foram ideia de Michelangelo. O papa Júlio II não interferiu em nenhum momento no projeto, nem na execução da obra. Os afrescos da Capela Sistina são uma impressionante façanha que ainda hoje deslumbra e impressiona o mundo.

Os turistas que visitam a Capela Sistina ficam impressionados com as fantásticas ilustrações da pintura da abóbada, porém não imaginam o sacrifício e o sofrimento que o artista teve que passar para concluí-la.

Não apenas sua visão era surpreendentemente ambiciosa, mas o esforço físico de realmente pintar o teto era punitivo. Teve que construir seu próprio andaime e ficar pendurado olhando para cima no alto da capela por horas a fio, ano após ano. A certa altura, escreve a seu pai: "Levo uma existência miserável... nem de vida, nem de honra... vivo fatigado por trabalhos estupendos e atormentado por mil ansiedades... nunca tive uma hora de felicidade".[8]

Dessas agonias emergem as maiores obras de arte da história humana. Segundo o historiador Simon Sebag Montefiore,[9] um ano após a criação da obra, ele envia esta carta em versos desesperadores para seu amigo Giovanni da Pistoia, detalhando alguns dos tormentos que enfrentou:

> Já adquiri bócio com esta tortura (talvez, devido à inalação das tintas), estou inchado como um gato da Lombardia (ou em qualquer lugar onde se beba o veneno da água estagnada). Meu estômago está esmagado sob meu queixo, minha barba está apontando para o céu, meu cérebro está esmagado em uma caixa, meu peito se retorce como o de uma harpia. Meu pincel, em cima de mim o tempo todo, escorre tinta para que meu rosto seja um bom piso para excrementos! Minhas ancas estão apertando minhas entranhas, minhas nádegas se esforçam para funcionar como contrapeso, cada gesto que faço é cego e sem objetivo. Minha pele está solta abaixo de mim, minha coluna está toda amarrada de dobrar sobre si mesma, estou tenso, como um arco sírio. E porque estou assim, meus pensamentos são loucuras e pérfidas tolices: Qualquer um atira feio através de uma zarabatana torta. Minha pintura está morta. Defenda para mim, Giovanni, proteja minha honra. Não estou no lugar certo — não sou pintor.

Voltando à estátua de *Davi*, foi publicada em 08/10/2020, no jornal *O Estado de S. Paulo*, uma reportagem sobre a construção de uma réplica dessa estátua em tamanho original por um grupo

8 Vide MONTEFIORE, Simon Sebag. *Written in History – Letters that changed the world*, Weindenfeld & Nicolson, Londres, 2018.

9 Ibid.

de engenheiros, técnicos, artesãos e restauradores italianos. O monumento faz parte da Galeria da Academia de Belas Artes de Florença, também conhecida como o Museu de Michelangelo.

Há cerca de vinte anos, técnicos do departamento de computação gráfica da Universidade Stanford na Califórnia digitalizaram a estátua de *Davi* em miniatura e imprimiram uma cópia 3D usando tecnologias de prototipagem rápida que permitiram a produção de "réplicas precisas em escala reduzida".

Usando as tecnologias mais avançadas disponíveis atualmente, a equipe italiana assessorada por técnicos dessa mesma universidade imprimirá em 3D nos próximos meses uma cópia exata da estátua de *Davi*. A reprodução italiana aproveitará os avanços tecnológicos desde o projeto de Stanford, segundo informação da professora Grazia Tucci, da Universidade de Florença, que está coordenando a criação do que ela chamou de "gêmeo digital" da estátua de *Davi*. Serão utilizados scanners a laser e outros instrumentos "normalmente usados na indústria e também na engenharia aeronáutica" para obter a maior resolução possível. A estátua original será digitalizada (às segundas-feiras, quando o museu está fechado ao público), segundo a professora Tucci.

Os dados serão processados e usados para criar a reprodução com "a maior impressora 3D do mundo", junto com "materiais inovadores" e resinas, embora a equipe italiana haja se recusado a especificar quais tipos de materiais serão usados.

A estátua será então polida — à máquina e depois manualmente — para alcançar uma superfície mais lisa, e os restauradores darão os retoques finais, incluindo colorir a cópia para refletir as tonalidades no mármore e para dar ao trabalho um aspecto agradável do ponto de vista estético.

O processo criará um tesouro de dados que os técnicos passarão para a Galleria dell'Accademia, o museu de Florença que *Davi* chama de lar desde 1873, e que poderá ser inestimável caso algo aconteça com a original. Essa possibilidade causou nova preocupação há vários anos, quando cientistas italianos publicaram um artigo sugerindo que colocar qualquer pressão em seus tornozelos já rachados poderia derrubar a obra-prima.

A réplica seria, então, a peça central do Pavilhão da Itália para a feira internacional Expo 2020 Dubai, que estava originalmente programada para começar no fim desse ano, mas que foi adiada para outubro de 2021 devido à pandemia na época. A reprodução retornou à Itália assim que a exposição terminou, porém seu destino, por enquanto, é desconhecido.

Que diria Michelangelo se acordasse de repente e verificasse que sua querida estátua com 5,17 metros de altura estaria saindo da boca de um enorme monstro!

4. VENEZA E LEONARDO

Leonardo da Vinci iniciou sua vida como pintor em Veneza, tornando-se aprendiz no ateliê de Verrocchio, ajudando-o a concluir *O Batismo de Cristo* e recebendo posteriormente a encomenda de *A Adoração dos Magos*, tornando-se um artista de moderado sucesso. Mudou-se para Milão aos 30 anos, devido à dificuldade de vender seus quadros. Na carta que escreveu ao futuro duque de Milão Ludovico Sforza, procurando emprego, citou em dez parágrafos que poderia trabalhar como engenheiro, com habilidade de projetar pontes, canais, canhões, veículos blindados, edifícios públicos e experto capaz de conduzir as águas de um lugar para outro. No último parágrafo mencionou que também era artista e pintor.

Passou os últimos dois anos de sua vida em Amboise, na França, a convite do rei Francisco I, que era muito culto e considerava Leonardo pelos seus inúmeros dons, além de admirá-lo pelas suas imensas qualidades, sendo uma delas a de filósofo. Por isso o convidou para transferir-se para a França, doando-lhe uma renda confortável para que não dependesse de suas pinturas. Concedeu também a seu uso um solar de tijolos vermelhos, ornamentado com arenito e curiosas torres pontiagudas que ficava ao lado do castelo do rei, no vilarejo de Amboise, localizado no vale do Loire. Leonardo levou consigo para sua nova casa seus móveis, baús cheios de roupas, manuscritos, além de pelo menos três pinturas que obsessivamente aperfeiçoava: *A Virgem e o Menino com Santa Ana*, *São João Batista* e a *Mona Lisa*. A casa de Leonardo era conhecida originalmente como Château du Cloux, hoje chamada de Clos Lucé, construída em um terreno de cerca de 1,5 hectare de jardins e vinhedos, ligado por um túnel subterrâneo ao Château d'Amboise, o palácio real, distando apenas 450 metros desse castelo. Essa sua última residência em Amboise foi transformada no museu Leonardo da Vinci e faz parte do roteiro turístico no vale do Loire, onde estão localizados os mais belos castelos da França. Vale a pena visitá-lo.

O problema de enchentes provocadas pelos três rios que desembocam na Lagoa de Veneza pensava-se que havia sido resolvido há mais de trezentos anos. Grandes obras desviaram e aprofundaram os leitos dos rios, movimentando um volume de terra equivalente ao das escavações que abriram o Canal do Panamá, embora a força do mar continue ainda indomada, fazendo estragos. Há muitos anos a cidade de Veneza está cada vez mais sendo alagada pelas forças dessas águas que continuam a ser ainda o maior desafio para barrar os alagamentos das suas ruas.

A cidade, conhecida como "La Sereníssima", sempre se equilibrou, precariamente, entre as forças dessas correntes de água que a cercam, além de enfrentar o próprio afundamento, decorrente da movimentação da placa Adriática. A industrialização desordenada ao seu redor, o turismo predatório das últimas décadas, o assoreamento do solo lagunar e o aquecimento global, que elevam o nível do mar, pioraram o quadro, aumentando a frequência de inundações.

A maré mais alta já registrada na cidade de Veneza foi de 1,94 metro, em 1996. Em novembro de 2019, o centro histórico registrou quatro marés superiores a 1,4 metro, acontecimento inédito em toda a história da cidade. A maior delas, durante a lua cheia do dia 12 de novembro desse mesmo ano, atingiu a altura de 1,87 metro. Foi a segunda maior enchente da história. Alguém, de estatura mediana, que caminhasse pela belíssima praça San Marco enfrentaria água acima de sua cabeça.

O ciclo lunar exerce forte influência nas marés do mar Adriático, além dos eventos meteorológicos, destacando-se tempestades e ventos, principalmente o vento siroco. Esse vento é uma corrente de ar quente proveniente do deserto do Saara, que cruza o Mediterrâneo, atingindo com violência o sul da Itália e, em certas ocasiões, chega até a Costa Azul e a Riviera Francesa. Em 1951, um filme estrelado por Humphrey Bogart e Lee J. Cobb recebeu o nome de *Sirocco*, em português legendado como *Vento do Deserto*.

O 77º Festival Internacional de Cinema, que foi realizado em Veneza no começo do mês de setembro de 2020, não foi afetado, devido ao fato de essa época não ser propícia a marés altas nem a problemas com inundações. Infelizmente, devido à pandemia do coronavírus, o público foi restrito e não foi permitida a entrada de estrangeiros ao evento. O mais antigo festival de cinema do mundo, que geralmente credencia mais de 2 mil jornalistas, foi reduzido devido à pandemia da covid-19, de modo que as exibições foram agendadas para um público limitado de críticos e com poucos convidados estrangeiros.

Somente a partir de 1973 foi aprovada uma lei especial transferindo para o governo italiano a responsabilidade da solução do problema de Veneza. Depois de uma concorrência internacional sem vencedores, apenas em 1980 foi nomeada uma comissão para definir um projeto, aprovado dois anos depois. Originou-se então o projeto Mose (Modulo Sperimentale Elettromeccanico), evocando Moisés, que controlou as águas do mar Vermelho, segundo a Bíblia. É um sistema de barragens móveis, com 79 módulos de aço, presos no fundo do mar. Quando submersos, serão levantados com marés acima de 1,1 metro. Seria a maior obra pública já realizada na Itália e esperava-se que ficasse pronta em 1995.

A obra destinada a proteger o centro histórico da cidade de Veneza contra inundações foi iniciada em 2003, depois de 30 anos de estudos, com previsão de custo correspondente a 6,5 bilhões de euros. As comportas estão localizadas nos três acessos da Lagoa ao Adriático e poderão resistir a inundações com marés de até 3 metros de altura. Em 2019, as comportas da Bocca di Malamocco, o principal dos três acessos, já haviam sido testadas com sucesso. A ideia era que o Mose entrasse em funcionamento, em caráter experimental, em dezembro de 2021, mas apenas em situações de emergência.

Se Leonardo da Vinci, um dos maiores gênios da humanidade, vivesse nos dias atuais, quem sabe esse problema já haveria sido resolvido há muito tempo.

5. ANDRÉS PASTRANA E O GUARDA-CHUVA AMARELO

Em julho de 1998 estava há dois anos e meio trabalhando em Bogotá, na Colômbia, como funcionário de carreira da Opas/OMS, na qualidade de assessor de saúde ambiental no país. Todos os funcionários de nível internacional, como eu, possuíam passaporte diplomático e, por essa razão, tinham oportunidade de participar de encontros com diplomatas estrangeiros, festas sociais, e algumas vezes conversar até com o presidente da República. Nossas esposas também estavam em contato com as embaixatrizes e esposas dos embaixadores, participando de eventos, cursos e reuniões diversas. No governo do presidente Ernesto Samper Pizano, nascido em 3 de agosto de 1950, tive oportunidade de falar com ele duas vezes. Diplomata, comandou a Colômbia entre 1994 e 1998, e é atualmente secretário-geral da Unasul (União de Nações Sul-Americanas).

Daniel Samper Pizano, seu irmão, nasceu em 8 de junho de 1945; hoje está com 80 anos de idade. É advogado, jornalista e escritor com muito senso de humor, ao estilo do nosso Luis Fernando Verissimo, falecido em 30 de agosto de 2025. Um de seus livros mais famosos é *Lecciones de histeria de Colombia*. Outro muito interessante intitula-se: *Si Eva hubiera sido Adán*.[10] Em um dos capítulos desse livro ele destaca com ironia a longevidade de nossos antepassados. E comenta:

---

10 PIZANO, Daniel Samper Pizano. *Si Eva hubiera sido Adán – Una versión risueña de la Biblia*, s/l, Panamericana Ed El Ancora Editores, 2007.

> Se fosse hoje, Matusalém deveria receber o prêmio *Próstata de ouro*, pois viveu 969 anos. Yéred, morto aos 962 anos, seria condecorado com o troféu *Próstata de prata* e Noé, o da Arca, que só viveu 950 anos, com o de *Próstata de bronze*. Muitos outros patriarcas morreram prematuramente quando eram jovens: Abraão aos 175 anos, Jacó aos 147 e Moisés aos 120 anos. Os demais não chegaram nem a um século, devido ao aumento da mortalidade infantil.

Não posso deixar de citar outro personagem importante da Colômbia, o pintor e escultor Fernando Botero Angulo, mundialmente famoso, nascido em Medellín no dia 19 de abril de 1932. Suas obras são dedicadas, na grande maioria, a tudo aquilo que tem a ver com o tratamento dos volumes e das formas, de modo a se obter um efeito de monumentalidade.

No começo de agosto de 1998, recebi um convite enviado pelo presidente do Congresso da Colômbia para participar da posse do novo presidente Andrés Pastrana Arango, que seria realizada na sexta-feira do dia 7 daquele mês, às 15 horas no Capitólio Nacional. O convite estava marcado com um "D" de diplomata, inscrito em um círculo verde, e cada convidado teria que entregá-lo na chegada.

O Capitólio Nacional teve sua construção iniciada em 1848 e finalizada definitivamente em 1926. Como é fácil prever, diversos arquitetos estiveram a cargo dessa obra. É uma das construções neoclássicas mais representativas da arquitetura da Colômbia.

Bogotá está construída sobre a cordilheira dos Andes. Tanto é que a propaganda da prefeitura da cidade é: "*Bogotá, 2.650 metros más cerca de las estrellas*". A temperatura média anual é de 16,5ºC, com precipitação ao redor de 1.000 mm por ano. A metade dos dias do ano chove em Bogotá, algumas vezes com chuvas intensas e trovoadas. Os meses mais secos são janeiro, julho e agosto. Porém, não se sente muito o frio por causa do clima seco, com pouca umidade, dificultando o crescimento de baratas e outros insetos, além da vantagem de diminuir bastante a possibilidade de proliferação de mofo.

Foi montado um anfiteatro ao ar livre em frente ao Capitólio e dividido em três partes para a solenidade de posse do novo presidente. Por ocasião da chegada de cada convidado, após a entrega do convite ao segurança, cada autoridade recebia um grande guarda-chuva para depois ser orientada para um determinado local. Era apenas uma questão de prevenção. Embora no mês de agosto teoricamente chovesse menos, ninguém poderia garantir que as autoridades não pudessem se molhar durante a posse devido a uma chuva repentina. O guarda-chuva que recebi era de cor amarelo-canário muito forte. Não me agradou a cor. Demasiadamente berrante.

A solenidade teve, como é usual, uma sequência de muitos discursos, com várias autoridades, principalmente representantes dos países latinos. Quem representou o Brasil foi nosso vice-presidente Marco Antônio de Oliveira Maciel. Pensei em conseguir um contato com ele, porém o esquema de segurança era muito forte e logo desisti. Quem me conhece, sabe que sou avesso a essas solenidades. Só participei por dever de ofício.

Por outro lado, observei que havia outras pessoas de posse de guarda-chuvas de cores diferentes, vermelho e azul. Encontrei na saída um cidadão com um guarda-chuva azul. Perguntei se ele queria trocar pelo meu. Aceitou de pronto. Minha esposa assistiu à solenidade pela TV e, quando cheguei em casa, me disse: "Seu guarda-chuva não era amarelo? Por que você trouxe um de cor azul? A cor amarela era para as autoridades mais destacadas". Respondi que iria aproveitar o guarda-chuva para usá-lo e não para dizer que a cor amarela era para pessoas importantes. Como sou muito distraído, não percebi que as três cores distintas estavam representando as cores da bandeira colombiana.

Andrés Pastrana nasceu em Bogotá no dia 17 de agosto de 1954 e foi o trigésimo presidente da Colômbia, no período de 1998 a 2002, tendo seguido os passos do pai Misael Pastrana Borrero, também presidente entre 1970 a 1974. Estudou nos Estados Unidos como todo colombiano de posses e depois de sua graduação frequentou a Universidade de Harvard como bolsista do Weatherhead Center for International Affairs, em 1978. Ficou muito conhecido no país depois que fundou a revista *Guión* e o noticiário "Noticiero TV hoy". Dez anos depois de sua participação como bolsista, foi sequestrado no departamento de Antioquia pelo Cartel de Medellín. A ideia do grupo terrorista era pressionar o governo para impedir a extradição de Pablo Escobar e outros traficantes para os Estados Unidos. Teve muita sorte. Só passou uma semana sequestrado e nesse mesmo ano foi eleito prefeito de Bogotá. Como governante do país tentou resolver o problema que se alastra há mais de cinquenta anos, na tentativa de chegar a um acordo com as Forças Armadas Revolucionárias da Colômbia (Farc). As Farc foram fundadas em 1964 e continuam até hoje.

Quase três anos depois, no dia 1º de fevereiro de 2001, fui aprovado no concurso para ocupar novamente o posto de assessor de saúde ambiental da Opas/OMS; desta vez, na Cidade do México. Um pouco antes, como é de praxe, tivemos que empacotar nossos pertences, vender os eletrodomésticos seminovos e outros haveres a custo de banana etc., para poder efetuar nosso futuro traslado. Voltando ao guarda-chuva, desta vez, azul. Por incrível que pareça, nossa citada *umbrella* também foi empacotada para o envio ao México. Claro, como poderia perder esse útil e importante artefato histórico (para mim)? Pouco a pouco nos adaptamos ao México e às famosas comidas picantes, as quais meu estômago foi aceitando pouco a pouco. Além de ser obrigado a aprender a dirigir e me adaptar em uma cidade com 22 milhões de habitantes (na época não existia GPS). No México praticamente não chovia. O guarda-chuva azul continuou embalado no depósito de nosso apartamento.

Na realidade, meu ideal, desde o começo, era trabalhar como funcionário de carreira no famoso Cepis da Opas/OMS, como pesquisador e consultor de águas residuais para a América Latina. Entretanto, esse cargo ficou fechado durante 10 anos. Aconteceu que esse posto foi aberto quando eu estava recentemente a trabalhar no México. Não poderia perder essa oportunidade. Tive que participar de outro concurso para essa única vaga, quando, após minha aprovação, comecei minha labuta em Lima, capital do Peru, onde estava localizado esse importante centro, no dia 21 de setembro de 2002. Tivemos que providenciar nossa mudança rapidamente e, para surpresa de vocês, quem foi incluído nessa bagagem? O meu famoso *paraguas* azul, com sua embalagem original desde a mudança da Colômbia.

Devido às minhas constantes viagens a serviço pela América Latina, vez por outra vinha ao Brasil para ministrar cursos de extensão ou participar de algum evento importante na minha área. Em uma dessas vezes, creio que foi no ano 2004, vim participar de um seminário em Brasília e aproveitei para tirar três dias de férias em João Pessoa (nossa organização permitia essa vantagem, férias parceladas a partir de um dia). Foi aí que decidi trazer meu guarda-chuva azul para João Pessoa.

Quando cheguei no aeroporto de Guarulhos, caí na amostragem da Receita Federal. Meu passaporte diplomático não serviu para nada. E, além da minha mala, estava comigo o pacote com meu guarda-chuva azul. Dentro de minha bolsa de mão havia trazido também várias moedas de prata. O fiscal iniciou implicando com elas. Expliquei que pertencia à área da numismática desde os 8 anos de idade. E as moedas tinham pouco valor.

Como viajava muito, pouco a pouco fui aumentando minha coleção. Tive que convencê-lo com muita conversa para que não cobrasse imposto nem multa por tê-las trazido comigo. Quando pensei que já estava livre, perguntou novamente: "O que você tem dentro deste pacote?". Respondi: "Um guarda-chuva". "Um guarda-chuva? Nunca na minha vida de fiscal presenciei alguém trazendo um guarda-chuva tão bem embalado em uma caixa." Já estava que não aguentava mais de tanta chateação. Foi então que respondi: "Na vida, a gente está sempre aprendendo. Você agora vai saber que é possível transportar um guarda-chuva embalado em uma caixa de papelão como bagagem de mão, em qualquer voo aéreo".

6. CONSULTORIA NO CANADÁ SEM O VISTO NORTE-AMERICANO

Trabalhei pouco mais de cinco anos na Colômbia como assessor de saúde ambiental da Opas/OMS. O país enfrenta até hoje vários grupos terroristas, com destaque para as Farc (Forças Armadas Revolucionárias da Colômbia), fundada em 1964. O governo colombiano gasta anualmente cerca de 20% do PIB para enfrentar esses narcotraficantes.

Muito antes do final de cada ano, eu programava a viagem de minha família para passarem as férias natalinas em João Pessoa, logo após o término das aulas de minha filha. Minha viagem era sempre programada *a posteriori* devido a meu curto período de férias e, sempre que possível, próxima à última semana de dezembro. Em um determinado ano programei minha ida em uma sexta-feira, às 20 horas, faltando apenas quatro dias para o Natal. Iria trabalhar durante o dia, levando já comigo minha mala e apetrechos de viagem. Pedi à minha esposa para deixar minha mala arrumada, para facilitar minha viagem. Nesse mesmo dia, quando estava trabalhando, aproximadamente às 10 horas da manhã, recebi a notícia de que o prédio do Ministério da Saúde onde estava situada nossa sede havia sido invadido pelos guerrilheiros das Farc. Imaginem meu medo, além da preocupação com minha viagem programada para o Brasil naquele dia. Devido à grande demanda dos turistas no período natalino, seria muito difícil conseguir outros voos para São Paulo nesse período. Se não conseguisse viajar naquela noite, teria que passar o Natal e o Ano-Novo sozinho em Bogotá.

O tempo foi passando e, depois de muita tensão, após um acordo entre as Farc e o Alto Comissariado das Nações Unidas para os Refugiados (Acnur), ficamos livres a partir das 16 horas. Logo que fomos liberados, telefonei para meu motorista de táxi, senhor José Muñoz, meu condutor de confiança, para levar-me ao aeroporto. Felizmente, cheguei a tempo para não perder o voo. É importante lembrar que o tráfico de drogas na Colômbia é muito forte. Em consequência, a fiscalização no aeroporto internacional El Dorado Luís Carlos Galán Sarmiento, em Bogotá, é muito rigorosa. É de praxe passarmos por três fiscais em locais diferentes, até estarmos livres da alfândega. Na hora da revisão aduaneira, já totalmente esgotado, tive o azar de o fiscal retirar todos os pertences de minha mala. Fiquei furioso porque a mala não mais fechava. Disse para o policial: "Agora feche, porque você tirou tudo de minha mala e não consigo fechá-la". Quase que fui preso por supostamente desacatá-lo. Imaginem como estava meu sistema nervoso! E eu que sou bastante "calmo", como é de conhecimento de meus amigos mais próximos. Este relato dá uma ideia de como vivíamos estressados na Colômbia.

No começo de 1996, conheci Hermes Huertas y Huertas, diretor da ONG Centro Nacional del Agua (Cenagua). Posteriormente tive oportunidade de realizar algumas parcerias da Opas, na área ambiental, com essa entidade colombiana.

Dois anos depois, fui convidado para uma reunião com Hermes na sede de sua empresa. Nessa ocasião, disse-me que um representante da Societé Québécoise d'Assainissement des Eaux estava interessado em contratar um consultor para realizar um trabalho na província de Quebec, Canadá, na área de saneamento, minha especialidade. Essa consultoria seria financiada integralmente por essa entidade canadense e eu já havia sido indicado por ele para realizar tal tarefa. Expliquei que necessitaria da anuência do senhor Hernán Málaga, representante da

Opas na Colômbia, meu chefe. Como meu relacionamento com ele era muito bom, a autorização foi dada de imediato.

O Canadá é um país muito desenvolvido e rico. De acordo com a política do governo, as empresas de água e de esgotos são independentes. Existem companhias destinadas a operação e manutenção de serviços de abastecimento de água, e outras exclusivamente dedicadas à administração dos serviços de esgotos sanitários das cidades. Devido ao fato de haver bastante disponibilidade financeira do governo, o capital excedente era destinado à realização de cooperação internacional com países menos adiantados. O governo canadense financiava seus funcionários para viajarem por várias partes do mundo coletando projetos viáveis de sistemas de esgotos alternativos e simplificados, que pudessem, no futuro, ser aplicados em outras regiões menos desenvolvidas. O trabalho de consultoria que teria que realizar em Montreal seria a avaliação dos projetos coletados e selecioná-los para serem implementados posteriormente na Colômbia.

As empresas brasileiras, por tradição, não operam sistemas de abastecimento de água independentes da administração de sistemas de esgotos sanitários. Entretanto, foi fundada no Brasil, em 1972, a Empresa de Saneamento da Guanabara (Esag), destinada exclusivamente a gerir o sistema de esgotos sanitários da cidade do Rio de Janeiro. Funcionou apenas durante três anos, com bastante sucesso. Porém, desde 1975, as empresas públicas brasileiras, de maneira geral, administram em conjunto os sistemas de água e esgotos (quando existem) das cidades. Atualmente, com as licitações público-privadas em função do Marco Nacional de Saneamento, já existem contratos privados para gerir determinadas áreas específicas.

Iniciei imediatamente o processo para o visto no meu passaporte diplomático para o Canadá. Quem viaja para esse país já deve ter verificado que esse trâmite é bem mais burocrático que para os Estados Unidos. Logo que entreguei meu passaporte à minha secretária, notei que meu visto para os States havia expirado. Não me preocupei, por acreditar que haveria tempo suficiente para atualizar a seguir meu visto. Aconteceu que o bilhete aéreo que havia recebido já estava marcado com data mais antecipada do que a que havia sido prevista. Seria então impossível obter o visto em tempo hábil. Por essa razão não poderia viajar ao Canadá porque meu bilhete aéreo já havia sido emitido e o trajeto era: Bogotá-Miami-Montreal. Quer dizer, teria obrigatoriamente que fazer conexão em Miami. Sabemos que viajar a esse país sem visto implicaria, no mínimo, ser deportado, e com a possibilidade de passar um tempo detido nessa cidade. Pensei com meus botões: "Vou apenas mudar de avião em Miami, e eu, possuidor de passaporte diplomático, não acredito que possa ser preso".

Chegou finalmente o dia da viagem. Ingressei no avião e tentei relaxar durante o voo, chegando a Miami na manhã do dia seguinte. Desembarquei e me dirigi à alfândega. Depois que o fiscal verificou que meu passaporte estava com o visto norte-americano expirado, chamou um policial mal-encarado e falou: "Leve esse sujeito a um determinado local", que não entendi onde seria. Fui levado a uma sala e fiquei esperando. Depois de aproximadamente uma hora, chegou um funcionário que me disse: "Infelizmente o senhor vai ficar sob a custódia de um policial até a hora da partida de seu voo para Montreal". Graças a Deus, estava certo, o passaporte diplomático foi minha salvação.

Fui muito bem tratado. Quem me acompanhou foi uma policial, com antepassados na República Dominicana. Fiquei passeando pelo aeroporto, e ela sempre me acompanhando. Tive que ir ao banheiro e ela ficou na porta à minha espera. Depois de conversar com a policial durante um certo tempo, resolvi comer algo em um dos restaurantes do aeroporto. Fiquei com receio de convidá-la, porém aceitou o convite para lancharmos.

Acredito que por ser brasileiro talvez minha nacionalidade tenha influenciado. Durante nossa conversa falou que os estrangeiros que chegavam sem visto eram colocados em uma sala enorme no próprio aeroporto e, normalmente, não eram bem tratados. Alguns deles tentavam pular pela janela do terceiro andar.

Finalmente, fui levado ao avião, sendo o primeiro a entrar. Quando o avião aterrissou e cheguei na alfândega, fiquei surpreso com a recepção dos fiscais canadenses, todos sorridentes, desejando-me boa estada, com uma atitude completamente diferente das caras feias dos gringos de Miami.

Durante minha curta estada em Montreal e adjacências fui muito bem tratado pelos canadenses. Levei de lembrança várias seleções de músicas brasileiras gravadas em fitas cassete para os professores e consultores. Tive oportunidade de analisar inúmeros projetos coletados por eles e selecioná-los para que pudessem ser utilizados na Colômbia. Também tive a chance de visitar a famosa Universidade de Laval, com a esperança de contatar um de seus professores, Rubens Sette Ramalho, um engenheiro químico carioca radicado no Canadá e autor de um dos melhores livros que já conheci na minha área de atuação, intitulado *Introduction to Wastewater Treatment Processes* (Academic Press). Esse livro foi a base de minha dissertação de mestrado na Universidade de Leeds, Inglaterra. Tive ímpeto de voltar ao passado e reiniciar meu curso de Engenharia, tal o nível dessa universidade.

Na volta para Bogotá aconteceu a mesma burocracia. Fui novamente muito bem considerado pelos norte-americanos, com uma escolta policial também feminina; desta vez, com antepassados em Porto Rico.

Como resultado de minha consultoria efetuada no Canadá, no ano seguinte a Opas financiou, com o Cenagua e o governo canadense, a publicação do livro do qual fui o organizador, intitulado *Sistemas de tratamiento de aguas servidas por medio de humedales artificiales* (Sistemas de tratamento de esgotos por meio de zonas alagadas). Esse documento foi traduzido do francês para o espanhol e incluiu todos os projetos que selecionei.

Devido à periculosidade da Colômbia, éramos proibidos de viajar de carro. Só por meio de avião. Meu divertimento durante os sábados era passar o dia selecionando e gravando músicas latinas para minha coleção. De tanto escutar, gosto muito mais de músicas de origem hispânica atualmente do que mesmo de certas músicas brasileiras.

7. AGRURAS DE UM CONSULTOR NA TERRA DOS INCAS

Em outubro de 1993 recebi um telefonema do saudoso engenheiro Sergio Augusto Caporali, amigo e colega de turma no curso de Engenharia Sanitária da USP em 1971. Estava nessa ocasião como diretor do Centro Pan-americano de Engenharia Sanitária e Ciências do Ambiente (Cepis/Opas/OMS), com sede em Lima, Peru. Havia me indicado para trabalhar como consultor independente durante três meses, a partir de janeiro do ano seguinte, nas cidades peruanas de Chimbote, Piura e Tumbes. Meu trabalho consistiria em realizar o diagnóstico da área comercial das empresas municipais de saneamento dessas cidades. Era um contrato financiado pelo Banco Interamericano de Desenvolvimento (BID) para a empresa Deutsche Beratungsgesellschaft für Hygiene und Medizin mbH, com sede em Frankfurt, Alemanha, consorciada com a empresa peruana Asociación Saniplan-AMSA. Esse contrato fazia parte do Programa de Melhoramento do Setor de Saneamento Básico do Projeto PE-0032 PERU/BID.

Meu contrato foi assinado, com início previsto em 17 de janeiro de 1994 e conclusão em 15 de abril desse mesmo ano. O escritório da firma onde iríamos trabalhar estava situado na cidade de Chimbote. A empresa peruana era dirigida pelo engenheiro César Tapia, que posteriormente chegou a ministro do governo peruano. Seu assistente era o estatístico Pedro Sandoval e o escritório se localizava na Calle Las Palomas, 398, no distrito de Surquillo, em Lima, bem próximo do ginásio cujo proprietário foi um grande boxeador peruano, de fama internacional, conhecido como Mauro Mina.

Cheguei a Lima ao final da segunda semana de janeiro de 1994. Fui primeiro visitar Caporali no Cepis a fim de agradecer minha indicação para essa consultoria. Ele era muito brincalhão e, quando cheguei a seu escritório, me disse: "Quando voltar de Chimbote, vai passar pelo menos 15 dias com os gatos a persegui-lo". Fiquei curioso, porém nada perguntei a respeito.

Logo que cheguei ao escritório da firma peruana, tivemos algumas reuniões para orientação sobre a consultoria, apresentação de alguns consultores que iriam participar do projeto etc. Conheci, então, meu futuro coordenador e o diretor. Não simpatizei muito com o meu futuro chefe. Possuía um bigodão e tinha cara de mau. Era administrador de empresas. Seu nome: Augusto Hidalgo Sánchez. Após essa consultoria, veio a assumir o cargo de gerente-geral do "Gobierno Regional de la Libertad" e ali ficou por dois anos. É, atualmente, professor doutor da Universidad Nacional Mayor de San Marcos, em Lima, no Peru. Logo pensei com meus botões: *Será que vai dar para aguentar esse cara por três meses?* Felizmente, ele era totalmente o contrário do que esperava. Tornamo-nos bons amigos até hoje. O diretor do projeto era o alemão Hans Peter Schöner, simpático e bonachão, possuidor de altíssima qualidade profissional e humana. Trabalhou por muitos anos em várias cidades do Peru e, quando se aposentou, retornou à sua cidade natal na Alemanha.

O Peru é um destino turístico de grande atratividade, dada a sua diversidade geográfica, riqueza arqueológica, tradições e folclore. É muito mais que Machu Picchu. Há praias paradisíacas ao longo dos seus aproximadamente 3 mil quilômetros de costa, impressionantes paisagens nas alturas dos Andes e selva virgem no coração da Amazônia, onde os mais diversos parques nacionais, reservas nacionais e santuários da vida silvestre se convertem em lugares ideais para a prática do turismo ecológico e de aventura.[11]

Foi na pequena comunidade de pescadores de Cabo Blanco, Tumbes, situada a 1.145 km ao norte de Lima, onde Ernest Hemingway viveu por um certo tempo no verão de 1956. Esse local era então uma das melhores áreas de pesca esportiva do mundo. Hemingway tinha a missão de pescar um gigantesco merlim para o filme que a Warner Brothers produziu sobre seu mítico relato nessa localidade em 1958. Chegou a pescar em Cabo Blanco quatro marlins, um deles pesando cerca de 300 kg.

Chimbote é uma cidade situada na costa central norte do Peru, capital da Nova Província de Santa, no extremo noroeste da região de Ancash. Fica às margens do oceano Pacífico na baía El Ferrol, onde desemboca o rio Lacramarca. A cidade está localizada na costa da baía de Chimbote, a 130 km ao sul de Trujillo e a 420 km ao norte de Lima. É conhecida por sua atividade portuária, além de ser importante sede para a indústria pesqueira e siderúrgica do país. Possui mais de 30 fábricas de extração de farinha de peixe e é o maior porto pesqueiro do Peru. Em meados do século XX, o porto de Chimbote chegou a ser o porto de pesca com a maior produção mundial. No sul da cidade existem várias praias, entre elas as de Vesique, Los Chimús, Caleta Colorada, El Dorado e Tortugas. Em um domingo de folga, nesse período de trabalho, estive com alguns colegas de consultoria visitando a praia de Tortugas.

Marquei minha passagem aérea para o domingo, 16 de janeiro, véspera do início do trabalho em Chimbote. Viajei só, num avião pequeno, semelhante a nossos pequenos planadores (teco-teco), onde só cabiam umas seis pessoas. Havia recebido

11 COSTA, Guilherme Antonio de Moura. Turismo e epidemiologia no Peru. *Revista Turismo em Análise*, São Paulo, v. 10, n. 2, pp. 64-77, 1999.

orientação dos colegas para hospedar-me no melhor hotel da cidade, Hotel Presidente. Após o estresse da viagem, quando o avião aterrissou, por volta das nove horas da manhã, olhei ao redor e pensei que era um sonho, vi que havia um enorme cogumelo vermelho no ar, tipo a imagem que temos da explosão provocada por bomba atômica. Era "apenas" a poluição do ar devido à produção de aço da Siderúrgica SiderPeru, a maior do país. Pensei: *Não vou aguentar uma semana aqui*! Comecei a sentir um mau cheiro horrível e contínuo que — descobri depois — era originário das inúmeras fábricas que industrializavam farinha de peixe. A farinha era fabricada de qualquer tipo de pescado, mesmo os de primeira classe. O que interessava às firmas estrangeiras era somente o lucro. Não compensava para eles a exportação do peixe. O lucro com a farinha era muito maior. Que desperdício, autorizado por nossos governantes latinos! Fiquei filosofando comigo mesmo, bastante arrependido: *Para que fui aceitar essa consultoria? Para que tanta aventura?* Imaginei-me o próprio prisioneiro Henri Charrière, autor de *Papillon*, ao desembarcar na Ilha do Diabo, sinistro complexo de presídios mantidos então pela França na Guiana Francesa. O livro, lançado em 1969, ficaria famoso mundialmente. Contava a fuga espetacular do principal personagem daquela prisão, ocorrida em 1935, havendo escapado para a Venezuela, onde terminou seus últimos dias de vida. Versões mais atuais consideram que o verdadeiro autor de *Papillon* teria sido outro fugitivo, René Belbenoît, intelectual que falava quatro línguas e chegou a liderar um grupo de presos, entre eles Henri Charrière, o suposto autor desse livro. *Papillon* chegou às telas dos cinemas em 1971, em uma superprodução de Hollywood, com Steve McQueen no papel principal. Foi um dos melhores livros que já li. Ao terminar de lê-lo fiquei triste. A história era tão boa que não queria que acabasse. Afinal, eu não era Papillon, o prisioneiro julgado por assassinato. Estava naquele trabalho por livre e espontânea vontade. Possuía recursos suficientes para devolver as passagens aéreas e todas as despesas envolvidas na minha viagem e assim poder regressar imediatamente a João Pessoa.

Retirei a minha mala, tomei um táxi e fui para o hotel. Embora o Hotel Presidente fosse o melhor da cidade, achei tanto o ambiente externo quanto o interno muito sujos; aliás, imundos. Quando subi ao quarto e abri a janela, verifiquei que bem em frente, a alguns metros de distância, estava localizado o lixão da cidade que exalava um mau cheiro terrível, além daquele que estava me habituando a sentir, proveniente da fabricação de farinha de peixe. A vista, horrível. A mobília do quarto, composta de um bureau antigo, bastante estragado, um guarda-roupa velho e uma cama de solteiro. O banheiro, fora do quarto. Estava muito cansado e estressado. Deitei-me com a própria roupa de viagem, por volta das onze horas da manhã, sem a menor vontade de abrir a mala. Caí no sono para despertar às 17 horas. A essa altura já tinha bastante fome. Fui tomar banho e encontrei uma enorme barata no box do banheiro, o que fez com que, após esmagá-la, não tomasse um banho lá muito agradável. Após trocar de roupa, pedi informações no hotel e fui procurar um restaurante para jantar.

No período em que viajei para Chimbote a epidemia de cólera já havia invadido a América do Sul, iniciada que fora no Peru no começo do ano de 1991. Depois da interrupção dos ciclos de cólera na Europa no início do século XIX, a cólera retornou, desta vez às Américas, em forma de pandemia. E como? A porta de entrada foi o piscoso porto de Chimbote. Os navios e barcos, quando aportavam, descarregavam o acumulado dos seus esgotos nessas águas, que o mar cuidava de levar diretamente para a beira-mar. Diariamente morriam, só naquela cidade, 15 a 20 pessoas, vítimas dessa terrível enfermidade contraída, assim noticiava o jornal local.

O micróbio causador da cólera é o vibrião colérico, ou seja, a bactéria *Vibrio cholerae*, descoberta em 1884 pelo cientista alemão Robert Koch, considerado um dos pais da microbiologia. Aproximadamente uma em cada 20 pessoas infectadas sofre de doença grave, caracterizada por diarreia aquosa abundante, vômitos e câimbras nas pernas. Nessas pessoas, a perda rápida dos líquidos do corpo leva à desidratação e à prostração. Se não houver tratamento, a morte pode acontecer em questão de menos de seis horas. Sua primeira aparição no Brasil ocorreu na década de 1820, no Rio de Janeiro, então capital do país. Em 1855 mais de 200 mil pessoas morreram somente nessa cidade. No final do século XIX a doença foi erradicada do Brasil graças às melhorias do saneamento básico nas principais cidades do país. A cólera retornaria depois de quase cem anos. É interessante notar que, desta feita, a cólera invadiu todos os países da América do Sul, com exclusão do Paraguai. Qual o motivo, considerando-se que esse país é ainda mais subdesenvolvido que a maioria dos países sul-americanos? Razão disso foi a abundante disponibilidade de água no único país que preserva a língua tupi-guarani nas Américas, o que veio a facilitar as condições de limpeza e asseio da população durante a pandemia.

Continuei na minha peregrinação em busca de um restaurante razoável. Cada qual mais sujo que o anterior. Terminei entrando num deles e, a esta altura já morrendo de fome, pedi um bife puro com arroz e uma cerveja. Na esperança de não encontrar nenhum micróbio que me fizesse adoecer. No regresso, descobri um pequeno supermercado onde comprei água mineral com gás e um pouco de iogurte. Já no hotel, antes de tentar abrir a porta do meu quarto, havia outra enorme barata, morta há pouco tempo, provavelmente por algum hóspede meu vizinho. Tive coragem de colocar minhas roupas e livros no guarda-roupa e fui dormir, preocupado com meu destino. Com essa acanhada descrição do meu primeiro dia em Chimbote, já dá para se ter ideia do que me esperava na cidade.

Na segunda-feira pela manhã, após minha chegada em Chimbote no dia anterior, tomei um táxi e fui ao escritório da empresa. Lá chegando fui apresentado a alguns consultores e um deles me respondeu em perfeito português. Era o economista Miguel Castro. Morara seis meses em Fortaleza/CE, dominava bem o idioma de Luís de Camões. Disse-me que havia vindo a Chimbote a fim de selecionar um hotel para o grupo e que eu deveria me mudar imediatamente para a pensão que ele havia escolhido, chamada Hostal Bolognesi. Ficava na rua do mesmo nome, em homenagem a Francisco Bolognesi Cervantes, um militar peruano que participou da Guerra do Pacífico, conflito ocorrido entre 1879 e 1883, confrontando o Chile com as forças conjuntas da Bolívia e do Peru.

No final da guerra, o Chile anexou áreas ricas em recursos naturais de ambos os países derrotados. O Peru perdeu as províncias de Arica e Tarapacá, pelos tratados de Ancón e Lima. É nessas áreas onde estão localizadas atualmente as melhores vinícolas do Chile, por exemplo, a vinícola Tarapacá, cujos vinhos são muito conhecidos pelos brasileiros.

Com o título de coronel, Bolognesi defendeu o porto peruano de Chimbote desde a cidade de Arica, enfrentando os chilenos, muito superiores em número e poderio bélico. Seu lema era "Lutar até queimar o último cartucho". Sucumbiu heroicamente durante a batalha final e é considerado herói nacional no Peru. Nesse curto período, os chilenos cunharam em 1879 suas moedas de cinco, dez e vinte centavos, testemunhas históricas da Guerra do Pacífico.

Essa pequena pensão era modesta, simples e muito limpa, porém não oferecia café da manhã. Miguel Castro, que possuía um gênio muito forte, praticamente obrigou o amável proprietário a incluir e a cobrar esse serviço na diária do hotel. Por esse motivo nós o apelidamos de *Coordinador de Desayunos*. A partir daí, realmente, a qualidade de vida só melhorou. A única coisa de que não gostei foi ter de tomar água mineral com gás diariamente por questões de segurança alimentar. Além de ser obrigado a sentir durante 24 horas por dia o horrível mau cheiro exalado pela industrialização da farinha de peixe processada pelas diversas firmas estrangeiras.

Durante todo o período em que estivemos em Chimbote, almoçávamos diariamente no restaurante Venecia. Um dia ali apareceu Fujimori (Alberto Kenya), ex-presidente do Peru, período de 1990 a 2000, distribuindo santinhos, em plena campanha eleitoral. Considero a cozinha peruana espetacular, ainda mais naquela cidade, dada a enorme disponibilidade de frutos do mar, fresquíssimos. Comida, aliás, sempre muito picante, para quem não é acostumado a temperos mais fortes. Lembro de um prato chamado "Lomo con Tacu Tacu", um dos pratos preferidos do nosso companheiro Miguel Castro. Consistia em um pedaço de filé e arroz misturado com feijão. Também gostei, porém, vinha sempre um pedaço muito pequeno de filé e a porção de feijão e arroz muito grande. Por isso, sempre pedia, por gozação, "Tacu con Lomo Lomo", para ver se conseguia um pedaço maior de filé.

Havia um pequeno supermercado em Chimbote com poucas mercadorias, porém todas de alta qualidade, pois eram produtos destinados praticamente a industriais estrangeiros de grande poder aquisitivo, principalmente os exportadores de farinha de peixe. Nele havia um minirrestaurante chamado Astoria, que só abria à noite, e possuía cerca de meia dúzia de mesas destinadas a tais empresários. Vez por outra íamos jantar por lá e tomar algumas cervejas. Logo que começamos a frequentar esse restaurante, a cozinheira, de cor branca, logo notou que eu não era peruano, aproximou-se de nossa mesa e começou a conversar. Contou que a situação do seu país era muito ruim, havia trabalhado como secretária, sabia bastante informática e estava nessa profissão devido a essas circunstâncias adversas. Perguntou-me se não queria trazê-la para o Brasil para montarmos um restaurante peruano. Como muita gente sabe, os peruanos são excelentes cozinheiros. Expliquei que não era comerciante nem possuía recursos suficientes para montar um restaurante, não havendo possibilidade de realizar o seu desejo. Em outra ocasião, chegou uma comitiva de diretores da firma para verificar o andamento dos nossos trabalhos. Levamos o pessoal para jantar nesse restaurante. Qual não foi a sua surpresa ao perceber que o meu prato se diferenciava escandalosamente de todos os demais. A cozinheira peruana ainda mantinha esperança de que a trouxesse para o Brasil.

Tinha, na bagagem, o dicionário de conjugação de verbos em espanhol Larousse Conjugación, de Ramón García-Pelayo; o dicionário Harrap's Concise Dictionary espanhol/inglês e inglês/espanhol e outro mais, norte-americano (inglês/inglês), com bem mais palavras. Meu conhecimento de espanhol era, na época, muito sucinto. Ao final das tardes, após o trabalho, ia para o hotel e, depois de jantar, caminhava um pouco. Depois, recolhia-me ao quarto e assistia a apenas um canal de televisão que ali existia, com sinal péssimo, em que via filmes norte-americanos dublados para o espanhol com o intuito de melhorar o entendimento do idioma de Cervantes. No dia em que comecei a redigir o meu relatório era grande a dificuldade que tinha. Nunca havia escrito em espanhol. Para se formar uma frase é necessária a inclusão de algum verbo e que o mesmo tenha algum tipo de conjugação. Para saber o significado das palavras que não conhecia em espanhol utilizava o dicionário inglês/inglês devido ao meu bem maior conhecimento deste idioma. O dicionário de conjugação Larousse, que levava comigo, me ajudou muito e também tive o prestimoso apoio de Miguel Castro. Pouco a pouco fui melhorando e, ao final, escrevi um relatório de pouco mais de 200 páginas, também auxiliado pelas secretárias peruanas.

Como não tínhamos nada a fazer em finais de semana, geralmente cuidávamos de adiantar o trabalho. Nosso grupo estava encarregado de realizar o diagnóstico das empresas municipais de água e esgoto das cidades de Chimbote, Piura e Tumbes. A algaroba que existe hoje, principalmente no Nordeste brasileiro, foi trazida originalmente da cidade de Piura. O mel de algaroba ou algarobina é comercializado em qualquer supermercado do Peru. É extraído das sementes de algaroba e utilizado para uso em sorvetes e licores de pisco (aguardente de uva, bebida tradicional peruana), de sabor muito semelhante ao do chocolate. Descobri nessa época que era possível fazer um licor muito saboroso utilizando vodca e mel de algaroba. Infelizmente, é bem difícil a aquisição desse produto no Brasil.

Não tendo havido tempo suficiente, só trabalhei nas duas primeiras cidades. Em algumas das folgas que tive, visitei a cidade de Trujillo, onde nascera o meu coordenador Augusto Hidalgo, o qual também me levou a conhecer sua casa e família. Cidade muito famosa, também, por sua dança Marinera.

A dança, no Peru, existe desde tempos imemoriais. Os anciãos escolheram a dança como forma de render homenagem às suas divindades, de comemorar uma boa colheita ou uma boa notícia. Nas montanhas, as danças são muito coloridas e cheias de vigor. O bater constante dos pés, o sapateado e as coreografias transmitem vitalidade e alegria. As danças dos rituais exigem anos de prática para poder realizar saltos acrobáticos ao ritmo da harpa e do violão. A Marinera é uma dança romântica, elegante e graciosa, na qual os dançarinos — uma mulher e um homem — representam uma peça de amor e sedução; é caracterizada pelo uso de lenços, agitados pelas mulheres. Apesar de ser característica do litoral do país, se expandiu por todo ele, variando de um lugar para outro, tanto por seus costumes como por suas coreografias, conservando, no entanto, a sua essência, que é a corte feita por um homem a uma mulher. A cidade de Trujillo é considerada a capital da Marinera. Lá acontece, anualmente, uma competição nacional dessa dança, em festa de cores e beleza sem igual, onde chegam casais de diferentes cidades do país para competir em diversas categorias. Durante o festival, a estrutura da coreografia surge mais complicada: o *cajón* e a guitarra se veem substituídos por tambores e cornetas das bandas de música.

Também visitei, na companhia de Augusto Hidalgo, o sítio arqueológico Chan Chan, que é patrimônio mundial da humanidade desde 1986, também localizado bem próximo a Trujillo. Um reino poderoso, com estrutura hierárquica definida e uma cidade perfeitamente planejada, abrigando cerca de 50 mil habitantes. Assim era Chan Chan, construída entre os séculos X e XV, quando foi dominada pelos incas por volta de 1470, hoje um dos mais preciosos sítios arqueológicos do mundo. Somente mãos habilidosas poderiam erguer uma cidade de barro como a de Chan Chan, que fica na costa norte do Peru. Chan Chan foi a capital do reino de Chimu, um dos mais poderosos da América do Sul, embora menos famoso que o império inca. Chan Chan possui uma área de 15 quilômetros quadrados, onde há ruínas das edificações construídas em adobe, um material preparado com barro, palha e pedregulho, ideal para a região em que se localiza a cidade, quase sem chuvas. Chan Chan significa “Sol Sol”. Infelizmente a erosão provocada pela ação do tempo coloca o sítio arqueológico na lista dos patrimônios em perigo.

Nossas viagens para lugares mais distantes aconteciam em antigos aviões de carreira, em que se entrava apenas pela parte de trás. O mesmo tipo de avião quando assistíamos a filmes de guerra. Tinha muito medo dessas viagens. Em meio ao trabalho soube que o governo peruano havia comprado alguns aviões a jato russos, modelo 737. Fiquei animado para que as próximas viagens pudessem se realizar nesse transporte mais moderno.

Depois de um trabalho árduo que incluía também a maior parte dos finais de semana, comecei a me estressar. Sugeri ao meu coordenador Augusto Hidalgo que solicitasse uma folga de três dias ao diretor alemão, possibilitando que eu e ele pudéssemos passar um fim de semana em Lima. Obtida a autorização, segui com ele num daqueles aviões antigos, com o propósito de alcançar algum divertimento em Lima. Ficamos hospedados num hotel para estudantes, daqueles bem econômicos. Augusto gostava de escutar rádio e logo que o ligou escutamos entrevista com um famoso psicólogo peruano que dizia: "É mais fácil morrer pela mulher que ama que viver com ela". Não deixa de ser uma grande verdade. Fomos assistir a um show de uma cantora peruana famosa, tendo ficado estupefato com o preço do ingresso: US$ 100. Isso em 1994.

No regresso a Chimbote, Hidalgo optou por rever primeiro a família e seguiu diretamente para Trujillo. Esperei toda uma manhã até que chegasse o momento de tomar o avião. De repente, a notícia: na estreia do seu primeiro voo, o avião russo, o Boeing 737, sofrera um acidente fatal. Havia se chocado com uma das montanhas do Peru. Fiquei tão surpreso e emocionado pensando que poderia ter estado entre os passageiros que desisti de voltar de avião. Perdi o bilhete aéreo e comprei uma passagem de ônibus para o regresso a Chimbote. Talvez risco ainda maior, pois a incidência de desastres nas estradas peruanas era enorme. Graças a Deus cheguei são e salvo a meu destino.

Comparecia ao escritório na hora certa, invariavelmente. Intrigava-me que o primeiro a chegar, antes de mim, como de costume, fosse o engenheiro peruano Gonzalo Herrera, uns oito anos mais novo. Muito simpático, mas de pouca conversa com a gente, e que, rotineiramente, lia um romance. Após minha volta ao Brasil, Augusto Hidalgo me contou que a firma Saniplan, para a qual trabalháramos, recebera uma multa pelo atraso, justamente em razão de o relatório de Gonzalo Herrera não ter sido entregue. Adoecera pelo estresse de não terminar o trabalho a tempo e se achava hospitalizado. Suponho que não teve tempo de concluir seu trabalho devido a tanto tempo lendo romances.

Outro consultor, José Portillo, especialista em informática, deveria permanecer em Chimbote por mais dois ou três dias, a fim de compilar informação da empresa Sedachimbote (empresa de saneamento de Chimbote). Só esteve duas ou três horas, tempo suficiente para decifrar a criptografia do computador do chefe de sistemas, obviamente com o consentimento do gerente-geral da empresa. Portillo era sempre rodiziado entre as três empresas do grupo e fora muito poucas vezes a Chimbote. Trabalhou muito mal e tampouco apresentou qualquer relatório do seu trabalho, que veio a ser elaborado, naturalmente com atraso, por Augusto Hidalgo. A Saniplan veio a ser contemplada com nova multa por não haver cumprido o cronograma previsto pelo Ministério da Fazenda. Foi, em razão disso, despedido da empresa.

Por ironia do destino, três meses depois de Portillo haver sido demitido, soube posteriormente de sua nomeação pelo presidente Fujimori, como chefe nacional do Organismo Nacional de Processos Eleitorais do Peru (ONPE). Foi gestor dessa organização durante todo o mandato restante de Fujimori, por seis anos. Porém, depois de uma desastrosa administração e de tantas fraudes eleitorais ocorridas durante todo aquele período, quando Fujimori caiu, Portillo foi sentenciado a cinco anos de prisão. Posteriormente, voltou a lecionar na Universidade Nacional de Engenharia do Peru (UNI). Uma vez reincorporado à universidade, chegou a ser escolhido como o melhor professor do ano. Era mestre extraordinário; contudo, não se ajustara bem como consultor ou mesmo executivo.

Os honorários mensais dos consultores peruanos eram de US$ 2,000.00 (dois mil dólares americanos), além das diárias pagas em soles peruanos referentes ao pagamento de hotel e alimentação. A mim me cabiam, porquanto estrangeiro, US$ 5,000.00 (cinco mil dólares mensais) mais respectivas diárias. Depois de certo tempo de trabalho, descobri que o salário de um funcionário alemão, integrante da equipe de consultores, já bastante idoso, era de doze mil dólares. Sua única tarefa era atualizar diariamente o cronograma de trabalho dos consultores. Tínhamos o direito de receber nossos honorários a cada mês; contudo, preferi esperar para o final do trabalho, de modo a não ficar preocupado com a eventualidade de vir a ser roubado.

Fui o primeiro consultor a concluir o trabalho, no prazo de dois meses e meio. Já estava com muita vontade de regressar a João Pessoa. Quando entreguei o relatório ao diretor Schöner, ele mostrou cara de espanto e me pediu para fazer algumas modificações. No dia seguinte voltei a ele com as correções solicitadas e lhe disse que estava contribuindo para a economia da Saniplan, pois estava poupando-a de pagar o equivalente a 15 diárias, já que meu contrato era de três meses.

Viajei para Lima e hospedei-me no Hotel Alemán, localizado na avenida Arequipa, 4704, Miraflores; hotel de três estrelas, ainda hoje em pleno funcionamento. O hotel era superseguro. Para acessá-lo tinha-se de passar por três portas, questões de segurança. Todos os alemães que passavam por Lima ali se hospedavam. Decidi ficar por mais um dia, a fim de melhor programar a volta, organizar e contar o total dos honorários que havia recebido no escritório da firma em Lima. Estava nervoso, receoso de ser roubado; o Peru nessa época estava muito violento. O chefe do Sendero Luminoso, Abimael Guzmán, fora condenado por um tribunal civil de Lima, em 1993, a prisão perpétua por terrorismo, assassinatos e outros crimes cometidos durante a guerrilha maoísta (1980 e 1992) que cobrou a vida de 70 mil pessoas entre 1980 e 2000, dentre elas mais de duzentos engenheiros. Alguns anos antes, uma engenheira paulista, funcionária da Cetesb, que estagiava no centro de pesquisa Cepis/Opas/OMS, onde eu trabalharia muitos anos depois, em Lima, morreu devido a uma bomba que colocaram debaixo do seu assento, em trem que viajava no trajeto de Cusco para Machu Picchu.

No dia seguinte tomei um táxi para o aeroporto. Mal entrei, o motorista perguntou: “O senhor está nervoso?”. Dá para que se forme ideia de como estava o meu estado psicológico. Pois bem. O aeroporto internacional Jorge Chávez era muito pobre e malconservado. Tive que utilizar o banheiro, que mais parecia com os piores sanitários de beira de estrada que conhecemos. Para completar, meus óculos caíram dentro da bacia sanitária e havia pouca água e nenhum sabonete na pia para lavá-los. É bom frisar que atualmente o aeroporto de Lima é considerado um dos mais modernos da América do Sul.

Finalmente, são e salvo de volta a João Pessoa. Experiência profissional renovada, a enriquecer o currículo. Novas histórias para contar aos amigos, ainda com a sensação de gatos a perseguir-me. Por quinze dias sentindo ainda o enjoado cheiro de farinha de peixe.

Figura 7.1 — Cartão de visita patrocinado pelas firmas alemã e peruana.
Foto: Acervo pessoal do autor.

Figura 7.2 — Moedas flor de cunho, cunhadas durante a Guerra do Pacífico (1879).
Foto: Acervo pessoal do autor.

8. REFLEXÕES NA SEMANA SANTA[12]

O século XV apresenta na história da França um período dificilmente a ser superado como uma época conturbada e não menos dramática, com seu cortejo de surpresas trágicas, violência e crimes, às vezes também com atos nobres e grandes feitos. Inicialmente, a França retrocedeu após o reinado reparador de Carlos V, o Sábio, nos desastres da Guerra dos Cem Anos, governando a França durante 16 anos (1364-1380); 11 anos depois do auge da peste negra, entre 1346 e 1353, uma das maiores pandemias da história humana, resultando na morte de 75 a 200 milhões de habitantes da Europa e da Ásia. Era o filho mais velho de João II, o Bom.

Posteriormente, sob o trono de um rei louco, Carlos VI (1368-1422), sucedendo o pai quando tinha apenas 12 anos, com um governo aviltado por um período de 42 anos. Foi rei da França a partir de 1380 até a sua morte em 1422. A regência era estabelecida por seus tios, os duques de Bourbon, Anjou, Berry e Borgonha, todos eles engajados na luta pelo poder. Paris, ensanguentada pelos armagnacs e borguinhões.

Esses dois grupos constituíam os dois partidos oponentes que travaram uma guerra civil na França, paralelamente à Guerra dos Cem Anos. Esse conflito envolvia, de um lado, o duque da Borgonha, João sem Medo e, do outro, Luís, duque de Orléans. Desde 1393, quando Carlos VI enlouquecera, a França era governada por um conselho de regência presidido pela rainha Isabel.

12 Texto escrito durante o isolamento social imposto pela pandemia de covid-19.

A guerra civil entre os armagnacs e borguinhões teve início em 23 de novembro de 1407, quando o duque de Orléans foi assassinado, por ordem de João sem Medo. A batalha decisiva de Azincourt, ocorrida na Guerra dos Cem anos em 25 de outubro de 1415, dia de São Crispim, no norte da França, resultou em uma das maiores vitórias inglesas durante a guerra. O local onde a luta aconteceu foi perto de Artois, cerca de 40 km ao sul de Calais.

A vitória de Henrique V da Inglaterra contra um exército francês numericamente superior foi um golpe duro para a França e marcou um período sombrio para o país em meados dessa guerra. O rei da Inglaterra coroado rei da França em Notre Dame de Paris. É quase o fim da França.

Revendo o resumo que escrevi acima, lembrei-me da situação no nosso Planeta Azul durante a pandemia da covid-19. Uma nova e moderna pandemia transformada em uma guerra brutal, devastadora e cruel, contra um microscópico inimigo que ninguém vê, chamado de coronavírus, que tem a capacidade de matar em pouquíssimo tempo milhares e milhares de pessoas. Políticos, cientistas, médicos de todo o planeta, desorientados, sem saber o que fazer contra tão potente inimigo. Mais de 15 milhões de mortes em todo o mundo[13]. Países considerados mais desenvolvidos e ricos, como os Estados Unidos, com um número muito maior de mortos do que seria esperado. Considerando nosso país de dimensões continentais, e imensas desigualdades sociais e econômicas, não podíamos estar otimistas nessa guerra. Quão devastada estaria nossa população e nossa economia nos anos que se avizinhavam?

Comecei então a comparar a situação do Brasil de então com a França do século XV. A peste negra e a pandemia recente

---

13 "Número real de mortes por covid no mundo pode ter chegado a 15 milhões, diz OMS". Disponível em: https://www.bbc.com/portuguese/internacional-61332581

do coronavírus. Os armagnacs e borguinhões com sua guerra civil e os bolsonaristas e petistas a estimular ódio mortal entre eles, sem a mínima ideia do que poderá ocorrer devido a esse comportamento leviano. Políticos dos mais variados partidos exigindo do governo todo tipo de recursos para seus objetivos pessoais, sem nenhuma preocupação com o erário público e com a difícil situação econômica que grassava no país. O governo federal contra os governos estaduais e municipais. Dezesseis anos de governos anteriores com o maior índice de corrupção desde o descobrimento do Brasil. Os três poderes, cada qual interferindo em áreas fora de suas jurisdições, desprezando totalmente a população brasileira. Grande maioria dos internautas a disparar *fake news* pelo WhatsApp entre si, sem nenhuma preocupação com o prejuízo que essas falsas mensagens poderão causar ao Brasil.

Depois de tudo que passou, finalmente, a recuperação da França. Joana d'Arc; o duque de Orléans livre; uma série de vitórias; a coroação do rei da França na Catedral de Reims; a pátria francesa quase restaurada; enfim, o duque Filipe de Borgonha, mais poderoso que o rei da França, árbitro entre as duas nações divididas pela luta centenária, lembrando que era filho da França, finalmente vendendo caro o Tratado de Arras, quando foi firmado um acordo entre esse país, o Ducado da Borgonha e a Inglaterra em 1435, na cidade francesa de Arras, no final da Guerra dos Cem Anos. Sua adesão definitiva à aliança francesa e à paz. Tratado esse que representou enormes fracassos para os ingleses e grandes vitórias para a França.

Espero que após vencermos essa terrível pandemia, com bom senso e solidariedade para com nossos irmãos mais desassistidos, nosso querido Brasil possa se equilibrar economicamente nos próximos anos. E que os investimentos prioritários a serem efetuados sejam direcionados principalmente para as áreas da saúde, educação e segurança, e que essas sofridas lições nos levem a um país muito mais igualitário e justo.

9. SONHO DE UMA MANHÃ DE VERÃO

Hoje, domingo pela manhã, acordei cedo e fui caminhar na orla, como é de costume. Antes de voltar para casa, fui ao supermercado comprar banana, minha fruta preferida. Aproveitei para comprar ricota, presunto de Parma, um vidrinho de molho de caponata e um vinho tinto português. Depois de fazer a limpeza habitual dos alimentos por causa da pandemia e logo após o banho, preparei um coquetel de tequila Jimador com Le Jirop de Monin de gengibre, um xarope francês, e suco de um limão. Preparei os ingredientes, fui para a sala de visitas e liguei o YouTube na minha TV. Imediatamente sintonizei o vídeo de Chico César em que ele canta "O Miaêro", de sua autoria, e "Espumas ao vento", de Accioly Neto.

Para mim essas canções estão no meu sangue nordestino. Aliás, também está presente o estilo espanhol Novo Flamenco, pois meu bisavô era espanhol, originário da região do País Basco, localizada no extremo norte. Deve ser por isso que muito aprecio os vídeos do guitarrista argentino Alex Fox e de Armik, guitarrista e compositor americano-iraniano-armênio desse novo estilo de música. Nós, brasileiros, somos uma raça especial, uma grande miscigenação. Ainda valem música clássica, óperas famosas e músicas românticas mexicanas, todas essas absorvidas na minha infância devido à influência de meu pai. Ele possuía uma vitrola que sempre estava funcionando com os discos de vinil da época (long-play de 12 polegadas, 33 1/3 rpm), sempre a tocar esses três tipos de músicas citados. As principais obras de Chopin são as que ainda permanecem muito fortes na memória, já desgastada pelo tempo. Chopin, grande pianista polonês radicado na França, faz parte dos grandes músicos do Romantismo Musical (1800 a 1900), incluindo Schumann e Liszt, cuja principal característica era o individualismo.

Maravilhoso! Comecei a bebericar meu trago desfrutando a música e provando os tira-gostos que havia comprado, seguidos de um pão italiano esquentado numa torradeira elétrica. Que delícia! Estava feliz escutando os sons que iam diretamente ao fundo de meu coração, fazendo-me esquecer de toda a terrível pandemia e de suas consequências que nos assolavam naquela época.

Foi aí que lembrei. Quantos brasileiros tinham o mesmo privilégio que eu? Quantos brasileiros estavam desempregados naquele momento com suas famílias numa penúria total?

Foi estimado à época que 27 milhões de brasileiros estavam abaixo do nível mínimo de pobreza (quase 13% de nossa população). Dados da Associação Brasileira dos Captadores de Recursos[14] mostravam que o volume acumulado de doações relacionadas à covid tinha diminuído enormemente. O número de doadores, que em maio de 2019 chegou a 189 mil, despencou, e em dezembro foi de cinco mil. Necessitamos, por isso, nos convencer cada vez mais de que precisamos aumentar nossa contribuição pessoal para tentar ajudar a minorar a triste realidade de nossos irmãos brasileiros. Não podemos esperar pelo governo.

Embora não possamos comparar o desenvolvimento tecnológico da medicina com a mesma situação na Idade Média, quando a peste negra era tão abrangente e perniciosa que cerca de 99% das pessoas contaminadas morriam. Estima-se que entre 75 e 200 milhões de habitantes da Europa e Ásia morreram vitimadas por essa doença, embora no século XIV não existissem aviões nem cruzeiros. Um único hospedeiro da varíola, Francisco de

---

14 Estadão, 07/04/2021.

Eguía, em março de 1520, desembarcou no México contaminando grande parte da população. Entretanto, em dezembro do ano anterior (três meses antes), uma epidemia de varíola já grassava em todos os países da América Central, matando 30% da população. E nessa época os centro-americanos não possuíam ônibus ou trens como meios de transporte. A partir do começo do século XIX, a humanidade foi se tornando mais vulnerável às epidemias devido ao grande crescimento populacional, ao contínuo desmatamento, à falta de acesso a água potável e saneamento, que perdura até hoje, e ao desenvolvimento e à eficácia dos transportes.

Felizmente, o impacto das epidemias nas pessoas decresceu enormemente, apesar dos terríveis episódios recentes, principalmente do ebola e da aids, ocorridos a partir do século XX. Neste século, as epidemias matam numa proporção muito menor em comparação com qualquer outra época, desde a Idade da Pedra, graças ao desenvolvimento da medicina. E o fator mais importante é a informação e não o isolamento. Os patógenos dependem de mutações cegas, enquanto os médicos se apoiam na análise científica da informação.

Durante a peste negra a ignorância era total em relação às epidemias. Até há relativamente pouco tempo, as pessoas atribuíam as doenças geralmente à ação dos demônios malignos ou ao ar impuro, e nem sequer suspeitavam da existência de vírus, bactérias ou fungos. Acreditavam em fadas e anjos, porém não suspeitavam de um enorme esquadrão de vírus mortais que poderia caber em apenas uma gota de água. O que faziam era organizar orações a deuses e santos, na esperança de serem atendidas com suas preces. O resultado das reuniões, com o ajuntamento das multidões, era frequentemente mais infecção em massa.

As vacinas, antibióticos, hábitos de higiene aprimorados (o hábito de lavar as mãos com sabão é considerado um dos maiores avanços históricos na área da higiene humana) e uma infraestrutura médica muito superior deram uma grande vantagem em relação aos predadores invisíveis. Os estudos genéticos permitiram que os cientistas pesquisassem os manuais de instrução dos próprios patógenos. As novas vacinas, pela rapidez que estão sendo produzidas até agora, nos mostram o incrível desenvolvimento da ciência, como também a enorme capacidade dos laboratórios de fabricá-las em pouco tempo, na defesa de nossa imunidade.

A Organização Mundial da Saúde (OMS) declarou em 1979, após uma campanha global de vacinação bem-sucedida contra a varíola, que essa enfermidade havia sido erradicada em nível mundial. Quarenta anos depois, em 2019, ninguém contraiu essa enfermidade.

A história nos mostra que é impossível se proteger fechando permanentemente as fronteiras. Embora a quarentena e o toque de recolher sejam essenciais para interromper a propagação de uma pandemia, paralisar cidades pode levar ao colapso econômico. O isolacionismo prolongado poderá conduzir à derrocada da economia, sem oferecer nenhuma proteção real contra doenças infecciosas. O que é mais importante é vigiar as fronteiras entre o mundo dos humanos e onde vivem os vírus. Uma das mais óbvias condições é que todas as pessoas, em nível planetário, tenham acesso a água potável e saneamento. A triste realidade é que existem bilhões de pessoas ao redor do mundo sem acesso aos níveis mais básicos de saúde. Segundo a OMS, uma em cada três pessoas no mundo não tem acesso a água potável, ou seja, cerca de 2,6 bilhões de habitantes.

O coronavírus tem sua origem em animais, provavelmente o morcego. Já sabemos que quando passou para os humanos, como hospedeiro, estava pouco adaptado. Agora também já foram confirmadas novas mutações mais perigosas e mais resistentes ao sistema imunológico das pessoas, como as cepas da África do Sul e de Manaus, além das que chegaram recentemente na Inglaterra, com a tendência de se alastrarem rapidamente pela população humana. Um único indivíduo humano pode hospedar trilhões de partículas virais que se replicam continuamente. Cada pessoa infectada oferta ao vírus trilhões de novas oportunidades para que possa se adaptar melhor à raça humana. Tornou-se, portanto, importantíssima a vacinação urgente em nível mundial.

Enfrentamos uma crise aguda mundial motivada não apenas pelo coronavírus, mas também pela falta de confiança entre os seres humanos. Nossos principais problemas não eram o coronavírus, e sim, nossos demônios interiores, com destaque para o ódio, a ganância e a ignorância. Não podíamos reagir a essa crise propagando ódio, explorando a oportunidade para aumentar os lucros, disseminando ignorância, espalhando e acreditando em ridículas teorias da conspiração. O mundo enfrentava uma crise sem precedentes, não somente devido ao coronavírus, mas também pela falta de confiança entre os seres humanos. Para derrotar essa epidemia tornava-se necessário que as pessoas confiassem nos especialistas, os cidadãos nos poderes públicos e os países uns nos outros. O compartilhamento de informações entre países era muito importante para que fosse possível uma rápida derrota da pandemia. Os vírus não podiam trocar informações entre si, porém um país tinha condições de ensinar valiosas lições a outro que tivesse mais experiência com essa enfermidade. Um esforço global no sentido de partilhar informações entre profissionais da área médica também foi mais que louvável.

Tornou-se inacreditável comprovar a morte de mais de 570 mil pessoas em nosso país em consequência do coronavírus e saber que demorou muito para as vacinas começarem a avançar. Aproveito a oportunidade para ressaltar um fato ocorrido às nove horas da noite do dia 12 de outubro de 1768 com a imperatriz da Rússia, detalhado pelo premiado historiador norte-americano Robert K. Massie, no livro *Catarina, a Grande — Retrato de uma Mulher.*[15]

> [...] Catarina parou de comer carne e tomar vinho dez dias antes dessa data. O médico escocês Thomas Dimsdale inoculou nos dois braços de Catarina material retirado de um menino camponês chamado Alexander Markov acometido de varíola, a quem ela mais tarde deu um título de nobreza. No dia seguinte sentia-se saudável, exceto por um leve mal-estar. Desenvolveu um número moderado de pústulas, que secaram em uma semana [...].
>
> [...] No dia 2 de novembro congratulada pelo Senado e pela Comissão Legislativa, em São Petersburgo, respondeu: "Meu objetivo foi, por meio do meu exemplo, salvar a morte de meus súditos que, não conhecendo o valor dessa técnica, amedrontados, estavam em perigo [...].

Considerando nosso país de dimensões continentais, e imensas desigualdades sociais e econômicas, não podemos estar otimistas nesta guerra. Quão devastada estará nossa população e nossa economia nos anos que se avizinham? Aproximadamente 32 milhões de pessoas sem direito à água potável e 90 milhões de habitantes sem acesso a esgotos sanitários,[16] pelo menos 12 milhões de pessoas com mais de 15 anos analfabetas e IDH (Índice de Desenvolvimento Humano) de 0,761 compilado pela ONU em 2018, quando o país ficou em 78º lugar no mundo. Há

---

15 MASSIE, Robert K. *Catarina, a Grande — Retrato de uma Mulher*. Trad. Angela Lobo de Andrade. Rio de Janeiro, Rocco, 2012, pp. 435-6.

16 TRATA BRASIL. *Ranking do Saneamento Básico*, 2023. Disponível em: https://tinyurl.com/2fxvw43c. Acesso em 5 jun. 2025.

alguns anos foi comprovado por pesquisadores da UFMG que o coronavírus chega a permanecer 11 dias nas fezes dos infectados.

Infelizmente, toda sensação de alegria que estava começando a curtir durante aquela breve divagação na manhã de domingo foi esfacelada na velocidade de um raio, sendo mais uma prova de que estava apenas a sonhar.

10. O LIRISMO DE CORIOLANO

Estudei os dois últimos anos do curso primário na conhecida Escola Santa Terezinha, situada na rua das Trincheiras, 401, em João Pessoa, pertencente às professoras Tércia e Maria da Luz Bonavides. Inúmeros paraibanos, hoje famosos, tiveram o privilégio de ter aprendido suas primeiras letras nessa escola que formou centenas de alunos de várias gerações por um período de pelo menos 40 anos. Minha mãe e meu tio também foram alunos desse conceituado educandário.

Quando comecei a escrever meu livro de memórias *O caçador de lagostas*, publicado pela editora Labrador (2018), e estava a pesquisar mais detalhes sobre a vida de dona Tércia, soube que a professora Regina Rodriguez Bôtto Targino estava concluindo um livro sobre a biografia da famosa professora. A escritora durante seu trabalho havia descoberto o "*Álbum de Tércia Bonavides*".

Dona Tércia era solteira e também tinha seu lado culto e romântico. Esse era um álbum de recordações ou lembranças, com depoimentos, poesias, sonetos e desenhos de pessoas ilustres da Paraíba e do Brasil. Nele, escreveram muitas pessoas famosas, destacando-se: João Rodrigues Coriolano de Medeiros, José Américo de Almeida, Francisco Mangabeira Albernaz (artista plástico baiano), Carlos Dias Fernandes (jornalista, poeta e romancista), Austro Costa (Academia Pernambucana de Letras), Américo Falcão (um dos maiores trovadores da Paraíba e patrono da Academia Paraibana de Letras), Raul Machado (romancista e patrono da Academia Paraibana de Letras), Eudes Barros (poeta, historiador e romancista), Leandro Maynard Maciel (engenheiro, governador e senador sergipano), Palmyra Guimarães Wanderley (líder feminista, considerada "Poetisa Oficial" de Natal/RN, e membro da Academia de Letras do Rio Grande do Norte), Adhemar Vidal (possuidor de vasta produção literária, membro da Academia Paraibana de Letras e do Instituto Histórico e Geográfico Paraibano), Raul Bittencourt (médico, deputado gaúcho, secretário executivo do Ministério de Educação e Saúde Pública do governo provisório de Getúlio Vargas), Viriato Correa (jornalista maranhense, autor de vários livros infantojuvenis, romancista, teatrólogo, deputado federal e membro da Academia Brasileira de Letras), dentre inúmeros outros paraibanos ilustres.

Para grande surpresa minha, havia nesse álbum uma poesia escrita por minha mãe Zuleida Rolim, nunca relatada por ela a seus dois filhos, escrita em novembro de 1932, quando tinha apenas 13 anos de idade, intitulada "No dia das férias":

Peço a palavra! Senhores
E Senhoras — Não é trama
Destes versos incolores
Surgirem extraprograma.

Foi coisa minha, somente,
Dizer nesta ocasião
Tudo, tudo quanto sente
Meu pequeno coração.

Depois de tanta alegria,
Tanto prazer de verdade,
Ouvirei, em demasia
Os acordes da saudade.

Saudade... tão penetrante
Que até tristeza produz
Saudade sempre constante
De Tércia ou de Daluz.

Saudades que eu vou curtir
Quantas lembranças congregas?
Saudades... que eu vou sentir
Das minhas boas colegas.

Saudade sim, verdadeira
D'aulas da gente, de tudo,
Da hora da brincadeira
Antes da hora do estudo!

Ecoa n'alma um binário
De saudades, desde já,
Desse passeio diário
Que tão cedo voltará!

Desculpe-me, circunstantes,
Colegas e mestres meus;
As saudades são bastantes,
Meus cumprimentos. Adeus.

A segunda surpresa, ainda maior, foi constatar que a primeira página do "*Álbum de Tércia Bonavides*" havia sido escrita por Coriolano de Medeiros (padrasto de meu avô e muito querido), em 8 de outubro de 1922. Fiquei impressionado e deveras emocionado com o lirismo desse belíssimo depoimento oferecido à professora Tércia, repleto de um linguajar com um sentido poético tão elevado que poucos escritores teriam ou terão a capacidade de imitá-lo.

Tércia,

Desejando que os teus momentos de felicidades se ajustem ao número de palavras que neste Álbum se inscreverem, nele tentei registrar algumas linhas. E que tempo me demorei olhando esta folha plácida, alvíssima, imácula fotografia simbólica de tua alma de menina e moça!

Assim, vi-me preso à indecisão, à falta de ideias boas, na ausência de um pensamento feliz. E a minha imaginação doudejou, voou por todo o universo: buscou as cintilações das estrelas ou o deslumbramento de um fio de sol, quis tingir as asas no rosicler da aurora; tentou embriagar-me com o saudável aroma das flores; debateu-se comovida ouvindo o ciciar dolente da linguagem das fontes; escutou em alegrias a música feiticeira do passaredo em festa; distendeu-se num esforço máximo para beijar a maciez do cetim dos céus; alçou-se silenciosa escutando as formidáveis orquestrações dos mares; subiu alto, muito alto, para descobrir a inspiração sublime e tombou desiludida, exausta, no seio do impossível!

E assim, Tércia, inteligente, gentil e boa, desculpa:

— Deixo esta folha em branco!

11. A GENÉTICA DO COLECIONADOR

Estive recentemente na casa de meu neto de 7 anos em São José do Rio Preto. Descobri que além de colecionar miniaturas de carros de corrida, está atualmente juntando todo tipo de pedrinhas, principalmente as brilhosas.

A partir dos 8 anos de idade, eu e minha irmã visitávamos mensalmente meu bisavô Coriolano de Medeiros, a quem chamávamos carinhosamente de "padrinho". Na maioria das vezes íamos sós. Morávamos a cerca de 250 metros de sua casa na rua Nova, 177, hoje rua General Osório. No ano seguinte entregou a cada um de nós, como herança, vinte moedas de prata, a metade delas de 2 mil-réis, cunhadas de 1906 a 1912, pesando 20 gramas cada uma, e o restante, também moedas de 2 mil-réis, cunhadas entre 1924 e 1934. A partir desse dia tornei-me filatélico e numismata. A filatelia abandonei há bastante tempo, devido à fragilidade dos selos, dificultando seu manuseio. Porém ainda mantenho uma razoável coleção de envelopes com selos de primeiro dia de circulação (*first day cover*), principalmente sobre o tema meio ambiente. Desde essa época, influenciado por Coriolano, coleciono cédulas e moedas de inúmeros países, o que foi facilitado pelo fato de eu ter morado mais de um ano na Inglaterra e trabalhado em quase todos os países da América do Sul, da América Central e no México, por mais de dez anos.

Lembro-me ainda do dia 28 de junho de 1952, já um rapazote com meros 8 anos de idade, em uma das visitas que fiz a Coriolano (desta vez fui sozinho), vi em um dos quartos de sua casa um monte de livros novos. Era a edição de seu nuperpublicado e último livro *Sampaio*. Não tive dúvidas, imediatamente pedi ao padrinho um exemplar autografado.

Graças ao incentivo de meu pai, autorizando-me a comprar qualquer livro que me interessasse, compensando-me por não me regalar qualquer tipo de mesada, depois de mais de três quartos de século, cheguei à conclusão de que havia me tornado um bibliófilo. E o que é um bibliófilo? Não deixa de ser um colecionador — desta vez, de livros.

Existe nas montanhas de Papua Nova Guiné o pássaro-caramanchão macho que coleta flores, musgo, frutas vermelhas e alguns itens artificiais e os transforma em um caramanchão para atrair uma parceira. Aí encontra-se outro tipo de colecionador, desta vez por interesse pessoal.

Que significa colecionar? Por definição, é "o processo de adquirir, possuir e descartar de forma ativa, seletiva e apaixonada coisas valiosas, muitas vezes removidas do uso comum e percebidas como parte de um conjunto". Qualquer dúvida é só perguntar a um psicanalista quais são os motivos inconfessáveis que transformam uma pessoa em um colecionador. Dizem que Freud possuía mais de 4 mil antiguidades, muitas das quais eram símbolos fálicos. Outros consideram suas atividades como altamente criativas e conhecem toda a origem e a história de seus objetos, de trás para a frente.

A procura emociona o colecionador, e tomar posse do objeto de seu desejo pode ser um momento de pura paixão, às vezes literalmente. Don Juan, com suas mil conquistas somente na Espanha, foi um colecionador arquetípico. Seu terreno de caça era metade da raça humana. Então ele nunca poderia esperar completar o conjunto. A maioria dos colecionadores persegue objetivos menos ambiciosos, querendo apenas adquirir cada primeira edição de um livro raro ou cada denominação de selo, o valor de uma moeda rara, uma obra de arte etc., adorando colocar a última peça no lugar. A mania de colecionar de grande parte dessas pessoas não é motivada por dinheiro, mas pelo fascínio dos próprios objetos.

Quaisquer que sejam os motivos, o colecionismo já existe há muito tempo. O rei Nabucodonosor II da Babilônia manteve estátuas do período dos reinados anteriores, que na época já tinham centenas de anos. O Império Romano desenvolveu uma mania por estátuas antigas, pinturas e outros objetos de arte da Grécia, que foram saqueados e levados para a capital para venda aos colecionadores romanos. Durante grande parte da Idade Média, a recolha na Europa era feita principalmente pela Igreja, que mantinha tesouros de artefatos fabricados de ouro, prata e pedras preciosas (para não mencionar alegadas partes de santos). Mas no início da Renascença, os príncipes e nobres da Itália tornaram-se interessados em colecionar arte e curiosidades, e o hábito rapidamente se espalhou para o norte. No início do século XVI, cada governante europeu que se prezasse tinha sua própria câmara de maravilhas repleta de raridades do mundo animal, vegetal e mineral, bem como de obras de arte.

A maior mudança no mundo do colecionismo foi a chegada da internet, embora a televisão também tenha impulsionado esse hábito. Há um quase infinito número de sites que atendem colecionadores, oferecendo informações, livros e revistas especializadas, avaliações, mecanismos de busca de itens desejados, leilões, serviços de remessa e seguros, e muito mais.

Mesmo no lado convencional do comércio, a internet fez uma enorme diferença. A Abbotts, uma casa de leilões no leste da Inglaterra, que realiza vendas de obras de arte a cada poucos meses, costumava divulgá-las por meio de anúncios nos jornais, enviando catálogos e telefonando para negociantes. Agora ela coloca seus catálogos na web, completos com fotografias, e descobre que recebe consultas dos lugares mais remotos do planeta.

Os resultados dos leilões também são divulgados na web; por isso é fácil encontrar os preços alcançados em todo o mundo. Isso é útil para colecionadores, mas não necessariamente para revendedores que compram em nome de clientes, que encontram seus segredos comerciais expostos. Hoje, muitos negociantes preferem comprar de forma privada para preservar a sua mística. O mesmo tipo de transparência está disponível no eBay, uma das casas de leilões mais famosas do mundo. O eBay vende coisas mundanas, de roupas a carros, mas também tem uma grande seção de "colecionáveis" que oferece muito mais.

Por outro lado, o famoso bibliófilo paulista Rubens Borba de Moraes (1899-1986), grande colecionador de obras raras, conta em seu livro *O bibliófilo aprendiz* que entre os amantes de livros há muita gente sovina. Talvez haja no colecionador um instante de posse mais agudo que no comum dos mortais. Talvez até a bibliofilia seja uma forma de avareza. Entretanto, é uma forma especial: o colecionador apaixonado não dá valor ao dinheiro, mas ao objeto.

Muitas vezes, um livro raro de um autor famoso tem mais valor quando possui sua assinatura. Existem exemplares raros em primeira edição que também possuem a assinatura do primeiro comprador. Posteriormente outro colecionador o compra. Moraes descreve em seu livro que possuía um livro raro com a assinatura de seu primeiro dono, datado de 1689. Logo abaixo vem outra assinatura, com data de 1789 e, em seguida, outro nome escrito em 1889. Ele ficava se perguntando se iria viver até 1989 para colocar com emoção seu nome ao pé da lista centenária de seus possuidores. Infelizmente não pôde concluir seu desejo. Faleceu em 1986.

E, finalmente, um conselho do nosso ilustre bibliófilo Rubens Moraes aos escritores:

> [...] É uma tradição curiosa, em Portugal e no Brasil, de toda a gente que escreve um livro achar que o governo deve ajudar! Deve ser complexo de inferioridade em

> país de grande porcentagem de analfabetos. Função do governo não é dar ordenado a quem escreve e edita livros. É manter boas bibliotecas para quem estuda e fazer funcionar este nosso calamitoso correio que leva, até hoje, mais tempo para entregar um livro encomendado no estrangeiro que no tempo de Anchieta [...].[17]

Hoje em dia, não podemos reclamar da agilidade dos Correios. O problema são os custos e a desvalorização de nossa moeda. Além disso, uma obra publicada no original em inglês, por exemplo, custa no mínimo o dobro do valor do mesmo livro em edição traduzida para português, devido aos elevados impostos em nosso país.

---

17 MORAES, Rubens Borba de (1899-1986). *O bibliófilo aprendiz*. Lisboa: Letra Livre, 2011, p. 19.

12. AS FESTAS DO IMPERADOR

A revista *Era Nova* publicou na primeira página do Ano I, número 12, de 15 de setembro de 1921, um artigo de Coriolano de Medeiros sobre a vinda de D. Pedro II à Paraíba.

Segundo Alzira de Cássia da Silva Rodrigues,[18] o nome da revista *Era Nova* foi explicado pelos editores como uma homenagem a um periódico homônimo, que contou com a colaboração de alguns jovens bananeirenses; por outro lado, o nome também faz alusão aos seus propósitos de elevar a revista ao mais feliz destino, a fim de contribuírem para uma *Era Nova*, no seu meio, em que se concentrassem seus ideais e aspirações de arte, letras e civismo, em prol da moral e ordem paraibana. Ela ainda informa:

> [...] A *Era Nova* foi uma revista quinzenal ilustrada da década de 1920, produzida na Paraíba. A princípio foi fundada na cidade de Bananeiras e logo depois seu núcleo foi transferido para a capital do Estado Parahyba do Norte. Manteve-se em circulação de 1921 a 1926, quando, dela, se tem notícia pela última vez. Seu primeiro número, do ano I, data de 27 de março de 1921, foi oficialmente apresentado por seu diretor Severino de Albuquerque Lucena e seu redator-chefe Guimarães Sobrinho, com

---

18 RODRIGUES, Alzira de Cássia da Silva. Tessituras de uma Era Nova: Paraíba dos anos 1920. Apresentado no XXVII Simpósio Nacional de História, realizado em 22 a 26 jul. 2013, na cidade de Natal, RN. Disponível em: https://tinyurl.com/4zrpbcdr. Acesso em: 5 abr. 2025.

> a proposta de inaugurar uma nova era nos círculos literários e intelectuais paraibanos [...].[19]

No livro *Outras histórias: cultura e poder na Paraíba* (1889-1930),[20] um dos fatores que mais chamou a atenção dos autores Alômia Abrantes e Martinho Guedes dos Santos Neto sobre a revista *Era Nova* está descrito a seguir:

> [...] Desde os dias de seu lançamento, foi a distinta qualidade de suas impressões, que exigia da revista um tipo melhor de papel, além de domínio técnico e gráfico. O papel utilizado na revista era o couché, o que permitia a utilização da policromia em cima de variados clichês e ornamentação de páginas, que, segundo uma nota da própria revista estava à mercê dos louváveis esforços dos seus diretores, em suas oficinas, num edifício amplo e elegante, seções moderníssimas de gravuras e policromia, vindas diretamente da Alemanha. Exibia então uma aparência primorosa, sendo ilustrada com muitas imagens — prevalecendo os retratos de pessoas — e, por vezes, utilizando cores e fontes diversas no texto. A *Era Nova* pode ser considerada uma precursora dessas práticas na imprensa brasileira. Além do que, sua impressão, de ótima qualidade para os padrões da época, garantia reproduções nítidas das fotografias, caracterizada pelas técnicas de pintura sobre fotos [...].[21]

No artigo de Alzira Rodrigues também está citado:

---

19 Idem.

20 ABRANTES, Alômia; SANTOS NETO, Martinho Guedes. *Outras histórias — Cultura e poder na Paraíba (1889-1930).* João Pessoa, Editora Universitária da UFPB, 2010.

21 Trecho extraído em parte do exemplar *Era Nova*, Parahyba, julho de 1923, n. 48.

> [...] A revista *Era Nova* manteve em média 16 números por ano, o que somaria um total de 100 números em seus seis anos de vida. A revista era editada numa média de 14 páginas, sendo quatro a cinco delas determinadas para as publicações de anúncios. O valor da assinatura anual variava de acordo com a localidade, no seu primeiro ano chegou a custar, 15$000 (15 mil-réis)[22] para a capital e 20$000 para o interior e sobre o número avulso se cobrava $700. Com o passar dos anos esses valores aumentaram, mas diminuiu a diferença entre si, 20$000 para a capital e 22$000 para o interior, enquanto o número avulso sobe para 1$000 e 1$500, respectivamente. Durante toda sua existência, foi editada nas oficinas gráficas da Imprensa Oficial, contando sempre com o apoio do governo, o que justifica em certa medida sua sobrevivência por um longo tempo, possibilitando ser produzida com excelente qualidade, sem extrapolar seu preço [...].[23]

O artigo de Coriolano de Medeiros intitulado "As festas do imperador"[24] completou um século de existência desde sua publicação no segundo semestre de 1921. Foi escrito vinte anos antes da fundação da Academia Paraibana de Letras, em 14 de setembro de 1941. Ele foi seu principal mentor, e hoje ela o homenageia denominando-se "Casa de Coriolano de Medeiros".

---

22 O padrão mil-réis foi substituído oficialmente pelo cruzeiro em 5 de outubro de 1942, mas só passou a valer como unidade monetária a partir da meia-noite do dia 31 de outubro daquele ano.

23 RODRIGUES, Alzira de Cássia da Silva. Tessituras de uma Era Nova: Paraíba dos anos 1920. Apresentado no XXVII Simpósio Nacional de História, realizado em 22 a 26 jul. 2013, na cidade de Natal, RN. Disponível em: https://tinyurl.com/4zrpbcdr. Acesso em: 05 abr. 2025.

24 MEDEIROS, Coriolano de. As festas do imperador. *Era Nova*, Bananeiras PB, Brasil, Ano I, n. 12, 15 set. 1921.

Está detalhado na íntegra a seguir, com a observância da ortografia atual, com algumas informações adicionais. O artigo de Coriolano inclui alguns aspectos pouco divulgados sobre a viagem de D. Pedro II à nossa capital.

> — Festas?... vi-as eu, quando a Parahyba (hoje João Pessoa) não tinha bondes, nem luz elétrica, nem ruas calçadas, aquilo sim, foram festas: mas hoje...
>
> E as moças, rindo-se da afirmativa da avó, replicaram num disfarçado remoque;
>
> — Deviam ser boas... naqueles tempos do azeite de mamona... das cadeirinhas...
>
> — Naqueles tempos mesmo!... que pensam vocês?... As casas ricas queimavam estearina em candelabros de prata ou de cristal finíssimo, disse a veneranda dona Isabel dos Passos, com o olhar incendido numa chispa de indignação.
>
> E aprumando-se conforme permitiam os seus oitenta e cinco janeiros, mudou de lugar e prosseguiu:
>
> — Vocês não terão o prazer de admirar festas como as que se fizeram aqui oferecidas a D. Pedro II.
>
> E como as netas revelassem curiosidade, dona Isabel, com um riso espetado ao último canino que possuía, começou a narrativa:
>
> — Tinha dos meus doze para treze anos, quando se anunciou a visita do imperador e de sua mulher Dona Thereza Christina. Toda Parahyba (hoje João Pessoa) estremeceu de alegria; a prata velha saiu dos escaninhos das arcas para compra de roupas e adornos. A população rica do interior desceu apressada na preocupação

dos preparativos e, como naqueles tempos quase entre nós não se falava em hotéis, não houve casa nesta cidade que, ao menos, não contasse um casal de hóspedes. Corriam rios de dinheiro; a Capital foi fatalmente varrida, aterrada; cortaram-se peças e peças de seda, da verdadeira seda de Lyon,[25] que não tinha fim, nem perdia a cor; não era como a seda de hoje que se rasga com o vento. Do Recife vieram artistas para adornarem igrejas, enfeitarem praças, embandeirarem as ruas, organizarem os banquetes. No cais levantou-se um Pavilhão rico, uma beleza, e em frente no Paço, como então chamavam ao palácio do governo na quadra onde está o jardim público, construíram coretos, pavilhões, barraquinhas, cascatas, bosques, uma infinidade de coisas que divertiam a gente, que alegravam os olhos. Até o nosso porto encheu-se de lanchas, escaleres, vapores, todos embandeirados. A uma hora da tarde de 24 de dezembro de... cinquenta... e... nove; foi de cinquenta e nove (1859), da torre da Conceição anunciavam que o vapor Rio Apa entrara em Cabedelo e uma grande girândola preveniu ao povo, que aceleradamente começou a descer ao Varadouro e em breve todo aquele espaço não tinha palmo de terra a descoberto. Era gente!... e, deixem-me dizer que, como o cortejo do imperador, em concorrência estes meus olhos só viram coisa parecida naquela passeata noturna quando doutor Epitácio (Pessoa) foi escolhido presidente da República. Às quatro horas da tarde, o vapor atracou à prancha; então a gente só faltou ensandecer: girândolas, descargas, tiros de peça, apitos de vapores, vivas,

25 Lyon tornou-se a capital europeia da seda em 1536, quando o rei Francisco I resolveu acabar com a supremacia da Itália no assunto e enviou tecelões italianos para ensinar a arte de trabalhar os fios aos habitantes da cidade. A diferença é que, em Lyon, não havia indústrias. Os tecelões instalavam as máquinas em suas próprias casas. A cultura dos casulos do bicho-da-seda era feita no sul da França.

músicas, cornetas, clarins; era de rebentar os ouvidos!... O imperador saltou de fardão e calças brancas, tendo ao lado a imperatriz. Subiram ao pavilhão, onde estavam os homens e as mulheres mais notáveis da Parahyba (atual João Pessoa); aí o Dr. Souza Carvalho, presidente da Câmara, entregou à Sua Majestade as chaves da cidade e em seguida houve beija-mão.

Depois de pequeno descanso, o imperador e sua mulher saíram para a matriz, no intuito de assistirem o Te-Deum.

Subiram pelas ruas do Varadouro, do Passo e, entrando na rua d'Areia, pararam junto ao grande arco de triunfo que ali se erguia. Um grupo de meninas, entre as quais eu estava, vestidas de branco, cabelos soltos, com grinaldas à fronte, aguardava o préstito e uma delas entregando a D. Pedro II belíssimo ramalhete, recitou:

Deus te salve, oh soberano,
Filho de Pedro Primeiro!

E outra menina, entregando outro ramalhete à imperatriz, concluiu:

Deus te salve, augusta esposa
Do monarca brasileiro!

Daí se encaminharam, pelas ruas da Conciliação, Consumo, Ladeira das Pedras, rua Nova (atual rua General Osório). Na Matriz fora feito riquíssimo docel, de onde suas majestades assistiram o ato de graças rendidas ao Poderoso. Finda a cerimônia, formou-se o cortejo voltando pela rua Nova, passando na rua da Misericórdia sob imponente arco, desceu pela rua da Baixa, subiu pela rua de São Gonçalo até o Paço, onde chegou mais ou menos às sete horas da noite. Descansaram imperador e comitiva um instante, jantaram às dez, à meia-noite ouviram a missa do galo na capela da Conceição e foram então repousar.

— Upa! Que maçada, disse uma das meninas!

— E quase ninguém dormiu nessa noite, continuou dona Isabel: desde o Paço até o Porto, as ruas ficaram enfeitadas e iluminadas a balõezinhos, constituindo-se nessa e nas seguintes noites magnífico passeio a que o povo dava extraordinário movimento. E não só as ruas ... também as casas e sobrados deitaram luminárias e das varandas e janelas pendiam colchas de Damasco e bandeiras nacionais. Em frente do Paço havia permanente multidão que vitoriava D. Pedro II, sendo de notar que durante o dia todo mundo podia subir as escadas do palácio, onde todo o séquito imperial se acomodou, exceto o ministro do Império, que se alojou no grande sobrado, depois propriedade da família Cordeiro. Ah, ia esquecendo-me de dizer que, por ocasião do Te-Deum, formou a tropa começando da porta da matriz até defronte na Estrada Nova; isto é, pelas ruas Nova (hoje rua General Osório), Misericórdia e Direita (hoje rua Duque de Caxias); diziam serem mais de cinco mil soldados de linha e guarda nacional. Até me lembro que um coronel comandante de batalhão montava um cavalo árdego e com barretina, dragonas, bandas, espadas e tudo, foi ao chão ali defronte do beco das Mercês, causando boas risadas. E que acessíveis eram os soberanos! O povo delirava com a simplicidade, com a bondade deles. Atendiam a todos, até mesmo os escravos que os procuravam, na esperança de liberdade! D. Pedro II montava bem; era um cavaleiro garboso e parecia uma estampa;[26] a cavalo,

---

26 Tinha 1,90 metro de altura, e era louro de olhos azuis.

foi a Mamanguape e até Pilar. Nessa viagem, um dos que faziam parte da cavalgada foi apanhado por uma porteira de bater, em Várzea Nova e teve a perna quebrada, pois bem, de volta, o imperador foi, pessoalmente, visitar o enfermo. Mas de tudo, meninas, de tudo além de jantares, banquetes, não me esquecerei nunca do baile que se realizou no andar superior do Liceu Paraibano. Era incontável o número de senhoras e moças; um luxo, uma riqueza!... As voltas de mangaba, as cruzes de brilhante, os anelões, os braceletes, os alfinetes, resplandeciam no meio do brilho das fardas ou entre o escuro das casacas. Lá fui eu, com os meus cabelos encanudados com meu balão, o primeiro que usei na vida. O imperador dançou duas imperiais, uma com a mulher do chefe de polícia, outra com a do juiz de direito, tendo de frente o barão de Maraú,[27] presidente da Parahyba (hoje João Pessoa). D. Thereza, pelo defeito que tinha numa perna, não dançava; assistia somente; nós outras, porém, nos divertimos e ainda hoje tenho saudades das "habaneiras". Quisera que vocês vissem; aquilo sim...

— E o baile, então, avozinha, hein?

— Ah, o baile!... Apesar de velha ainda o vejo com os olhos dos meus treze anos... ainda o vejo!...

E na entonação da afirmativa, na inflexão daquela voz, se condensavam saudades e lembranças de uma felicidade que nascera entre as luzes, as harmonias, os risos, a satisfação daquela longínqua noite de 29 de dezembro de 1859, última da visita que à Parahyba fizeram D. Pedro II e D. Thereza Christina!

---

27 José Teixeira de Vasconcelos, primeiro e único barão de Maraú, Parahyba (hoje João Pessoa), 1798 — Mamanguape, 29 de abril de 1873), fazendeiro e político brasileiro, tendo atuado na Guarda Nacional como comandante superior. Foi presidente da província da Parahyba, de 22 de abril a 1 de novembro de 1867.

13. O LYCEU PARAHYBANO E O SISTEMA EDUCACIONAL BRASILEIRO

O primeiro censo realizado no Brasil foi efetuado no ano de 1872, o único no período monárquico (1840-1889). Somente em 1890, foi realizado o segundo censo, já no governo republicano. De acordo com dados do censo do IBGE de 1940, naquele primeiro levantamento de 1872 foi constatado que cerca de 82,3% da população brasileira era analfabeta.

O Lyceu Parahybano foi instituído em 24 de março de 1836, pela Lei n. 11, aproveitando-se as cadeiras de humanidades já existentes, destinado à instrução secundária e regulamentado pela Lei n. 13, de 19 de abril do ano seguinte.

A Lei n. 11 definia:

> A Assembleia Legislativa Provincial da Paraíba do Norte decreta: Art. 1º: Fica estabelecido nesta cidade um Lyceu, que será composto dos professores das cadeiras de Latim, Francês, Retórica, Filosofia e primeiro ano de Matemática, já criadas na mesma cidade.[28]

Foi criado pelo Estado sob o regime de externato gratuito, com a função de ministrar o ensino público em um curso com duração de sete anos, equiparado ao ginásio nacional. Seus alunos, aprovados no curso, estariam habilitados para os

---

28 PINTO, Irineu Ferreira. *Datas e Notas para a História da Paraíba*. João Pessoa, Ed. Universitária da UFPB, 2019, volume 2, Coleção fac-similar do Cejus.

exames de madureza ao título de bacharel em ciências e letras, facultando-lhes também a matrícula nos cursos de ensino superior no país.

Por volta de 1913, o corpo docente desse educandário, composto pelos então denominados lentes catedráticos e suas respectivas disciplinas, era assim constituído:

Corpo Docente	
Disciplina	**Lente catedrático**
Latim	Francisco Xavier Junior (Diretor)
Português	Dr. Maximiano José de Inojosa Varejão
Francês	Dr. Francisco Alves de Lima Filho
Inglês	Dr. Antônio Thomaz Carneiro da Cunha
Alemão	Ernesto Emilio Kauffman
Grego	Cônego Sabino Coelho
Matemática elementar	Dr. João da Silva Porto
Geometria geral, cálculo e geometria descritiva	Horácio Henriques da Silva
Mecânica e astronomia	Cônego Dr. Santino Maria da Silva Coutinho
Física e química	Farmacêutico José Francisco de Moura
Geografia	Dr. Thomaz de Aquino Mindello
Meteorologia, mineralogia e geologia	Dr. Odilon Fernandes de Carvalho
Biologia	Dr. Eugênio Toscano de Brito
Sociologia e moral	Dr. João Pereira de Castro Pinto
História universal	Dr. Gustavo Mariano Soares de Pinho
História do Brasil	Dr. Cícero Brasiliano de Moura
Literatura nacional	Tito Henrique da Silva

Fonte: CAVALCANTI (1914).

Rememoremos alguns dados do ensino em nosso país.

A primeira faculdade de Medicina criada no Brasil, após a chegada de D. João VI, foi a Escola de Cirurgia da Bahia, em 18 de fevereiro de 1808, em Salvador. Pouco depois, em 2 de abril, outro decreto assinado pelo imperador por meio da Carta Régia de 5 de novembro de 1808, criou a Escola de Anatomia, Medicina e Cirurgia do Rio de Janeiro, instalada no Hospital Militar do Morro do Castelo.

O surgimento dos primeiros cursos jurídicos no Brasil ocorreu entre os anos 1827-1828, com a criação de duas faculdades de Direito, uma em Olinda, que deu origem à Faculdade de Direito do Recife da Universidade Federal de Pernambuco, e outra em São Paulo, que originou a famosa Faculdade de Direito do Largo de São Francisco, hoje da Universidade de São Paulo.

Dom Pedro II patrocinou o Colégio Pedro II, no Rio de Janeiro, modelo de excelência no ensino de alta qualidade. Foi, desde sua fundação, a matriz do ensino das humanidades ao longo de todo o reinado (1840-1889).

Após essas considerações, passo a expor minha experiência em relação à educação ministrada a alguns parentes e amigos nascidos no final do século XIX e começo do século XX.

Conheci vários deles que só tinham concluído o primário, porém sabiam bastante português (falar, ler e escrever corretamente, além de cultura erudita) e matemática suficiente para lidar com a vida prática. Outros, com pais mais abastados, puderam estudar Medicina na Bahia e no Rio de Janeiro (caso do meu tio e pai). Meu bisavô por parte de mãe, Joaquim Gonçalves Rolim, nascido em Cajazeiras, Paraíba, formou-se em Direito na Universidade de Recife, em 1889. Cajazeiras é a terra do padre Inácio de Sousa Rolim (cujo livro mais famoso intitula-se *Gramática Grega*, publicado em Paris pela Imprensa Henrique Plox, em 1856) e é a cidade que se orgulha de haver ensinado a Paraíba a ler.

O neto de um amigo que estudou em uma das melhores escolas particulares de João Pessoa, quando cursava o penúltimo ano do curso científico (hoje ensino médio), uma vez me pediu para ajudá-lo a resolver problemas de trigonometria.

Apresentou-me uma lista com 50 problemas para solucionar. A lista só apresentava problemas de difícil resolução (os que fazem parte dos vestibulares) e ele ainda não sabia nada sobre o tema, porque não havia sido ensinado, nem mesmo qual era a definição de um seno ou de uma tangente. Como um aluno com tal tipo de ensino poderia gostar de matemática? Que tipo de didática é essa? Posteriormente entendi exatamente como era que funcionava esse sistema de ensino.

Entendi então qual era a estratégia desses colégios. Normalmente eram matriculadas anualmente dez a doze turmas de 50 alunos na última série do curso médio. A cada ano letivo era realizado um teste de português e matemática para todos os alunos candidatos à matrícula na última série. Os primeiros 50 alunos mais bem classificados no teste eram selecionados em uma turma, cujos professores eram os melhores do colégio.

O restante dos alunos era dividido entre as demais turmas da última série. O colégio exigia a todos uniformemente e os menos capacitados tiravam notas baixas, e muitos, por falta de apoio do próprio colégio, continuavam sem aprender e com medo de ser reprovados. A famosa segunda época não existe mais. No fim de cada ano o Conselho dos professores do colégio se reunia e aprovava a maioria, cujo nível era, logicamente, mais baixo. Por outro lado, a turma dos 50 era aprovada nos mais difíceis vestibulares de Medicina, Engenharia, Direito etc. E o colégio continuava com sua fama de excelente ensino.

Imaginem o nível de ensino de muitas escolas públicas atualmente! Isso, para mim, não é método de aprendizagem. Que tipo de didática é essa? Os alunos deficientes necessitam de mais apoio para poder avançar. Que diferença do Lyceu Parahybano de muitas décadas passadas! Comparem o nível da grade de ensino do Lyceu, há mais de um século, com as escolas de hoje.

No *Jornal da USP* foi publicado que 29% da população brasileira tem dificuldade para ler textos e aplicar conceitos de matemática, ou seja, são considerados analfabetos funcionais.[29]

A taxa de analfabetização mais atualizada no Brasil foi divulgada pelo Instituto Brasileiro de Geografia e Estatística (IBGE) em 2022, na última Pesquisa Nacional por Amostra de Domicílios (PNAD). Das 9,6 milhões de pessoas com 15 anos ou mais de idade que não sabiam ler e escrever, 59,4% (5,3 milhões) viviam no Nordeste e 54,1% (5,2 milhões) tinham 60 anos ou mais. Entre as unidades da federação, as três maiores taxas de analfabetismo foram observadas no Piauí (14,8%), em Alagoas (14,4%) e na Paraíba (13,6%); e as menores, no Distrito Federal (1,9%), Rio de Janeiro (2,1%) e em São Paulo e Santa Catarina (ambos com 2,2%).

Um levantamento da Associação dos Membros dos Tribunais de Contas do Brasil (Atricon) aponta que apenas 31% das escolas públicas brasileiras têm biblioteca. A informação se baseia no Censo Escolar de 2022. Os estados que registram menor percentual de alunos matriculados em escolas com bibliotecas são Acre (13%), São Paulo (16%) e Maranhão (29%). Já Minas Gerais (82%), Rio Grande do Sul (76%) e Paraná (73%) têm mais estudantes com livros à disposição. Desde 2010, o Congresso aprovou lei para universalizar bibliotecas na rede pública de ensino em uma década. O prazo ainda não foi cumprido.[30]

A conclusão óbvia é que a única maneira possível para se recuperar a educação no Brasil será com a valorização e capacitação continuada do professor. Aliadas ao estabelecimento de condições para o ensino gratuito, inicialmente no primário,

---

29 Jornal da USP, 13/11/2020.

30 Estadão. Apenas três em cada 10 escolas públicas possuem biblioteca, apontam Tribunais de Contas. 19 fev. 2024. Disponível em: https://tinyurl.com/45x2mr7v. Acesso em: 5 abr. 2025.

em expediente integral, a todos os brasileiros que não possuam condições financeiras para tal fim.

O Brasil possui um dos sistemas de ensino mais perversos do mundo. As melhores universidades públicas pertencem ao governo e são grátis. Porém, só quem chega lá são os filhos de pais abastados que podem financiar todo o ensino básico fundamental e médio em escolas privadas.

14. O PÉRIPLO DE D. JOÃO

A esquadra inglesa comandada por Sir Sidney Smith apareceu no porto de Lisboa no dia 16 de novembro de 1807 com uma força de 7 mil homens. A intenção era levar a Família Real portuguesa ao Brasil, protegendo-a durante esse trajeto de um provável ataque das tropas napoleônicas. Napoleão havia declarado guerra à Inglaterra e pressionara Portugal a se declarar a favor da França.

O governo português ainda não sabia que o órgão oficial do Império Francês — *Le Moniteur* — havia impresso o Tratado de Fontainebleau, além de ter tornado pública no dia 11 de novembro a decisão de Bonaparte de destronar a Casa de Bragança.

Segundo a historiadora Lilia Moritz Schwarcz, D. João e seus assessores também ignoravam que as tropas de Jean-Andoche Junot (general de Napoleão, 1º duque de Abrantes), estacionadas em Alcântara, já tinham atingido as fronteiras de Portugal.

Devido a todos esses acontecimentos e a se confirmar a real intenção de Napoleão Bonaparte, uma Junta de Governo do Reino foi nomeada para reger Portugal na ausência do soberano, e preparou-se uma declaração sobre a viagem ao Brasil, a ser publicada por D. João no momento da partida.

Havia chegado a hora de executar o plano que já se conhecia de cor e traçar, rapidamente, o procedimento operacional para dar cabo da gigantesca tarefa de trasladar, da terra para o mar, tudo e todos que significassem sobrevivência e sustentação do governo monárquico, que seria instalado no Rio de Janeiro.

A referida escritora relata também que somente no dia 27 de novembro D. João embarcou com toda a família, seguindo-se os familiares dos ministros, conselheiros de Estado, oficiais e servidores, fidalgos nobres e amigos mais chegados do príncipe regente, abarrotando os navios da Frota Real. Na manhã de domingo 29 de novembro levantaram âncoras. Nesse mesmo dia, os soldados de Napoleão entravam em Lisboa.

O capitão Sidney Smith é muito pouco conhecido no Brasil. Segundo Kenneth Light, esse marinheiro fez carreira na Inglaterra, iniciada aos 13 anos de idade. Trabalhou inicialmente no navio depósito de víveres *Tortoise* e posteriormente no brigue *Unicorn,* e ainda na costa americana conheceu sua primeira batalha. Sob o comando de Rodney Smith, um famoso almirante inglês na época, participou da batalha de Todos os Santos, perto de Dominica, contra trinta naus de linha francesa. Seu acervo de vitórias e títulos mais adiante é numeroso.

Muito menos conhecido ainda é o irlandês Thomas O'Neil, tenente e conde da esquadra inglesa que esteve em um dos navios que acompanhou D. João e sua comitiva ao Brasil. Entretanto, O'Neil só partiu para o Brasil em 12 de janeiro de 1808, chegando diretamente ao Rio de Janeiro no dia 29 de fevereiro de 1808, um mês e uma semana depois da chegada da Família Real a Salvador, no dia 22 de janeiro.

O'Neil foi o responsável pelo relatório detalhado da viagem de D. João ao Brasil, além de destacar os sofrimentos dos fugitivos reais durante a viagem de Lisboa ao Rio de Janeiro e outros fatos interessantes e autênticos desse trajeto. O título do original inglês é quilométrico e não vale a pena enunciá-lo. Nele, O'Neil constrói seu texto de maneira dramática, tendo sempre dois principais objetivos: elevar o caráter heroico do feito britânico e o caráter dos ingleses, denunciando o perfil vil e as atrocidades dos franceses.

Foi publicado em Londres em 1810, com pormenores dessa espetacular fuga do governo português para sua principal colônia. Nessa pequena obra o autor contou uma história que não presenciou, mas que descreveu uma inusitada aventura histórica envolvendo três nações em litígio — Portugal, França e Inglaterra — e uma colônia que seria elevada a Reino Unido. Esse relatório despertou enorme interesse na Inglaterra e foi subscrito por toda a realeza inglesa, incluindo Suas Altezas Reais: a princesa de Gales e a princesa de Gloucester, todos duques e duquesas, além da alta sociedade inglesa. É um relato interessantíssimo, com muitos detalhes históricos ainda hoje pouco conhecidos. Vale destacar que esse pequeno livro nunca havia sido traduzido e publicado em Portugal e no Brasil.

Embora muitas vezes ficcional e um tanto exagerado, o relato passa uma ideia do ambiente naqueles dias, quando o pânico e o desespero tomaram conta da população com muitas senhoras de distinção metendo-se na água, na esperança de alcançar algum bote, pagando algumas com a própria vida, chamando atenção para o sofrimento da população durante a travessia. Destaca o caos repentino que se instalou no porto de Belém quando acorreram milhares de pessoas, com suas bagagens, caixotes e das riquezas que viajariam junto com o rei. Muitas das mulheres que realmente embarcaram levaram como roupa apenas os vestidos que trajavam no dia para fazer uma viagem de 8 mil quilômetros, aterrorizadas com a expectativa de que os franceses chegassem a qualquer momento e as levassem como prisioneiras.

Na interpretação do autor, o evento tratava-se de uma fuga e não de um traslado. Aproveita para dar todas as honras aos ingleses, reservando aos portugueses o lugar de quem aceita se deixar levar. A viagem não foi fácil, embora não se tenha notícia de graves acidentes ou de algum óbito. Racionamento de comida e água, bagagens desviadas ou abandonadas no cais, famílias desmembradas, excesso de passageiros e falta de higiene, obrigando as mulheres a cortar os cabelos para evitar a ação dos piolhos (muitas mulheres dos nobres portugueses desembarcaram em Salvador usando panos amarrados em suas cabeças para que ninguém soubesse o que realmente ocorreu, dando origem à moda das mulheres baianas de hoje usarem turbantes para imitá-las).[31]

Depois de 54 dias no mar, o Príncipe Real atracou em Salvador em 22 de janeiro de 1808, onde estaria ancorado por um mês. Os ares dos trópicos fizeram muito bem aos marinheiros ingleses, encantados com o clima, as árvores, as frutas tropicais e a população local. Em um dos trechos, Thomas O'Neil divulga informações recebidas de seus companheiros sobre a capital da Bahia:

> [...] É uma cidade grande, bem construída, populosa e fica na encosta de uma colina; a parte baixa não é muito limpa, mas tem excelentes joalherias; a parte alta é muito agradável, e de lá se vê o belo panorama. Todo lugar tem frutas deliciosas em abundância; vi bosques de laranjeiras de mais de três quilômetros de extensão, onde pude passear resguardado do calor do sol. A cidade tem o clima intensamente quente por estar muito próxima à linha do equador. O porto, que se chama São Salvador, é muito espaçoso, mas não foi calculado para a residência real, sendo a costa muito aberta e a cidade muito desprotegida [...].[32]

---

31 O'NEIL, Thomas. *A vinda da família real portuguesa para o Brasil*. Rio de Janeiro: José Olympio, 2008.

32 Ibid.

A comitiva deslocou-se depois para o Rio de Janeiro, recebendo as boas-vindas do Pão de Açúcar no dia 8 de março de 1808, o primeiro símbolo que chamou a atenção de O'Neil. Passou dezesseis meses no Brasil e segundo seu informe efetuou excursões de mais de 240 quilômetros por lugares lindos e agrestes de seu interior. Em outro trecho de seu relatório descreve:

> [...] Os habitantes, em suas maneiras e costumes, são extremamente liberais, hospitaleiros e bondosos para com os estrangeiros. Um caso em particular chamou minha atenção: passei por uma casa onde uma banda de música estava tocando e, como aqui a curiosidade de um estrangeiro é geralmente desculpada com uma liberalidade quase desconhecida em outros países, aventurei-me como intruso para averiguar as razões da folgança; e, como meu passaporte é a minha farda, tive oportunidade de observar uma reunião de numerosas pessoas de ambos os sexos sentadas a uma mesa, onde se servia vinho em profusão e doces em compota; na cabeceira da mesa havia uma imagem numa redoma de vidro. Fui convidado a partilhar sua hospitalidade, inclusive um bom vinho, que passavam em volta livremente, e fui informado que estavam celebrando a festa de Santa Ana e que a imagem na cabeceira da mesa a representava. Impressionado com a consideração do bom anfitrião, eu me despedi. Assim foi o tratamento hospitaleiro que encontrei durante minha estada neste país [...].[33]

Durante as comemorações dos duzentos anos da chegada de D. João ao Brasil funcionários da Prefeitura Municipal do Rio

33 Ibid.

de Janeiro obtiveram acesso a esse relatório. O industrial José Ephim Mindlin, um dos mais importantes bibliófilos brasileiros, cedeu do seu acervo particular um exemplar original para fotografia, de modo a facilitar sua tradução para o português e posteriormente ser publicado pela José Olympio Editora em 2008 com o título: *A vinda da família real portuguesa para o Brasil*.

15. O ESQUECIDO PADRE ROLIM DA INCONFIDÊNCIA MINEIRA

A história da Inconfidência Mineira foi contada para os brasileiros, durante mais de 180 anos, quase como uma lenda. Somente entre 1976 e 1982 foi publicada a terceira e última edição dos *Autos da Devassa da Inconfidência Mineira*, editada por Tarquínio José Barbosa de Oliveira e Herculano Gomes Mathias, com um total de 3 mil páginas, dividida entre dez volumes, patrocinada pelo governo de Minas Gerais. Embora, em 1873, Joaquim Norberto de Souza e Silva, ministro de Dom Pedro II, tenha escrito *História da Conjuração Mineira*, a primeira obra realizada em função dos autos da devassa. Outro texto importantíssimo foi escrito pelo historiador inglês Kenneth Maxwell, traduzido para o português como *A devassa da devassa* (*Conflicts and Conspiracies*, no original em inglês). Recentemente dois livros bastante esclarecedores foram publicados. O primeiro, de autoria do jornalista mineiro Roberto Wagner de Almeida: *Entre a cruz e a espada – a saga do valente e devasso padre Rolim*. A ênfase nesse livro é o padre Rolim, personagem desconhecido pela grande maioria dos estudantes do curso fundamental, quando se trata do tema Joaquim José da Silva Xavier. O segundo, escrito pelo colunista de *O Globo*, Pedro Doria: *1789*, abrangendo os principais aspectos dessa Conjuração, seus costumes e o papel de Tiradentes durante a Inconfidência Mineira.

Em 1788, a crescente falta de alternativas econômicas, decorrente de extorsivos impostos cobrados por Portugal aos exploradores de minérios, levaria a elite de Minas Gerais a considerar a possibilidade de um movimento revolucionário. Os boatos sobre a "derrama" produziram o elemento faltante à decisão. No Brasil Colônia, a derrama era um dispositivo fiscal aplicado em Minas Gerais a fim de assegurar o teto de cem arrobas anuais na arrecadação do quinto. O quinto era a retenção de 20% do ouro em pó ou folhetas que eram direcionadas diretamente à Coroa Portuguesa. Os membros da elite tornaram-se conspiradores. Em pouco tempo traçaram um plano voltado a desencadear um movimento de independência de Portugal. A revolta deveria coincidir com a "derrama" imposta pelo governador Cunha Meneses, odiado por ficar com o excedente da arrecadação.

Na condição de grandes proprietários e membros influentes da sociedade, passaram a juntar recursos e a aliciar adeptos. Mas, antes do dia marcado, um dos conspiradores, Joaquim Silvério dos Reis, traiu os amigos, permitindo a reação imediata do governo. Os inconfidentes foram presos, torturados e trancafiados em um forte no Rio de Janeiro.

Entretanto, há um personagem fundamental na Inconfidência Mineira não muito considerado pela História e pouco divulgado: o padre José da Silva e Oliveira Rolim (1747-1835). Teria sido ele quem colocou pólvora onde só havia poesia. Responsável por transmudar um simples sonho de liberdade em planos efetivos de tomada do poder pelas armas. Foi o último a ser preso, tendo logrado romper dois cercos de militares que tentavam aprisioná-lo. O primeiro, atravessou disfarçado de soldado. O segundo, enfrentou à bala. Ocultou-se nas matas por vários meses, levando ao desespero as autoridades portuguesas, que o reconheciam como o mais perigoso dos conjurados. De todos os inconfidentes foi o único de quem se tem fiel descrição dos pés à cabeça, pois foi preciso divulgar um edital com detalhes de sua aparência, com promessa de prêmio a quem o localizasse. Preso, foi quem mais resistiu aos interrogatórios. Ninguém foi mais interrogado que ele: quinze vezes. Enquanto Tiradentes, que foi o que mais se aproximou, sofreu 11 interrogatórios. Tiradentes chegou a denunciá-lo em uma acareação.[34]

O padre José da Silva e Oliveira Rolim integrava uma das famílias mais ricas do Arraial do Tijuco, hoje Diamantina, em Minas Gerais. Seu pai, embora brasileiro, tinha sido nomeado primeiro e principal caixa-administrador da poderosa Junta Administrativa, um quase governo autônomo dentro da Capitania.

Natural do Arraial do Tijuco, o padre Rolim era filho mais velho do sargento-mor José da Silva e Oliveira Rolim e de dona Anna Joaquina da Rosa. O casal teve quatro filhos, todos varões: José, o mais velho; seguido de Carlos, que depois de diplomar-se em Coimbra também se tornaria sacerdote; viriam depois, Plácido e o caçula Alberto. Entre o mais velho e o mais novo, diferença de apenas seis anos. Além dos quatro filhos de sangue, o sargento-mor Rolim, poderoso primeiro caixa da Intendência de Diamantes (fazia parte de uma elite que rapidamente dominou o negócio de diamantes e enriqueceu), resolveu criar como filha uma menina mulata que teve inicialmente como escrava, alforriando-a mais tarde para lhe conceder a liberdade e lhe emprestar o próprio nome (Silva). Batizada Francisca da Silva, a sensualíssima mulata que se fez conhecida como Chica da Silva viria a se tornar verdadeira rainha do Tijuco, amante de homens importantes, sobretudo do magnata João Fernandes de Oliveira, com quem viveu maritalmente e a quem deu quatro filhos e nove filhas, uma das quais, Quitéria Rita, que se tornaria o grande amor do padre Rolim.[35]

---

34 ALMEIDA, Roberto Wagner. *Entre a cruz e a espada — a saga do valente e devasso padre Rolim*. São Paulo: Paz e Terra, 2002.

35 Ibid.

Cursou o seminário menor de Mariana, onde teve como um dos professores o cônego Luís Vieira da Silva, seu futuro companheiro de Conjuração. Posteriormente cursou o seminário maior em São Paulo, onde se ordenou sacerdote. No período em que cursou o seminário maior em São Paulo, o jovem Rolim envolveu-se em tantas e tamanhas farras com mulheres de famílias paulistanas que o governador Lobo de Saldanha o expulsou da Capitania. Está tudo documentado em correspondência do capitão-general Martim Lopes Lobo de Saldanha, governador da Capitania de São Paulo, que relata as noitadas do seminarista José da Silva e Oliveira Rolim.[36]

O brasilianista inglês Kenneth Maxwell,[37] professor de História da Universidade Colúmbia nos Estados Unidos, considera pejorativamente o padre Rolim pela prática do contrabando de diamantes, além de atribuir-lhe a importação ilegal de escravos. É importante considerar que o ato de contrabandear diamantes naquela época era também uma forma de lutar contra o despotismo dos colonizadores. O padre Rolim era apenas um entre muitos, que, em todo o Distrito Diamantino, desviava diamantes da rota oficial de Lisboa para a via clandestina de Amsterdã. E desse contrabando participavam, inclusive, muitas das autoridades portuguesas em serviço no Brasil.

O padre Rolim não tinha um pingo de caráter. Aos 39 anos era um homem alto e magro, o rosto comprido marcado por uma cicatriz na face direita. Barba castanha, alguns fios brancos, testa alta, sobrancelhas arqueadas, lábios grossos. Os dentes amarelados eram tortos, "cavalgados uns sobre os outros", descreveria anos depois alguém que o conheceu.[38]

---

36 Documentos interessantes para a história e costumes de São Paulo, vol. 62, Arquivo do Estado de São Paulo, Escola Tipográfica Salesiana, São Paulo, 1903.

37 MAXWELL, Kenneth. *A devassa da devassa*, São Paulo: Paz e Terra, 1978.

38 JARDIM, Márcio. A Inconfidência Mineira: uma síntese factual. Apud Pedro Doria, *1789*, Harper Collins, 2014.

Sobre o padre Rolim, Cecília Meireles, escreveu:[39]

De Vila Rica ao Tejuco,
lá vai carta, lá vem carta.
Prendem o padre ou não prendem?
Dificílima caçada!
Uns dizem que já vai longe,
pelo alto da serra brava;
outros, que sai à noite,
fugido de casa em casa.

Se perguntarem por que o prendem,
todos dão resposta vaga:
por ter arrombado a mesa
de um juiz, em certa devassa;
por extravio de pedras;
por causa de uma mulata;
por causa de uma donzela;
por uma mulher casada.

De Vila Rica ao Tejuco,
parte carta, volta carta...
— Algumas, não chegam nunca;
nenhuma é bastante clara...

Soldados surdos e cegos,
enfim, cercaram-lhe a casa.
Pulando cercas e muros,
já bem longe o padre andava.
Nos seus colchões remexidos,
não se pôde encontrar nada,

---

39 MEIRELES, Cecília. *Romanceiro da Inconfidência – Obra Poética*. 13. ed. São Paulo: Global, 2022.

que escondera as copias todas
— em que mesa? armário? caixa?
teto? parede? alicerce?
com que amigo? com que amada?

De Vila Rica ao Tejuco,
sobe carta, desce carta.
(O padre na sua choça,
construída dentro da mata,
deixando passar o tempo,
deixando crescer a barba,
separado deste mundo
pela taipa de taquara!)

Não há rancho que o proteja,
quando é tempo de desgraça.
Ao que mais foge da sorte,
sempre algum soldado o agarra:
lá vai pela estrada afora,
lá vai, pela íngreme estrada,
o padre Rolim, que sempre
tivera vida bizarra.

Sete pecados consigo
sorridente carregava.
Se setenta e sete houvera,
do mesmo modo os levara.
Por escândalos de amores,
sacerdote se ordenara.
Só Deus sabia os limites
entre seu corpo e sua alma!

Era um padre de aventuras
que, tendo ou não tendo barba,
conforme o que houvesse em frente,
mudava sempre de cara.

Padre de maçonaria,
que sonhava e conspirava,
cuja história fabulosa
corria cada comarca...

Padre amável e guloso
que ao louro poeta Gonzaga
mandava caixas do Serro
com docinho de mangaba...

Foi beneficiado da comutação de morte na forca por degredo perpétuo, a exemplo de todos os demais sentenciados com pena capital, à exceção de Tiradentes, que, além de enforcado, foi esquartejado. Embarcou para Portugal na fragata *Golfinho*, em 24 de junho de 1792. Graças ao prestígio da Santa Sé, os prelados não eram degredados para a África, e sim levados a Lisboa, onde a rainha D. Maria I decidiria o local onde seriam mantidos presos pelo resto da vida. Com os demais sacerdotes conjurados, o padre Rolim foi mandado em 6 de julho para cumprir prisão perpétua no Forte de São Julião da Barra, em Lisboa, tendo ali permanecido por quatro anos. Em 1796 veio a ser transferido para o claustro do Mosteiro de São Bento da Saúde, na capital lusitana. Fato extraordinário na vida do padre Rolim foi ter sido companheiro de cela durante um mês e sete dias do célebre e mais importante poeta português do século XVIII, Bocage (Manuel Maria Barbosa du Bocage). No ano de 1802, o general Jean Lannes — futuro marechal e duque de Montebello — embaixador da França de Napoleão Bonaparte em Lisboa, resolveu interceder a favor do padre Rolim. Era reconhecido como um dos mais hábeis comandantes napoleônicos e é descrito como um homem valente, impetuoso, de temperamento difícil. Não se sabe até hoje o que motivara aquele gesto do famoso general. Dom João VI concedeu-lhe o perdão. Sem tal ajuda providencial, o padre Rolim teria permanecido no cárcere até a morte. Recebeu seu novo passaporte, voltou para o Arraial do Tijuco, hoje Diamantina, recuperou parte dos seus bens que, por estratégia, transferira do seu pai para os seus irmãos. Durante a proclamação da Independência do Brasil, em 1822, ainda estava de pé, alquebrado, mas vivo, com a resistência de sempre. Viveria ainda 13 anos no país livre, para só morrer em 21 de setembro de 1835, aos 88 anos de idade. Foi enterrado na Igreja do Carmo, recebendo a sepultura Nº 2. Consta que teria sido vestido, para a cerimônia fúnebre, com paramentos maçônicos. Segundo o jornalista Roberto Wagner de Almeida, não há como localizar os seus despojos. Supõe-se que a sepultura número 2 esteja aos pés do altar. Segundo o jornalista, "[...] nada existe a demarcá-lo no chão de tábuas estreitas, que certamente não remontam ao tempo em que, na rua da frente, desfilava altivo em seu cavalo castanho, sobre uma sela de veludo azul, um sacerdote valente, amante de mulheres, diamantes e aventuras [...]".[40]

Sua casa ainda está felizmente preservada e é hoje o Museu do Diamante em Diamantina/MG. É desolador saber que o padre Rolim, que teve um papel de destaque na Conjuração Mineira, não recebeu nenhuma homenagem do município de Diamantina. Um monumento já deveria ter sido erguido em sua honra há mais de 200 anos.

40 ALMEIDA, Roberto Wagner. *Entre a cruz e a espada — a saga do valente e devasso padre Rolim*. São Paulo: Paz e Terra, 2002.

16. O CHANCELER ROLIN NO CONTEXTO DA IDADE MÉDIA

No meu livro *A saga do chanceler Rolin e seus descendentes*, escrevi um breve relato contando a biografia do chanceler Nicolas Rolin.[41] Nasceu no ano de 1376 na cidade de Autun, fundada pelos romanos há mais de 2 mil anos, região da Borgonha, França. Já como aluno brilhante, ingressou como estudante de Direito Civil e Canônico, na cidade de Dijon (hoje famosa pela produção de mostarda), aproveitando-se de sua incrível facilidade para a arte da oratória. Era muito influente; foi representante do duque da Borgonha, João sem Medo, no Parlamento de Paris e, posteriormente, chanceler nomeado por Filipe, o Bom, filho do duque e sucessor do trono ducal. Ocupou essa posição durante 40 anos, acumulando grande fortuna.

No dia 1º de julho de 1435, foi inaugurado na cidade de Arras o congresso de paz entre os armagnacs e os borguinhões, após uma negociação entre o rei Carlos VII e o duque da Borgonha, Filipe, o Bom. De parte dos armagnacs, participaram o duque de Bourbon, o conde de Vendôme e Artur III da Bretanha, conhecido como o "condestável de Richmont", todos os três, em representação ao rei Carlos VII. Filipe, o Bom, seu filho Carlos, o Ousado, futuro duque da Borgonha, e o chanceler Nicolas Rolin (o mentor do tratado de Arras, que pôs fim à Guerra dos Cem Anos (1337-1453) representaram os borguinhões.

41 MENDONÇA, Sérgio Rolim. *A saga do chanceler Rolin e seus descendentes*. São Paulo: Labrador, 2020.

O chanceler Rolin foi também o idealizador e construtor do Hospices de Beaune, fundado no dia 4 de agosto de 1443, um hospital público destinado ao atendimento a pobres e desvalidos, principalmente aos portadores de enfermidades durante essa longa guerra. Esse hospital é atualmente um monumento histórico e funciona como um museu da história da medicina.

Como muitos hospitais na França, o Hospices de Beaune possuía propriedades e ativos consideráveis. No entanto, diferentemente dos outros, os ativos desse hospital compreendiam mais que florestas, apartamentos e outras propriedades residenciais: possuíam grandes propriedades vinícolas, com muitos lotes de videiras. No ano de 1926, foi decidido que o terceiro domingo de novembro se tornaria a data de um leilão beneficente para a venda de vinhos produzidos pelo Hospices de Beaune.

Um dos livros mais famosos sobre a história da sociedade europeia durante os séculos XIV e XV, *O outono da Idade Média*, foi escrito pelo historiador holandês Johan Huizinga (1872-1945), lançado pela primeira vez em 1919.[42] Nesse livro, o chanceler Rolin é citado em dez páginas, enquanto o duque da Borgonha, Filipe, o Bom, é contemplado com 35 citações.

A intenção do autor era entender a arte de Jan van Eyck e conhecer a cultura e as formas de vida e de pensamento, ou seja, a mentalidade da corte dos Países Baixos borguinhões durante os séculos XIV e XV. Van Eyck foi quem concluiu em 1435 a pintura encomendada por Rolin *A Madona do chanceler Rolin*, obra que se encontra em exposição permanente no Museu do Louvre, em Paris, desde o ano de 1800.

No início do século XV, havia uma rivalidade muito grande entre as casas de Bragança e Orléans. Luís de Orléans, irmão do rei da França, foi assassinado no dia 23 de novembro de 1407

---

42 Em comemoração ao centenário da obra, foi lançada uma nova edição em português baseada na 5ª edição holandesa, de 1947. Ver HUIZINGA, Johan. *O outono da idade média*. São Paulo: Penguin-Companhia, 2021.

a mando de seu primo João sem Medo (1371-1419), duque da Borgonha e pai de Filipe, o Bom (1396-1467), futuro duque da Borgonha, dando início à guerra civil entre os armagnacs e os borguinhões. Doze anos depois, João sem Medo foi assassinado traiçoeiramente durante um encontro solene na ponte Montereau. Esses acontecimentos geraram um século de ódio na história francesa. O chanceler Rolin exigiu, devido ao assassinato de João sem Medo, que as igrejas em Montereau, Roma, Dijon, Paris, Santiago de Compostela e Jerusalém relatassem o acontecido com inscrições gravadas em lápides, como apenas uma parte da penitência e humilhações públicas. Além disso, na capela da igreja de Montereau, onde João fora primeiramente enterrado, se deveria cantar um réquiem diário, por toda a eternidade. O chanceler esteve sempre presente, participando de todos esses acontecimentos, durante um pouco mais da metade do século XV.

O século XV foi uma época de eterna angústia contra violência, injustiça, inferno, juízo final, peste, fogo e fome, diabo e bruxas. Por outro lado, a nobreza borguinhã fazia questão de pompa grandiosa onde o clímax foi atingido na festa do duque Filipe, o Bom, na cidade de Lille, com a realização de uma série de banquetes que os nobres da corte ofereciam uns aos outros, cada qual se esforçando para ser o melhor deles. Nesse período deslumbrante tiveram lugar os votos para a cruzada contra os turcos em prol da reconquista de Constantinopla. Para os preparativos, Filipe designou uma comissão e um dos primeiros e mais próximos que participou dessa votação foi o chanceler Rolin. A literatura do final da Idade Média é praticamente quase toda conhecida. Entretanto, em relação às artes plásticas, justamente o contrário. Existem apenas alguns fragmentos, sobrevivendo apenas restos mínimos, com destaque apenas para a arte sacra. A pintura do século XV é considerada pelos críticos como se estivesse na esfera em que os extremos do místico e do materialismo grosseiro se tocam.

A extravagância da corte nessa época (1350-1480) era tão grande que parecia ter perdido a harmonia e a leveza do espírito francês e não foi mais vista na moda de períodos posteriores. A título de exemplo, o traje de luto que Filipe, o Bom, usou depois do assassinato de seu pai para receber o rei da Inglaterra em Troyes era tão longo que pendia do grande corcel em que cavalgava, chegando até o chão. A cultura franco-borguinhã do final da Idade Média é uma daquelas em que o esplendor tendia a afugentar a beleza. A característica em toda a arte decorativa secular perdida seria a copiosa e deslumbrante extravagância.

O poder borguinhão baseava-se justamente no recrutamento do poderio monetário e na criação de uma nova nobreza financeira, graças a concessões e favorecimentos. A pintura *Retábulo dos sete sacramentos*, que está no Museu Real de Belas-Artes da Antuérpia, supõe-se que foi doada pelo arcebispo de Tournai, Jean Chevrot, que era o conselheiro mais próximo do duque e seu secretário de finanças, e um dos mais respeitáveis influenciadores do grande plano da cruzada, sempre contando com a presença de Nicolas Rolin. Nicolas também havia doado o altar de Beaune e de Autun. Na foto da capa de meu livro está apresentada parte de uma pintura de Rogier van der Weyden, onde Simon Nockart (secretário da província de Hainaut) aparece de joelhos, apresentando um exemplar das *Chroniques de Hainaut* ao duque Filipe, o Bom, escritas aproximadamente entre 1171-1195, ao lado do chanceler Rolin e do arcebispo Chevrot. Essa obra de arte faz parte do acervo da Biblioteca Real da Bélgica, em Bruxelas.

A ascensão que mais impressionou aos contemporâneos foi a de Nicolas Rolin, o chanceler *venu de petit lieu* (de origem humilde), como jurista, financista e diplomata, empregado nos serviços mais elevados. Os grandes tratados dos borguinhões de 1419 até 1435 foram obras dele. Segundo Chastellain, citado por Huizinga, Rolin costumava comandar tudo por si só, tratando e administrando as coisas por ele mesmo, fosse na guerra, na paz ou no terreno das finanças. Havia acumulado, de maneira um pouco suspeita, fortunas incalculáveis, que gastava numa série de doações. Porém, falava-se com ódio de sua ganância e soberba, pois não se acreditava na intenção piedosa dessas doações. Na famosa pintura *A Madona do chanceler Rolin*, ele aparece devotamente em frente a Nossa Senhora e o menino Jesus; outra vez, ajoelhado na obra de Rogier van der Weyden para o seu Hospices de Beaune, onde era conhecido como um homem que só se importava com os assuntos terrenos. Novamente, diz Chastellain no livro de Huizinga: "[...] Ele estava sempre colhendo na terra, como se a terra lhe fosse eterna, de modo que perdeu a razão quando não quis pôr limite e medida àquilo que sua idade avançada lhe mostrava ter um fim próximo [...]".[43] Huizinga também cita outro comentário, desta vez, por Jacques du Clercq: "[...] O dito chanceler era conhecido como um dos homens mais sábios do reino, falando em relação ao temporal, pois calo-me quanto ao espiritual [...]".[44]

É importante salientar que não podemos julgar o chanceler Rolin como uma figura hipócrita. Na Idade Média havia uma enigmática combinação entre a devoção séria e a fé imensa e os pecados capitais, como a ganância, a vaidade e a luxúria, a exemplo de personagens de destaque como Filipe, o Bom (borguinhão) e Luís de Orléans (armagnac). Torna-se necessário incluir a figura emblemática de Rolin nesse tipo ético da época. É muito difícil avaliar e entender a essência de figuras históricas destacadas que viveram há mais de 600 anos.

Quando Filipe, o Bom, estava acamado, nos seus últimos dias de vida, seus súditos não lhe davam más notícias. Porém, quando o duque ouviu rumores da morte do chanceler, perguntou ao arcebispo de Tournay, Jean Chevrot, se o chanceler

---

43 HUIZINGA, Johan. *O outono da Idade Média*. São Paulo: Penguin-Companhia, 2021.
44 Ibid.

havia falecido. Chevrot respondeu que, na realidade, ele já estava morto, pois era velho e alquebrado e não iria viver por muito tempo. Filipe não gostou da resposta e queria saber de verdade se ele já havia morrido. Novamente o arcebispo respondeu que ele estava vivo, mas sofria de uma paralisia do lado direito, portanto era praticamente um morto-vivo. O duque enfurecido perguntou pela terceira vez pedindo que esclarecesse o que de fato acontecera. Só então é que o prelado lhe assegurou que ele já havia deixado a vida terrena.

Nicolas Rolin faleceu em 18 de janeiro de 1461, aos 85 anos, em sua cidade natal, Autun, na mansão em que nasceu e hoje abriga o Museu Rolin. Na Idade Média, a rua onde está situado esse domicílio chamava-se *rue des Bancs*. Foi batizado na Église Notre Dame de Châtel, localizada bem próxima à sua residência. Sua morada chamava-se *Palatium Rolinorum*; depois passou a ser conhecida como Hotel Beauchamp, e assim até 1793. Lá hoje existe uma placa onde está escrito: "Antigo Hotel de Beauchamp, residência de Nicolas Rolin, chanceler da Borgonha que morreu no ano MCCCCLXI".

Em 12 de março de 2020, como parte do projeto de ampliação do Museu Rolin, foi noticiado pela imprensa francesa o descobrimento por arqueólogos do túmulo do chanceler Rolin, durante escavações na Église Notre Dame du Châtel, na cidade de Autun (Saône-et-Loire). Oito crânios foram encontrados em um cofre danificado por vários saques. Em um deles foi descoberta uma espora com a qual Nicolas Rolin foi enterrado, o que permitiu sua identificação. Análises laboratoriais foram realizadas para essa comprovação, mas os técnicos do serviço arqueológico da cidade de Autun já estavam certos de que o resultado seria positivo. Segundo a medievalista Camille Couderc, pode-se assegurar essa hipótese como verdadeira. Especialmente porque dados oficiais demonstram que o chanceler Rolin foi enterrado usando um chapéu, roupas de veludo, uma gola, meias, botas e esporas douradas.

17. OS VINHEDOS DA BORGONHA

Sabedores que, desde a juventude, sou apreciador de um bom vinho, meus amigos durante regresso de viagem à França sempre me contavam histórias sobre os famosos vinhos da região de Bordeaux.

Entretanto, escrevi no meu livro *A saga do chanceler Rolin e seus descendentes* um capítulo sobre os vinhedos da região da Borgonha, grandes rivais dos vinhos de Bordeaux.

É o resultado de uma pesquisa que realizei *in loco* nessa região localizada ao sul da França, contando a história de um personagem famoso que nasceu no século XIV, um chanceler de nome Nicolas Rolin que havia vivido na cidade de Autun, nessa região. Era muito influente, foi representante do duque da Borgonha João sem Medo, no Parlamento de Paris e posteriormente chanceler nomeado por seu filho Filipe, o Bom, sucessor do trono ducal. Ocupou essa posição por cerca de quarenta anos, acumulando grande fortuna. Foi ainda o mentor do Tratado de Arras, que pôs fim à Guerra dos Cem Anos. Além de tudo, com sua esposa Guigone de Salins, foi o idealizador da construção do Hôtel-Dieu ou Hospices de Beaune, um hospital público para atendimento a pobres e desvalidos e também aos vitimados da Guerra dos Cem Anos. Esse hospital foi declarado monumento histórico em 1862 e hoje é um museu famoso. Nicolas Rolin ficou imortalizado pelo quadro que mandou pintar por Jan van Eyck, concluído entre 1430 e 1435, intitulado *A Virgem e o Menino com o Chanceler Rolin*. O próprio Nicolas Rolin foi retratado nessa pintura ao lado da Virgem Maria e do Menino Jesus.

A primeira evidência escrita da presença de vinhedos perto de Beaune, onde Nicolas Rolin construiu o referido hospital, apareceu no ano 312. O imperador Constantino recebeu dos habitantes de Autun, cidade onde nasceu o chanceler, uma reclamação em forma de petição, detalhando as más condições dos vinhedos da cidade e solicitando impostos mais baixos.

Mais tarde, em 630, o duque da Borgonha concedeu à abadia de Bèze uma grande área de terras em Gevrey-Chambertin, que se tornaria o vinhedo Chambertin-Clos de Bèze, nome que continua até hoje. Nesse período, foram lançadas as bases para que os monges viticultores posteriormente limpassem a terra e marcassem os limites dos futuros vinhos "Grand Crus" da Côte de Beaune.

Em 1395, um decreto de Filipe II, conhecido como Filipe, o Ousado, duque da Borgonha, ordenou que os vinhos fabricados com a uva do tipo *gamay*, descritos por ele como de "cepas inferiores", fossem retirados de fabricação e que a cepa *pinot noir*, que produzia uma uva mais refinada, fosse plantada em seu lugar. E foi assim que surgiu a fama da Borgonha como produtora de vinhos tintos de excelente qualidade.

"Cru" significa literalmente "vinhedo", de modo que "Premier Cru" é um vinhedo de destaque, algo muito especial na Borgonha, e o "Grand Cru" ainda mais importante. Já a categoria "Cru Classé" significa "vinhedo classificado". Os vinhos da Borgonha são classificados em função das porcentagens de sua produção em cinco categorias: "Grand Cru" (0,8%); "Premier Cru" (5,2%); denominação de origem controlada (DOC) comunitário (30%) e DOC regional (64%).

A composição do solo nessa região onde são produzidos os excelentes vinhos da cepa *pinot noir* é composta principalmente de sílica, argila, gesso e óxido de ferro. A Côte de Beaune está situada a uma altitude que varia entre 250 a 300 metros e localizada de frente para o sudeste e para o leste, respectivamente, obtendo a luz completa do sol da manhã, fator importante nessa latitude.

No começo da metade do século XV considerava-se que o vinho da região tinha qualidades nutritivas e médicas e o vinho branco era usado como antisséptico. As poucas videiras existentes nos terrenos pertencentes ao Hospices de Beaune, fundado em 1451, eram mais que suficientes para a produção de vinho que necessitavam para esses fins. Foi assim que o Hospices começou a vender o vinho excedente, graças a permissões específicas que Nicolas Rolin adquiriu.

Os vinhos do hospital eram vendidos como entidade privada até 1794. A primeira venda em leilão ocorreu em 23 de março de 1795, após o hospital ser municipalizado por meio de um decreto do distrito de Beaune. Somente no ano de 1926 foi decidido que o terceiro domingo de novembro se tornaria a data oficial do leilão. Atualmente, 70% das compras são realizadas por negociantes da Europa, mas há também compradores asiáticos e norte-americanos.

Hoje, o leilão não é apenas um grande evento de celebridades, mas também um importante termômetro para o mercado de vinhos. Organizado pela empresa de leilões Christie's, é o mais célebre evento de caridade no mundo.

Em anos comuns, é comercializada atualmente no Hospices de Beaune uma magnífica variedade de 46 tipos de vinho denominação de origem controlada (DOC), 33 tintos e 13 brancos, cada um mais prestigiado que o outro, produzidos a partir das colheitas de setembro. Fazem parte desse grupo marcas famosas como Pommard, Volnay, Corton e Clos de la Roche. Todos esses lotes são facilmente identificáveis como produções do Hospices graças à presença em seu rótulo do nome do vinho e das armas do casal fundador, Nicolas Rolin e Guigone de Salins: três chaves e uma torre. Os climas dos vinhedos da Borgonha estão na lista do Patrimônio Mundial da Unesco desde 2015.

Atualmente, o domínio vinícola do Hospices de Beaune soma sessenta hectares, dos quais dez são dedicados às cepas *chardonnay* (vinho branco), e cinquenta são consagrados às cepas *pinot noir*, uma uva tinta originária da Borgonha que se tornou muito solicitada no mundo do vinho. Enquanto algumas uvas, como a *cabernet sauvignon*, são confiáveis, *a pinot noir* é muito variável. Quando boa, é deliciosa, embora seja frágil e muito mais leve que a *cabernet sauvignon*. Suas cascas são bem mais finas, de modo que ficam mais suscetíveis a podridão e a doenças, e os vinhos delas resultantes são mais claros e, com frequência, menos tânicos ou encorpados.

Devido a seus aromas extremamente complexos, torna-se difícil o plantio de *pinot noir* em regiões fora da Borgonha — o Chile, que produz atualmente vinhos excelentes com essa uva, é uma exceção. Trata-se de fato de uma cepa muito frágil, geneticamente instável, com forte tendência a mutações e a degeneração.

O valor total arrecadado pelo leilão varia de 2 milhões a quase 5 milhões de euros em anos excepcionais. Essas grandes somas não são usadas para despesas diárias no Hospices de Beaune, mas para financiar grandes investimentos, como a compra de equipamentos médicos de última geração para o novo hospital e a modernização dos edifícios, além da conservação do museu do Hôtel-Dieu.

Quando se trata de vinhos, as regiões da Borgonha e de Bordeaux são frequentemente apresentadas como grandes rivais. Na realidade, pouco têm em comum. Os vinhedos de Bordeaux são 2,5 vezes maiores que os da Borgonha, incluindo Beaujolais. Por outro lado, a Borgonha produz quase duas vezes mais vinhos DOC do que Bordeaux (são 98 na Borgonha, Beaujolais não incluído, e 57 em Bordeaux). Na Borgonha existem 4,9 mil propriedades, 115 lojas comerciais e 19 cooperativas com adegas — 61% do vinho produzido é branco e 39% são vinhos tintos.

Os “Grand Crus” representam 2% da produção de vinho, com 75% pertencentes a famílias de viticultores locais e 23% a comerciantes de vinhos.

Se alguém perguntar se prefiro o vinho Bordeaux ou o vinho da cepa *pinot noir* da Borgonha, é claro que prefiro o segundo, devido à influência e às recomendações de meu ancestral mais famoso, o chanceler Nicolas Rolin.

18. HENRIQUE VIII E SUAS SEIS MULHERES

Atualmente, Henrique VIII é mais conhecido por ter tido seis mulheres. Para sua geração, ele foi principalmente memorável, nas palavras do cronista Edward Hill, como a "flor indiscutível e herdeiro" das "duas famílias nobres e ilustres de Lancaster e York", que estiveram "por muito tempo em dissensão contínua pelos coroados deste nobre reino". Essas duas razões, aparentemente distintas para lembrar Henrique, estão na verdade intimamente ligadas, pois uma das forças que impeliram o rei em suas crises matrimoniais anteriores foi a urgência com que ele sentia a necessidade, em prol da paz e segurança de seu reino, de ter um filho para ser seu herdeiro indubitável.

Porém Henrique VIII foi quase um feminicida em série, usou a decapitação e gambiarras jurídicas como forma de separação, casando-se seis vezes. Sua primeira mulher, Catarina (Catherine) de Aragão, filha mais moça do rei e da rainha da Espanha, Fernando e Isabel, não deu a Henrique o tão aguardado herdeiro homem. Foi levada a um julgamento fajuto, no qual o rei acusou-a, entre outras coisas, de adultério, incesto e magia negra. Acabou decapitada em 1536. Catarina de Aragão nasceu em 1485, casou-se em 1509 e separou-se em 1533.

Como a Igreja Católica não reconhecia esse casamento e não anulava a união do rei com Catarina, Henrique VIII tomou uma medida que mudaria a vida religiosa inglesa para sempre: rompeu com o Vaticano e criou sua própria igreja em 1534, a Igreja Anglicana. Esse fato gerou um banho de sangue: 72 mil revoltosos papistas — inconformados com a separação — foram mortos no reinado de Henrique VIII, incluindo milhares de monges e grandes intelectuais da época, como o filósofo Sir Thomas More (o santo autor da Utopia, que não previu seu final distópico), ex-chanceler da Coroa, e Thomas Cromwell, primeiro ministro, que trabalhou como secretário-chefe do rei desde 1533, além de vigário-geral desde 1535, até sua queda e execução em 1540. Cromwell orientou muitos estatutos reformatórios no parlamento e supervisionou a dissolução dos mosteiros. Também ajudou Thomas Cranmer a obter autorização real para a tradução da Bíblia para o inglês.

Muito pouco se conhece sobre a juventude de Ana Bolena (Anne Boleyn), sua segunda mulher. Era filha de um mercador que ascendeu a escala social casando com uma Howard de família nobre, nascida provavelmente em 1502, casada entre 1532 e 1533. Em 1532, um diarista veneziano que a viu em Calais descreveu-a como "não uma das mulheres mais bonitas do mundo; ela tem estatura mediana, pele morena, pescoço longo, rosto largo, seios não muito levantados... olhos negros e lindos". Ainda criança foi enviada para se educar na França. Na corte francesa, sob a influência da rainha, aprendeu ensinamentos apropriados a uma senhora de alta linhagem de sua geração. Henrique VIII não era acostumado a ter suas ordens negadas, mesmo assim Anne o fez esperar por cerca de seis anos, até estar segura de ser reconhecida como sua mulher e rainha. Logo após sua chegada da França, provavelmente em meados de setembro de 1532, em comum acordo com Henrique, após a convicção de que Catarina e ele nunca haviam sido legalmente marido e mulher, finalmente contraíram matrimônio. Houve um grande mistério ao redor dessas particulares núpcias. O certo é que foi noticiado no começo de 1533 que a futura rainha estava grávida e o casamento teria que ser realizado o quanto antes, para que o primeiro filho do rei não nascesse bastardo. Em maio desse mesmo ano, Thomas Cranmer declarou nulo o primeiro casamento do rei, tornando válido o segundo.

No dia 1º de junho, Ana Bolena, agora reconhecida por todos como a esposa do rei, foi solenemente coroada como rainha. Tinha finalmente alcançado o pináculo de sua carreira. Seria apenas necessário esperar o nascimento de seu bebê, o qual era ansiosamente esperado ser um menino. Então o triunfo de Ana seria completo. Para sua infelicidade, no dia 7 de setembro deu à luz uma menina. Foi sua grande falha. É muito difícil compreender a rejeição total do rei pela mulher que havia amado tão apaixonadamente. Para se ver livre dela tanto poderia anular o casamento como executá-la. Henrique adotou as duas possibilidades. Seu irmão e quatro outros cortesãos foram acusados de ter intimidade com a rainha. Somente um confessou, devido à tortura, porém essa evidência foi suficiente para condenar os acusados. Ana foi encarcerada em 19 de maio de 1536, além de seus supostos amantes. Dois dias antes de sua morte, seu casamento foi anulado. Henrique VIII ficou solteiro uma vez mais e o corpo de Ana Bolena decapitado foi enterrado sem nenhuma cerimônia oficial na Torre de Londres. Dez dias depois, o rei já estava casado novamente.

Jane Seymour, sua terceira mulher, nasceu provavelmente em 1509, casou-se em 1536 e morreu em 1537. O pai de Jane era Sir John Seymour, de Wolf Hall, em Wiltshire, um cavaleiro de linhagem antiga, mas não muito notável, que serviu com distinção na campanha de Tournai de 1513. Logo após seu casamento apareceram rumores de sua gravidez, confirmados no início de 1537. Seu filho Eduardo nasceu supostamente por meio de uma cesariana no dia 12 de outubro, o que muito a enfraqueceu, sucumbindo a uma infecção e falecendo à meia-noite de 24 de outubro desse mesmo ano. Jane teve muita sorte, pois deu a Henrique o filho que desejava ardentemente. Seu corpo foi embalsamado e enterrado no túmulo que Henrique VIII havia preparado para ele em Windsor. Foi a única das seis mulheres a dividir seu túmulo.

Ana (Anne) de Cleves se casou com Henrique VIII mais de dois anos após a morte de Jane Seymour. Nasceu em 1515, casou-se em 1540, separou-se no mesmo ano e morreu em 1557. Depois que a Inglaterra rompeu com o Vaticano, o país tornou-se perigosamente isolado da Europa. Os principados combinados de Cleves, Jülich, Mark e Berg, situados ao lado do baixo Reno, formavam juntos um dos estados emergentes da Alemanha, com tanto potencial aparente quanto a vizinha Holanda. Uma aliança com Cleves salvaria a Inglaterra do isolamento total, e o duque tinha duas irmãs solteiras. Mais uma vez, a habilidade de Holbein foi empregada para apontar Ana e sua irmã Amelia como candidatas, e mais uma vez o interesse do rei foi despertado. Ana de Cleves foi por isso selecionada por Thomas Cromwell para ser sua quarta mulher, por razões diplomáticas. Não durou muito o casamento com Ana de Cleves, pois França e Inglaterra voltaram a estreitar relações diplomáticas. E Henrique já estava de olho em Catarina (Catherine) Howard. Ana de Cleves foi muito obediente e condescendente aceitando o título de "irmã do rei", recebendo em troca casas e terrenos por compensação. Aposentou-se da cena política e viveu confortavelmente na obscuridade, sobrevivendo a seu "irmão" real por mais de uma década.

Catarina (Catherine) Howard era prima em primeiro grau de Ana Bolena, e foi a quinta mulher de Henrique VIII. Era filha do lorde Edmund Howard, o irrequieto irmão mais moço do duque de Norfolk, falecido em 1539. Nasceu em 1521 e casou-se em 28 de julho de 1540, apenas 16 dias após a anulação do casamento do rei com Ana de Cleves. Catarina tinha apenas 19 anos quando atraiu a atenção de Henrique VIII. Os inimigos da corte aproveitaram a insatisfação do rei com Ana de Cleves, indicada por Thomas Cromwell, interferindo para a execução desse chanceler por ordem do rei. Na maior parte do primeiro ano de casamento tudo correu com sucesso, embora o rei tivesse mudado de conselheiros. Entretanto, o rei já estava com 50 anos de idade. A expectativa de vida de sua geração era muito menor do que a de hoje. Ele já se referia a si próprio como um homem velho. Já havia perdido seu charme de juventude e bastante vigor. E ainda mancava de uma perna em consequência de sua enorme corpulência e uma úlcera em uma delas. Porém, a felicidade durou pouco. Em abril ou maio de 1541 começaram a circular rumores na corte da traição de Catarina com jovens galantes, além do secretário privado da rainha, durante as ausências do rei. Em princípio o rei não acreditou. Catarina finalmente foi julgada, condenada e decapitada na Torre de Londres em 13 de fevereiro de 1542. Os envolvidos no *affair*, também.

Finalmente, Catarina (Catherine) Parr, a última aventura amorosa de Henrique VIII. Nasceu em 1512 e casou-se em 1543. Desta vez o rei contraiu matrimônio com uma mulher duas vezes viúva e com 31 anos de idade. Pouco se conhece sobre ela durante sua juventude e mocidade. Era filha de Sir Thomas Parr, de Kendal. Também possuía um sentimento de sensibilidade e simpatia que era excepcional em uma corte onde a tensão entre os grupos religiosos rivais, entre os ambiciosos homens mais jovens e os homens mais velhos estabelecidos estava se tornando cada vez mais aguda, e as partes disputavam uma posição em torno do visivelmente envelhecido rei. É claro por suas ações posteriores que as simpatias pessoais de Catarina estavam com a facção protestante, mas ela era muito circunspecta para revelar isso abertamente enquanto o rei ainda estava vivo. Quando se casou com Catarina, ela se tornou tanto uma enfermeira para ele quanto uma esposa. Sabia bem como agradá-lo, como desviar sua ira cada vez mais arbitrária, como aliviar sua dor e acalmar seu espírito. A vida com esse homem-montanha irascível em seus anos de declínio não deve ter sido fácil. Mesmo assim, Catarina conseguiu trazer para o círculo íntimo da família real um grau de harmonia e afeição mútua que quase nunca havia conhecido antes. Em 30 de agosto de 1548, deu à luz Thomas Seymour. Não sobreviveu por muito tempo ao parto. O mesmo fato que aconteceu com sua cunhada Jane Seymour. Morreu em 7 de setembro de 1548 e foi enterrada na mansão Seymour, de Sudeley.

O romance *Wolf Hall – A trilogia de Thomas Cromwell*, escrito por Hilary Mantel, é considerado o melhor romance inglês do século XX, segundo o jornal *The Guardian*. O tema principal é a figura de Cromwell durante o período tumultuado do tirano Henrique VIII, descendente da família Tudor.

Segundo o crítico literário Paulo Nogueira, *Wolf Hall* consegue ser ao mesmo tempo informativo (sobre eventos, costumes e o respectivo zeitgeist — espírito da época) e formativo.[45] É impossível ler as passagens de interrogatório e tortura experimentando uma perturbadora simpatia pela glacial *realpolitik* do afável Thomas Cromwell e ao mesmo tempo considerar a ficção histórica irrelevante nos dias de hoje.

No volume 1 dessa trilogia está apresentada uma lenda sobre a família Tudor, da qual Henrique VIII fazia parte. Muito interessante, por apresentar tão claramente as razões pelas quais o rei déspota era tão violento e sanguinário.

> [...] Era uma vez, em tempos imemoriais, um rei da Grécia que tinha trinta e três filhas. Cada uma das filhas se revoltou e assassinou o próprio marido. Perplexo por ter dado vida a rebeldes dessa natureza, mas sem querer matar seu próprio sangue e carne, o principesco pai exilou as filhas e lançou-as à deriva num navio sem leme.
>
> O navio tinha provisões para seis meses. Ao fim desse período, os ventos e as marés já haviam empurrado as

45 NOGUEIRA, Paulo. Wolf Hall, romance histórico de Hilary Mantel, reconstrói reinado de Henrique VIII. *O Estado de S. Paulo*. Caderno Cultura. São Paulo, 17 out. 2020.

irmãs até os limites do mundo conhecido. Elas aportaram numa ilha encoberta por bruma. Como o lugar não tinha nome, a mais velha das assassinas batizou a ilha: Albina.

Quando chegaram à praia, as irmãs estavam famintas e ávidas por carne masculina. Mas não havia homens à vista. A ilha era habitada apenas por demônios.

As trinta e três princesas se acasalaram com os demônios e deram à luz uma raça de gigantes que, por sua vez, se acasalaram com suas mães e produziram outros de sua espécie. Esses gigantes se espalharam por todo o território da Bretanha. Não havia padres, nem igrejas ou leis. Também não havia qualquer forma de contagem do tempo.

Depois de oito séculos de domínio, eles foram derrubados pelo troiano Bruto. Bisneto de Eneias, Bruto nasceu na Itália; sua mãe morreu durante o parto. E, quanto a seu pai, ele o matou por acidente com uma flechada. Bruto abandonou seu local de nascença e se tornou líder de um grupo de homens que haviam sido escravos em Troia. Juntos, embarcaram numa viagem para o norte, e os caprichos dos ventos e das marés os levaram à costa de Albina, assim como as irmãs foram levadas outrora. Quando aportaram, os homens foram forçados a batalhar contra os gigantes liderados por Gogmagog. Os gigantes foram derrotados e seu líder foi atirado ao mar.

Não importa qual prisma observemos: tudo sempre começa em massacre. O troiano Bruto e seus descendentes governaram até a chegada dos romanos. Antes de ser nomeada a Lud's Town, Londres se chamava Nova Troia. E nós éramos troianos.

> Alguns dizem que os Tudor transcendem, de alguma forma, dessa história, tão sangrenta e demoníaca: que descendem de Bruto pela linhagem de Constantino, filho de santa Helena, que era bretã. Artur, alto rei da Bretanha, era neto de Constantino. Ele se casou com três mulheres, todas chamadas Guinevere, e seu túmulo fica em Glastonbury; mas, entendam, ele não está realmente morto, apenas espera pela hora de seu regresso.
>
> Seu abençoado descendente, príncipe Artur da Inglaterra, nasceu no ano de 1486, filho mais velho de Henrique, o primeiro rei Tudor. Esse Artur se casou com Catarina, princesa de Aragão, morreu aos quinze anos e foi enterrado na catedral de Worcester. Se estivesse vivo hoje, seria rei da Inglaterra. Seu irmão mais novo, Henrique VIII, provavelmente seria arcebispo da Cantuária [...].[46]

Em 2015, Henrique VIII foi considerado o pior monarca da História inglesa pela Associação dos Escritores Históricos do Reino Unido. Entrou para os anais como um tirano que dividiu religiosamente o país, levando a confrontos e mortes por séculos, com base em uma razão fútil: sua escandalosa vida de alcova. A fama de boa-vida não incomodava a corte — afinal, o herdeiro do trono inglês era seu irmão, o bem-comportado Artur. Só que Artur morreria cedo e Henrique VIII seria coroado aos 18 anos, em 1509, após seu pai falecer.

---

46 MANTEL, Hilary. *Wolf Hall: a trilogia de Thomas Cromwell*. São Paulo, Todavia, 2020.

19. NAPOLEÃO E JOSEPHINE

O casamento deles era um jogo por amor. Ele era o jovem general vitorioso da França revolucionária; ela, uma menina crioula nascida na ilha de Martinica, viúva de um aristocrata guilhotinado durante o terror do início da década de 1790. Josephine se tornou amante de Paul Barras, um dos diretores governantes da França, que a apresentou a Napoleão em ascensão, com quem ela se casou em 9 de março de 1796. Posteriormente, Napoleão derrotou os inimigos da França — os austríacos, os russos, os prussianos, os egípcios — e ele próprio tomou o poder no seu país. Em 1804, coroou a si mesmo imperador e Josephine imperatriz. Entretanto, precisava de um herdeiro, mas seu casamento não gerou filhos. Decidiu se separar de Josephine e casar com a arquiduquesa Marie Louise Habsburgo, filha do imperador da Áustria, com quem teve um filho. Quando Napoleão perdeu seu império e foi para o exílio em 1814, Josephine foi muito admirada pelos franceses por suportar todos esses golpes com seu estilo característico. Infelizmente, morreu poucos meses depois.

O historiador Simon Sebag Montefiore publicou em 2018 uma série de cartas pitorescas no livro *Written in History — Letters that Changed the World*.[47] Este é um desses relatos que adaptei no período em que Josephine se encontrava em Paris, enquanto o general Bonaparte lutava na Itália. Logo após o casamento, ele a desejava, atormentado de ciúmes. Josephine

---

47 MONTEFIORE, Simon Sebag. *Written in History — Letters that Changed the World*. Weidenfeld & Nicolson, Londres, 2018.

estava sempre na moda e muito chique, sempre flertando e infiel. Napoleão, obsessivo, controlador e devotado como uma criança, bombardeando-a com cartas que a elogiavam, seduziam, ameaçavam, reclamavam e se vangloriavam em partes iguais. Napoleão delirava sobre seu corpo, implorando para que ela não se lavasse para que ele pudesse cheirá-la. Como leremos nesta carta a seguir.

> *Meu irmão vai lhe trazer esta carta. Tenho o maior amor por ele e espero que ele ganhe o seu; ele merece. A natureza deu a ele um caráter doce e totalmente bom; ele está cheio de boas qualidades.*
>
> *Estou escrevendo a Paul Barras para que seja nomeado cônsul em algum porto italiano. Ele quer viver com sua pequena esposa longe do tumulto e dos assuntos políticos. Eu o recomendo a você.*
>
> *Recebi suas cartas dos dias 16 e 21. Há muitos dias em que você não escreve. O que fazes, então?*
>
> *Não, minha querida, não tenho ciúmes, mas às vezes fico preocupado. Em breve te aviso, se você demorar, vai me encontrar doente. O cansaço e a sua ausência são demais para mim.*
>
> *Suas cartas são a alegria dos meus dias, e meus dias de felicidade não são muitos.*
>
> *Junot [Jean-Andoche, general de Napoleão, 1º duque de Abranches] está trazendo vinte e duas bandeiras para Paris. Você deve voltar com ele, entendeu?*
>
> *Dor desesperada, miséria inconsolável, tristeza sem fim, se estou tão infeliz a ponto de vê-lo voltar sozinho. Adorável amigo, ele verá você, ele respirará em sua têmpora; talvez você conceda a ele o sabor único e perfeito de beijar sua bochecha, e eu estarei sozinho e muito, muito longe.*

Mas você está vindo, não é? Você vai estar aqui ao meu lado, nos meus braços, no meu peito, na minha boca. Voe e venha, venha! Mas viaje suavemente. A estrada é longa, ruim, cansativa.

Suponha que você tenha sofrido um acidente ou adoecido; suponha fadiga. Venha com cuidado, meu adorável amor, mas penso em você com frequência.

Recebi uma carta de Hortense de Beauharnais [filha de Josephine que se casaria com Luís, irmão de Napoleão, futuro rei da Holanda]. Vou escrever para ela que é totalmente encantadora. Eu a amo e logo mandarei os perfumes que ela quiser.

Leia com atenção o poema "Charge" de Ossian e durma bem e feliz longe do seu bom amigo, mas pensando nele [Ossian foi fundamental na valorização da poesia popular e também o narrador e suposto autor de um ciclo de poemas épicos publicados pelo poeta escocês James Macpherson desde 1760].

Um beijo no coração!

P. S. Não sei se você precisa de dinheiro; você nunca falou sobre seus negócios. Supondo que seja sim, você pode perguntar ao meu irmão, que tem 200 "louis" meus (antigo dinheiro francês, com vários valores em moedas de ouro cunhadas com a efígie dos dezoito reis Louis).[48]

48 Ibid.

20. O CAÇADOR DE LIVROS

Por volta de 50 a.C., um poeta e filósofo chamado Tito Lucrécio Caro escreveu um famoso texto intitulado *De rerum natura* — "Da natureza das coisas" em tradução livre. Eram versos latinos belíssimos. Cícero (106 a.C. - 43 a.C.) ficou impressionado com a poesia de Lucrécio, realmente algo incomum, um texto perigosamente radical, um poema que reunia um gênio iluminado em filosofia e ciência a uma força poética extraordinária. Epicuro (341 - 270 a. C.) nasceu na ilha de Samos, no mar Egeu, na Grécia. Ficou famoso num tema específico: a *felicidade*. Insistia que queria se concentrar em como ser feliz. Num jardim de Atenas, Epicuro construiu toda uma explicação do universo e uma filosofia da vida humana. Era o messias filosófico de Lucrécio.

O livro de Lucrécio, uma tradução em prosa de 2 mil anos de idade, totalizando 7.400 versos, não é uma leitura fácil. Está escrito em hexâmetros, com seis acentos internos, em que poetas latinos como Virgílio e Ovídio, imitando o grego homérico, escreveram sua poesia épica. É dividido em seis livros, sem títulos. Consta de meditações filosóficas sobre a religião, o prazer e a morte, e complexas teorias do mundo físico, da evolução das sociedades humanas, dos perigos e das alegrias do sexo e da natureza da doença, com momentos de intensa beleza lírica.

A visão fundamental do poema de Lucrécio era que tudo que já existiu e tudo que ainda existirá é montado a partir de partículas indestrutíveis de dimensões diminutas, mas inimaginavelmente numerosas. Os gregos denominavam essas partículas indivisíveis, e que não podiam ser divididas em partículas menores, de átomos. Ele considerava também que a vida e todas as outras formas existentes, inclusive a própria Terra, irão um dia se desintegrar e voltar aos átomos constituintes de que eram compostas e dos quais outras coisas irão se formar na dança perpétua da matéria. O espaço, escreveu, como o tempo, é ilimitado. Não há pontos fixos, não há começos, meios ou fins, e não há limites. A matéria não fica aglomerada numa massa sólida. O universo consiste então de matéria — as partículas primárias e tudo que essas partículas se reúnem para formar — de espaço, intangível e vazio. Nada mais existe.

Esse livro, perdido por cerca de 500 anos, foi encontrado por Poggio Bracciolini em um mosteiro no sul da Alemanha em janeiro de 1417. Em uma biblioteca monástica, provavelmente a de Fulda, das muitas por ele visitadas. Ali ele tirou da estante um longo poema, cujo autor pode ter se baseado em Quintiliano ou na crônica compilada por são Jerônimo: *T. Lucreti Cari de Rerum Natura*.

Toda essa brilhante narrativa sobre esse caçador de livros durante a Idade Média foi descrita pelo historiador Stephen Greenblatt em *A virada — o nascimento do mundo moderno*, obra ganhadora do Prêmio Pulitzer em 2012.[49]

Foi por um acaso que o livro de Lucrécio conseguiu chegar à biblioteca de vários mosteiros e um monge, em algum lugar no século IX, copiou o poema antes que mofasse ou fosse comido pelas traças e desaparecesse para sempre, até chegar nas mãos do humanista que se denominava *Poggius Florentinus*, Poggio, o Florentino.

49 GREENBLATT, Stephen. *A virada: o nascimento do mundo moderno*. São Paulo: Companhia das Letras, 2012.

Poggio não gostava de monges, embora reconhecesse em vários deles homens impressionantes e de grande seriedade moral e erudição. No geral os achava supersticiosos, ignorantes e irremediavelmente preguiçosos. Os mosteiros, na sua opinião, eram lugares em que se largavam as pessoas que não serviam para o mundo. A seus amigos da cúria, contava anedotas sobre a venalidade, a estupidez e o apetite sexual dos monges. Achava que não faziam nada além de cantar como gafanhotos. Porém, tinha muito cuidado quando visitava os monastérios para criar confiança com os monges e facilitar seu trabalho de recuperação de livros raros e antigos.

Poggio Bracciolini nasceu na Itália, região da Toscana, em Terranuova, em 1380. Chegou muito jovem a Florença, na época cidade escura, apertada, congestionada, sujeita a surtos periódicos de peste bubônica, no fim da década de 1390. Tinha dificuldades para apresentar uma longa linhagem de ancestrais ilustres. Para poder se estabelecer no mundo sem ter de se desmentir, precisou comprar um brasão fraudulento de 350 anos de idade. Na sequência de acidentes que levou à recuperação do poema de Lucrécio, a letra de Poggio foi um fator crucial. Para ganhar dinheiro copiava livros e documentos. Sua caligrafia e sua competência como copista o fizeram se tornar famoso ainda em vida. Melhorou seu latim, que já era bem avançado, e com 22 anos prestou exame diante de uma banca de advogados e notários, dando início à sua vida profissional.

No decorrer de uma longa carreira, escreveu livros sobre hipocrisia, avareza, a verdadeira nobreza, o casamento na terceira idade, as vicissitudes da fortuna, as misérias da condição humana e a história de Florença, além de possuir um grande dom com as palavras. No outono de 1403, partiu aos 23 anos de idade para Roma, munido de uma carta de recomendação assinada por Coluccio Salutati, humanista, filósofo e grande chanceler da República de Florença, amigo de Francesco Petrarca e Giovanni Boccaccio.

Teve 14 filhos, sendo dois deles mulheres, todos com sua amante Lucia Pannelli. Reconheceu seus filhos ilegítimos, embora criticado pelas fofocas escandalosas de sua época. A um cardeal amigo que o criticou pela irregularidade de sua vida, acrescentou: "E acaso não encontramos todo o dia, e em todas as terras, padres, monges, abades, bispos e dignitários de ordem ainda mais alta que têm famílias de crianças com mulheres casadas, viúvas e até com virgens consagradas ao serviço de Deus?". No dia 19 de janeiro de 1436, já com 56 anos de idade, casou-se com Vaggia di Gino Buondelmonti, de 18 anos, pertencente a uma das antigas famílias feudais de Florença.

Poggio foi chanceler de Florença por cinco anos. Conseguiu com seu trabalho e com alguns colegas transformar a caligrafia existente — uma inovação dos escribas do século IX na corte de Carlos Magno — na letra que usavam para copiar manuscritos e escrever cartas. Essas letras serviram de base para o desenvolvimento das fontes que chamamos hoje de itálico. Faleceu em Florença no dia 30 de outubro de 1459, aos 79 anos de idade, deixando um legado impressionante com suas aventuras à caça de livros antigos no começo do século XV e seu trabalho diretamente com oito papas.

Todos os que amam os livros já devem ter tido a oportunidade de haver emprestado algum deles e nunca mais o terem visto de volta. Antigamente os livros eram coisas raras e valiosas. Alguns mosteiros tentavam garantir a estabilidade de suas posses rogando pesadas pragas em seus manuscritos, pois havia muitos humanistas de mãos leves.

Aqui se apresenta uma dessas pragas escrita em um manuscrito medieval encontrado em um mosteiro, para aquele que roube, ou empreste e não mais devolva este livro a seu proprietário: "Que se transforme em serpente e sua mão o destrua. Que seja vítima de paralisia e se percam seus membros. Que sofra dor à maravilha pedindo mercês em altas vozes e que não haja cessar para sua agonia até que cante dissoluto. Que vermes lhes roam as entranhas como lembrança do verme que não morre, e que quando finalmente vá a seu castigo, que as chamas do Inferno o consumam para sempre".

21. MANUEL DE OLIVEIRA LIMA: DOM QUIXOTE, O GORDO[50]

Embora Gilberto Freyre tenha publicado em 1968 o livro *Oliveira Lima, Don Quixote Gordo*, resolvi nomear este texto de maneira semelhante.

Manuel de Oliveira Lima nasceu em Recife em 25 de dezembro de 1867. Era o filho mais novo de um comerciante originário do Porto, Portugal, Luís de Oliveira Lima, que havia emigrado para o Recife em 1834.

Tinha apenas 6 anos quando foi levado para Portugal com sua família, em 1873. O casal Oliveira Lima havia decidido transferir-se para Lisboa, por problemas de saúde do patriarca, mas também para garantir melhores condições para a educação de seu filho Manuel.

Passou toda a sua juventude em Lisboa, mas jamais perdeu o contato com Pernambuco. A residência dos Oliveira Lima à rua da Glória, 23, neste sentido era um verdadeiro relicário de brasilidade, e sobretudo de pernambucanidade: os objetos, as visitas, os sentimentos, a gastronomia, tudo era essencialmente brasileiro.[51]

Oliveira Lima se inscreveu em 14 de outubro de 1884 no Curso Superior de Letras, do qual obteve, em 1888, o grau de doutor

---

50 Artigo escrito para meu dileto amigo Otávio Alfredo Falcão de Oliveira Lima sobre seu famoso antepassado.

51 RÊGO, André Heráclio (org.). *Oliveira Lima: obra seleta – história*. Recife: Companhia Editora de Pernambuco Cepe, 2022.

em Filosofia e Letras. Posteriormente entrou para a carreira diplomática brasileira, optando definitivamente por nosso país.

Começou sua carreira diplomática em 1890 como segundo secretário, justamente na Legação Brasileira em Lisboa. Em 1892 foi transferido para a Legação Brasileira em Berlim. Em 1896 era o primeiro secretário da Legação em Washington. No ano de 1900 foi transferido para Londres e, em 1901, designado encarregado de negócios em Tóquio, onde permaneceu até 1903.

Removido para o Rio de Janeiro, desde essa época começaram seus problemas com o todo-poderoso barão do Rio Branco, diplomata e historiador como ele, mas seu superior hierárquico, que não apreciava nem um pouco a maneira provocativa e pouco diplomática como Oliveira Lima era useiro e vezeiro, em se tratando de assuntos do Itamaraty. Acredito que daí originou-se seu apelido de "Dom Quixote, o gordo".

Em 1921 estabeleceu-se em Washington, DC, cidade para cuja Universidade Católica ele havia doado sua imensa biblioteca, da qual se tornou o primeiro bibliotecário, e ali passou seus últimos anos de vida, ao lado de sua bem-amada Flora Cavalcanti de Albuquerque (Flora de Oliveira Lima, 1863-1940), descendente da aristocracia da Zona da Mata pernambucana.

Produziu livros, estudos e artigos de variados gêneros. Sua colaboração nos jornais e revistas abrangia os mais diversos temas. Colaborou, entre outros, com: a *Revista Brasileira*, a *Revista Portuguesa*, o *Jornal de Recife*, o *Correio da Manhã*, *O Estado de S. Paulo*, o *Jornal do Comércio*, do Rio de Janeiro.

Alguns livros de sua autoria: *Memórias — estas minhas reminiscências* [1937]; *Impressões da América espanhola* (1904-1906) [1953]; *Pernambuco: seu desenvolvimento histórico*; *Aspectos da literatura colonial brasileira*; *Sobre a evolução de uma cidade no Novo Mundo*; *Dom João IV no Brasil* (*vols. 1 e 2*), entre outros.

Segundo Carlos Guilherme Mota, quando faleceu em 1928, sua obra já o qualificava como o principal historiador da formação da nacionalidade brasileira: "[...] Ficará em nossa historiografia como o maior historiador da Independência, o tema fundante de nossa existência coletiva, quando o Brasil, pela primeira vez, lutou por sua identidade, sua diferença, sua autonomia [...]".[52]

Faleceu em 24 de março de 1928, sendo enterrado no cemitério de Mount Olivet, na cidade de Washington, DC, em uma tumba em cuja lápide foi escrito apenas: *hic jacet amicus librorum*.

Figura 21.1 — Dona Flora de Oliveira Lima (1863-1940).
Fonte: RÊGO (2022, p. 91).

52 MOTA, Carlos Guilherme. Oliveira Lima e nossa formação, In: COSTA E SILVA, Alberto (org.). *O Itamaraty na Cultura Brasileira*, Brasília: Instituto Rio Branco, 2001.

Figura 21.2 — Manuel de Oliveira Lima, ministro em Caracas, Venezuela, 1905.
Fonte: RÊGO (2022, p. 92).

22. JOSEPH STALIN OU VLADIMIR PUTIN?

Segundo o historiador Simon Sebag de Montefiore,[53] a filha do ditador Joseph Stalin, Svetlana, cresceu no Kremlin. Desde a idade dos 7 aos 11 anos (começo dos anos 1930), ela escrevia frequentemente ordens que qualquer criança adoraria vê-las executadas. Um dia, ela escreveu uma ordem para o "primeiro secretário" (Stalin) e para os outros "secretários" (do Partido Comunista) exigindo que todo dever de casa deveria ser eliminado nas escolas soviéticas. Stalin gostava enormemente dessas brincadeiras e firmava todas essas ordens recebidas, como também as autoridades do Politburo as assinavam. Essas correspondências eram todas fixadas em um quadro instalado na cozinha de Stalin. Ele a chamava de "Svetlana, a chefe" ou "Setanka, a dona da casa" e frequentemente respondia por escrito: "Eu obedeço a Setanka, a pequena secretária. Assinado, Stalin". Abaixo da assinatura de Svetlana, estava escrito: "primeira secretária do Partido Comunista" ou "chefe". Em um de seus ofícios, ela exige saber o segredo do que está acontecendo no Comitê Central, através do qual seu pai aterrorizava o povo soviético. Algumas vezes Stalin pedia a Svetlana mais ordens: "Escreva para mim com mais frequência, minha pequena secretária. Logo não saberei o que fazer, se não receber suas ordens e exigências diariamente". Na Ordem Diária N. 3, Svetlana escreveu para Stalin: "Eu lhe ordeno que me mostre

---

53 MONTEFIORE, Simon Sebag. *Written in History — Letters that Changed the World.* Weidenfeld & Nicolson, Londres, 2018.

o que acontece no Comitê Central! Estritamente confidencial. Stalina, a chefe".

São por todos conhecidos os horrores dessa época, com milhões de pessoas assassinadas por discordarem do regime ou por outro motivo qualquer. Quanto aos números verdadeiros, é impossível estimá-los.

Entre 1931 e 1933, a Ucrânia também muito sofreu com as atrocidades do governo de Stalin. Sua produção agrícola, que era muito desenvolvida, foi desviada para alimentar a Rússia. Com isso, estima-se que 5 milhões de ucranianos morreram por inanição nesse período. Essa tragédia ficou conhecida como "Holodomor" (termo que significa a mortandade dos ucranianos que pereceram de fome devido à política econômica de Stalin, nesse período).

O domínio dos czares, por cerca de 370 anos na Rússia imperial, teve seu fim com a Revolução Russa de 1917, dando início à era do comunismo, que dominou o país até a extinção da Guerra Fria com os Estados Unidos, em 1991. Nesse período, a União das Repúblicas Socialistas Soviéticas (URSS) teve sete presidentes, iniciando com Vladimir Lenin, o principal líder bolchevique, terminando com Mikhail Gorbachev, o último secretário-geral do Comitê Central do Partido Comunista da União Soviética e responsável pela consagração de um projeto de transparência política e reestruturação econômica do país. Stalin foi seu segundo presidente.

O primeiro presidente da Rússia a partir de 1991 foi Boris Yeltsin, após a derrocada da URSS, eleito democraticamente. Teve a oportunidade de comandar a transição do socialismo para o capitalismo e seu governo foi marcado por mudanças políticas e econômicas na Rússia, atingindo também outros países pertencentes à ex-União Soviética e ao Leste Europeu.

Yeltsin, o antecessor de Vladimir Putin, foi um beberrão pró-Ocidente. Por seu procedimento absolutamente irresponsável e fanfarrão facilitou a ascensão de Putin ao poder.

Deixou o Partido Comunista da antiga URSS em frangalhos, mas esqueceu da KGB, que permaneceu praticamente intacta e bastante ativa. Forjado nos corredores da KGB, Putin surgiu para preencher um vazio de poder e encantou os russos com a sua postura educada, o seu carisma e a sua promessa de unir o país para que a Rússia voltasse a ocupar lugar de destaque entre as nações.

Segundo Thomas L. Friedman, editorialista do jornal *The New York* times e do best-seller *O mundo é plano*, em artigo publicado n'*O Estado de S.Paulo*, Putin falhou completamente em transformar a Rússia, após o final da Guerra Fria, pois não conseguiu orientar um modelo econômico capaz de realmente atrair seus vizinhos em vez de afastá-los, ou de inspirar seus maiores talentos a permanecerem no país em vez de entrarem na fila para obter um visto para o Ocidente.[54] Por essa razão, Polônia, Hungria, República Tcheca, Eslovênia, Letônia, Estônia e Lituânia, além de todos os países que integravam a antiga União Soviética, libertaram-se da "Cortina de Ferro" em um curto período de tempo, entre o final dos anos 1990 e o começo do ano 2000.

As autoridades norte-americanas, em vez de incentivarem uma revolução democrática no país e sua órbita, contando com o apoio da população russa, decidiram empurrar a Otan até as fronteiras, após seu enfraquecimento. Aproveitando essa situação, Putin assumiu essa guerra para ele, disposto a manter seu poder ditatorial a todo custo. Continua forte politicamente, quando completou 20 anos de mandato no final de dezembro de 2021, embora tenha havido um período mandatório indireto, mas comandando o país da mesma maneira.

---

54 FRIEDMAN, Thomas L. EUA e OTAN não são inocentes na Ucrânia. *O Estado de S.Paulo*, 23 fev. 2022.

Com o desmantelamento da URSS e a separação dos países satélites da Rússia, o país ficou muito fragilizado. Entretanto, o arsenal nuclear que foi deixado para trás no país soviético é enorme, fazendo com que a Rússia seja atualmente a segunda maior potência nuclear do planeta.

Na situação atual, graças ao enorme desenvolvimento tecnológico adquirido até agora pelo *homo sapiens*, precisamos torcer com bastante fé para que outro ditador e populista da vez não seja o responsável pelo início de uma terrível guerra nuclear que poderá destruir em pouco tempo nosso Planeta Azul.

23. UM BRASILEIRO NO EXÉRCITO LIBERTADOR

A cidade de Goiânia em Pernambuco, no início do século XIX, era, por sua importância, riqueza e cultura, foco permanente de movimentos revolucionários, prenunciando a independência do Brasil ou pelo menos das regiões setentrionais, bastante diferenciadas devido à sua colonização e costumes, para a época, das regiões meridionais do nosso país.

Como exemplo, podemos citar a Confederação do Equador, que agora está completando 200 anos. Foi um movimento revolucionário iniciado em Pernambuco, em 1824, e que se espalhou para outras províncias nordestinas, como Rio Grande do Norte, Paraíba e Ceará. Essa ação se opôs à forma autoritária com que a Constituição de 1824 fora elaborada e outorgada pelo imperador Dom Pedro I.

O advogado José Ignácio Ribeiro de Abreu e Lima, depois de enviuvar, estudou Teologia em Coimbra, sendo ordenado sacerdote pelo cardeal Chiaramonte, que mais tarde se tornou papa com o nome de Pio VI. José Ignácio ficou conhecido em Goiânia e no Brasil como o famoso padre Roma, além de ser um dos líderes da Revolução Pernambucana de 1817, o último movimento separatista de caráter republicano do período colonial brasileiro. Depois de ser enviado à Bahia para ressuscitá-la, foi preso, submetido a um tribunal militar e posteriormente condenado à morte.

O padre Roma deixou um filho, também chamado José Ignácio de Abreu e Lima, nascido em Recife, Pernambuco, em 6 de abril de 1794. Frequentou a Academia Militar do Rio de Janeiro de 1812 a 1816 e tornou-se capitão de artilharia aos 21 anos.

No período em que seu pai foi denunciado, estava preso por insubordinação em Salvador. Na manhã do dia 28 de março de 1817, ao levarem o pai ao local da execução no Campo de Santana, foram procurar o filho e obrigaram-no a presenciar essa ação. Essa barbárie indigna e atroz decidiu o destino do jovem oficial.

O capitão Abreu e Lima, logo que conseguiu sua liberdade, fugiu do Brasil e embarcou clandestinamente para os Estados Unidos, onde chegou em fevereiro de 1818. Mudou-se depois para a ilha de São Tomás (St. Thomas, Ilhas Virgens Americanas), nas Antilhas, chegando posteriormente à Grande Colômbia, onde estava em curso uma intensa luta pela emancipação da América do Sul.

No dia 20 de novembro daquele mesmo ano, quando o libertador Simón Bolívar fez sua famosa declaração contra Fernando VII da Espanha, em Angostura, o oficial brasileiro esteve presente e alistou-se em suas tropas. Como ele mesmo diria: "[...] Não tive pátria e fiz da Colômbia a minha [...]".[55]

Abreu e Lima serviu no Exército Libertador desde maio de 1818 e só o deixou após a morte de Bolívar, em 1830. Foi secretário de Bolívar, oficial do Estado-Maior incorporado aos famosos Llaneros de Páez,[56] tenente-coronel, e depois general. Foram doze anos de árduas escaramuças em arenas civis e em campos de batalha.

No período em que Simón Bolívar esteve no Peru, Abreu e Lima frequentou a casa de sua irmã María Antonia, em Caracas, onde conheceu e se enamorou de uma sobrinha do Libertador,

---

55 Resumido de um artigo publicado por Carlos Savelli Maldonado, em uma revista venezuelana, s. d.

56 José Antonio Páez foi presidente da Venezuela por três vezes. É lembrado como *El Centauro de los llanos*, *El León de Payara* e *El Taita*. Liderou, em 1826, o movimento denominado como *La Cosiata*, pelo qual se pretendia separar a Venezuela da Grande Colômbia. É considerado por muitos como tendo traído Simón Bolívar.

filha de outra irmã, Juana, e de Dionisio Palacio y Sojo. Essa menina se chamava Benigna Cornelia e antes já era namorada do general Briceño Méndez, amigo preferido de Bolívar, com quem mais tarde se casaria.

Recifense e caraquenha se encantaram com amor à primeira vista. Esse *love affair* foi dificultado pela família da menina, pois Abreu e Lima tinha forte reputação de jogador, brigão e mulherengo. Ao buscar o cargo de chefe do Estado-Maior General, apoiado pelo general Soublette,[57] Antonio Leocadio Guzmán, que começava a praticar intrigas políticas, abriu uma forte campanha contra Abreu e Lima em seu jornal *El Argos*. Numa virulenta nota editorial "anônima", aludiu ao caso com a sobrinha do Libertador. Abreu e Lima esperou por ele numa rua deserta, tarde da noite, e deu-lhe uma surra tremenda, incluindo vários golpes de espada que o obrigaram a ser internado num hospital.

Submetido a uma corte marcial, o brasileiro foi punido com prisão na fortaleza de Maracaibo, na Venezuela. Isso o enojou profundamente e o levou a deixar o país que ajudou a libertar do domínio espanhol. Durante a sua estadia na Venezuela desenvolveu estreitas amizades com Soublette e Páez, com quem manteve uma intensa correspondência.[58]

O desaparecimento de Bolívar, seu amigo e protetor, a quem considerava o herói homônimo da América Livre, encerrou sua carreira militar na Colômbia, pois no final de 1826 e início de 1827 rompeu com o general Santander, a quem considerava intrigante, astuto e sutil.

---

57 Carlos Valentín Soublette foi político, militar, estadista e diplomata venezuelano, presidente da Venezuela entre 1843-1847 e herói da independência de seu país.

58 Extraído de um artigo publicado por Carlos Savelli Maldonado, em uma revista venezuelana, s. d.

Após a morte do Libertador, viajou em 1831 para os Estados Unidos, onde embarcou para a Europa. Lá conheceu Dom Pedro I, que reconquistava o trono de Portugal, e desfrutou de sua amizade e intimidade. Dom Pedro I, transformado em Dom Pedro IV, faleceu em 1832. Dois anos depois, Abreu e Lima regressou novamente a seu querido Brasil, onde nesse mesmo ano um decreto concedeu-lhe os direitos de cidadão brasileiro e permitiu-lhe o uso de títulos e honras conquistados nas guerras colombianas.

Decidiu não retornar ao Exército, e na cidade de Niterói dirigiu o jornal *O Raio de Júpiter*, que atacou impiedosamente o ministro da Justiça da Regência e posteriormente regente do Império.

Por problemas de saúde e econômicos, retornaria à sua cidade natal para dirigir, na cidade do Recife, *A Barcaça de São Pedro*, que é uma das publicações que prepararam o surgimento da Revolução Praieira, claramente socialista. Foi um dos seus participantes e, após a derrota desse movimento, expiou suas culpas até que, novamente livre, continuou a propagarsuas ideias, simultaneamente com suas obras históricas e literárias.

O brasileiro, veterano das lutas pela independência da Venezuela, da Colômbia e de outros países andinos, tornou-se escritor e historiador. Entre outras obras, Abreu e Lima é autor do *Compêndio da História do Brasil*, de uma *Sinopse da História Brasileira de uma História Universal* em cinco volumes com ilustrações, do livreto *Socialismo*, das *Bíblias falsificadas*, de *O Deus dos judeus e o Deus dos cristãos*, de um *Direito Penal*, além de cartilhas, discursos e memórias. Devido ao seu falecimento em Pernambuco, em 8 de março de 1869, deixou inédito o *Resumo histórico da última ditadura do Libertador Simón Bolívar*, cujo manuscrito se encontra no Instituto Arqueológico Geográfico Pernambucano, em Recife. Foi publicado em 1922, no Rio de

Janeiro, por Diego Carbonell, na época ministro plenipotenciário e enviado extraordinário da Venezuela no Brasil.

Nos seus escritos deixou um panorama dos acontecimentos de que participou:

> [...] Participei da infância da Grande Colômbia, em Nova Granada [...]. [...] Tenho muito orgulho de me proclamar um dos libertadores da Venezuela e da Nova Granada e de usar meu Cruzes de Boyacá, de Puerto Cabello e do meu nobre escudo de Carabobo [...]. [...] Assisti aos últimos estertores da Colômbia, testemunhei sua morte, fiz tudo por ela. Quebrei as facções, derrotei Campos em Rio Hacha (capital do Departamento de la Guajira, Colômbia), lutei corpo a corpo com os guajiros (indígenas nômades residentes entre Colômbia e Venezuela), libertei Santa Marta (capital do Departamento de Magdalena, Colômbia) e embora não tenha conseguido livrar Cartagena (capital do Departamento de Bolívar, Colômbia), da traição do General Luque, quando ali o General Montilla sucumbiu, caí com ela [...].[59]

Esta é a fé oficial de José Inácio de Abreu e Lima, general dos Exércitos da Grande Colômbia de Simón Bolívar.

Estes foram o destino e a morte de um revolucionário de nascimento, educação e tendências encorajadas pelo ambiente e pelos acontecimentos de sua época.

---

59 Ibid.

24. CARTA DE 11 DE JULHO DE 1944

As cartas são o antídoto literário da efemeridade da vida. Segundo Goethe: "O mais significante memorial que uma pessoa pode deixar".

Poucas cartas sobreviveram dos campos de concentração construídos pelos nazistas para exterminar o povo judeu durante o Holocausto.

Aqui está uma nota curta, quase indecifrável, da prisioneira tcheca Vilma Grunwald para seu marido médico Kurt. Ela, Kurt e seus dois filhos, John e Frank (Misa), foram presos como milhares de inocentes famílias judias transportadas para Auschwitz.

Na seleção, o médico da SS Josef Mengele envia o coxo John para a esquerda — para execução instantânea no campo de extermínio. Sua mãe, sabendo o que isso significava, opta por se juntar a ele em um ato de amor maternal.

Escreve então uma nota momentos depois de ambos terem sido separados dos outros dois. Em seguida, a entrega a um guarda e pede que ele transmita ao marido Kurt, que seria colocado para trabalhar no campo de trabalho escravo vizinho como médico responsável pela restauração de prisioneiros feridos a um estado em que poderiam trabalhar novamente. Vilma e John são mortos na câmara de gás momentos depois.

Surpreendentemente, a carta a seguir chegou a Kurt, que sobreviveu ao Holocausto e após sua libertação se encontrou com seu filho, Frank. O original desta carta está no Museu Memorial do Holocausto dos Estados Unidos, localizado em Washington, DC, doada pelo filho dos Grunwald.

Kurt, meu único e querido, no isolamento estamos esperando pela escuridão. Consideramos a possibilidade de nos escondermos, mas decidimos não fazê-lo, pois achávamos que seria inútil. Os famosos caminhões já estão aqui e estamos esperando que comece o embarque.

Estou completamente calma. Você — meu único e querido, não se culpe pelo que aconteceu, era o nosso destino. Fizemos o que podíamos. Fique saudável e lembre-se de minhas palavras de que o tempo vai curar — se não completamente — então — pelo menos parcialmente. Cuide bem do garotinho de ouro e não o estrague muito com o seu amor. Ambos — continuem saudáveis, meus queridos. Estarei pensando em você e em Misa. Tenha uma vida fabulosa, devemos embarcar nos caminhões.

Para a eternidade, Vilma.[60]

Infelizmente, a revolução tecnológica que nos deveria levar a um mundo de fraternidade, paz e segurança, está nos tornando piores, com um crescente ódio entre as pessoas, incentivadas pela desinformação constante através dos meios de comunicação em massa. Antes de tomarmos a vacina contra essa terrível pandemia recente que nos assolou, deveríamos ter nos imunizado contra a avalanche de notícias falsas que recebíamos diariamente.

Esperamos que esse triste exemplo nos sirva de lição para que as tragédias da história não se repitam e a humanidade possa desenvolver e aplicar a bondade que está imbuída no *homo sapiens.*

---

60 MONTEFIORE, Simon Sebag. *Written in History – Letters that changed the world.* Weindenfeld & Nicolson, Londres, 2018.

25. CARTA DE NATAL

Normalmente, durante o período natalino nos tornamos mais sensíveis. Ficamos a imaginar como será o próximo ano, o que poderá acontecer etc. Essa recente e terrível pandemia devida ao vírus da covid-19 influenciou mais ainda para que o sistema nervoso de muitas pessoas tenha sido colapsado, com o aparecimento de uma nova enfermidade mental, classificada pela OMS como *burnout*, aumentando em consequência a depressão estimulada por todas essas tristes notícias. E, para completar, no início de 2022, a sangrenta Guerra da Ucrânia.

Naquela ocasião, em vez de enviar um cartão de Boas Festas para os amigos, resolvi reverenciar um suíço que viveu cerca de 70 anos em nossa capital e render-lhe uma pequena homenagem.

Seu nome era Hans Jorge Kesselring. Casou-se com a paraibana Graziela Henriques e não mais voltou a seu país de origem, a Suíça. Foi um entomologista conhecido internacionalmente em toda a área universitária. Infelizmente muito pouco conhecido no Brasil e muito menos na cidade de João Pessoa, que adotou como sua.

Tivemos oportunidade de nos tornar amigos a partir do ano de 1968. Trabalhava perto de sua residência e, quando tinha oportunidade, sempre ia visitá-lo.

Criava e caçava borboletas. Fazia intercâmbio de borboletas, que criava no quintal de sua casa, com inúmeras universidades da Europa, dos Estados Unidos e da Ásia, principalmente do Japão. Uma vez ao ano ia a Manaus caçar esses lepidópteros que vivem na Floresta Amazônica e voam a cerca de 30 metros de altura. Para sobreviver, vendia ações na bolsa de valores.

Em uma de minhas várias visitas, mostrou-me um livro com cerca de mais de seiscentas páginas, escrito em inglês. Explicou-me que era um "manual sobre meio ambiente", publicado pelo governo suíço. Toda pessoa que se candidatasse a qualquer cargo político naquele país teria que lê-lo, entendê-lo e segui-lo após o início na nova carreira.

Era colaborador de várias revistas técnicas, nacionais e internacionais, dentre elas a *Bulletin de la Société, Sciences Nat.* Como colaborador da revista de divulgação da Sociedade Brasileira para o Progresso da Ciência, *Ciência Hoje*, escreveu:

> [...] O criador de borboletas Herbert Miers teve um inesperado encontro com a sorte, anos atrás. Caminhava pela mata, no interior de Santa Catarina, quando notou uma borboleta fêmea, da espécie *Agrias claudina claudianus*, em pleno ato de botar ovos numa pequena árvore. Cuidadosamente, capturou aquele exemplar raro e o transportou para seu viveiro particular. Consultou livros, que identificavam a árvore como *Quiina glaziovii* e iniciou, orgulhoso, sua criação de borboletas *Agrias* em cativeiro, observando-lhes os hábitos, acompanhando as transformações de suas lagartas [...].

> [...] Este incrível golpe de sorte, no entanto, teria sido inútil se Herbert Miers não soubesse que são escassas as transformações seguras sobre os hábitos alimentares das várias espécies nos trabalhos especializados. É neste momento que se percebem quantas dessas raríssimas ocasiões foram perdidas até que as informações para se iniciar uma criação em cativeiro estivessem reunidas por pesquisadores. O primeiro problema costuma ser: como alimentá-las?...].[61]

---

61 KESSELRING, Hans Jorge. *Ciência Hoje*, vol. 10, n. 60, dez/1989, p.42-48.

Em outro artigo, contava que Eurides Furtado, quando estava caminhando numa fazenda no norte de Mato Grosso, surpreendeu uma fêmea *Agrias amydon ferdinandi* pondo ovos numa árvore. Ciente dos inúmeros obstáculos que poderiam roubar-lhe a sorte súbita, Furtado capturou a presa e se apressou em marcar a árvore em que o inseto havia pousado. Só assim foi possível saber que entre as preferências alimentares das lagartas de *Agrias* está uma planta de nome *Erythroxylum anguifugum*.

Criar borboletas em cativeiro é um ofício que depende do acúmulo vagaroso de muitas informações, pequenos detalhes que fazem a diferença entre a vida e a morte.

Nesta época de grandes problemas ambientais no nosso Planeta Azul, detalho a seguir uma preciosa informação sobre nosso grande cientista suíço-paraibano Hans Jorge Kesselring.

Junto com meus alfarrábios, encontrei recentemente uma relíquia que é um documento que me presenteou há exatamente 46 anos. Foi o resultado de uma pesquisa que fez com o professor H. Ebert, publicado na *Revista Nordestina de Biologia*,[62] sobre os tipos de borboletas que viviam na Mata do Buraquinho. Nesse documento, consta uma relação de 291 espécimes de borboletas pertencentes a 14 famílias de lepidópteros. Vejam que maravilha! E ele sempre me afirmava: “Onde há borboletas, não há poluição”.

Segundo escreveu, essa mata é representativa de um ecossistema de Mata Atlântica costeira do Nordeste do Brasil, num solo regionalmente conhecido, o da parte alta, de tabuleiro, inserido na formação de barreiras. Esse ecossistema se subdivide em alto, encosta e vale, onde se destaca um solo pantanoso, marginando o rio Jaguaribe, logo depois da barra-

---

62 KESSELRING, Hans Jorge; EBERT, Heinz. Relação das borboletas encontradas na ‘Mata do Buraquinho”. *Rev. Nordestina de Biologia*, João Pessoa, v. 2, n. 1/2, pp.105-18, 1979.

gem onde se alarga, dando lugar a uma vegetação herbácea muito curiosa. Daí a variação dos microclimas dentro desse grande ecossistema. Nessa mata, além das plantas tipicamente nordestinas, ocorrem algumas espécies da Floresta Amazônica. Os lepidópteros e outros insetos encontrados nessa mata são, na sua grande maioria, espécies típicas do litoral nordestino.

A Mata do Buraquinho (Mata Atlântica) foi preservada pelo patrono da engenharia sanitária brasileira, Saturnino de Brito, em 1923, graças à necessidade de manter o nível do lençol de água de 11 poços de alvenaria tipo Amazonas que abasteciam João Pessoa desde 1911, construídos na margem esquerda do Vale do Jaguaribe pela *Parahyba Water Company*.

A título de curiosidade, Saturnino, em 1923, por ocasião da ampliação do sistema de abastecimento de água de João Pessoa, estimou que a produção total desses poços era de 33 L/s ou cerca de aproximadamente três mil metros cúbicos diários. Daria para abastecer na época uma população de aproximadamente 20 mil habitantes. Hoje João Pessoa tem uma população de aproximadamente 900 mil habitantes.

A Mata do Buraquinho é a maior floresta semiequatorial nativa plana densamente cercada por área urbana do mundo (a da Tijuca é reflorestamento não natural, e a paulistana fica nos limites ou bordas da urbe, além de ficar numa latitude pouco tropical). Suas coordenadas são 7° 9' S e 34° 52' W. Por meio do Decreto Federal n. 98.181, a Mata do Buraquinho com seus 515 hectares foi declarada em 1989 área de preservação permanente, ficando sob a responsabilidade do Instituto Brasileiro de Meio Ambiente e dos Recursos Naturais (Ibama). Entretanto, 305 hectares permanecem sob a jurisdição da Cagepa. A Mata do Buraquinho foi transformada no Jardim Botânico Benjamin Maranhão por meio do Decreto-lei n. 21.264, de 28 de agosto de 2000.

Kesselring recebeu a Comenda do Mérito Cultural José Maria dos Santos, Broche da Ordem Honorífica do Instituto Histórico e Geográfico Paraibano (IHGP) em 12 de outubro de 1994, e a Menção Honrosa da Sociedade de Entomologia da Paraíba (SEPB) "Memórias das Borboletas da Paraíba", pelos serviços prestados na área de entomologia.[63]

Figura 25.1 — Jorge Kesselring, homenageado no IHGP.
Fonte: Arquivo do retratado — 12/10/1994.

Pouco tempo antes de falecer, visitei-o em sua casa. Estava muito abatido e desiludido. O Ibama havia impetrado uma ação contra ele porque em uma das suas correspondências, que havia remetido pelos Correios para o exterior, foi encontrado

63 Em Campina Grande, em 29 de março de 2006, durante a segunda reunião anual dessa entidade.

um besouro que havia sido criado no seu quintal.[64] A multa era maior do que o valor de sua casa. Meu ex-professor na antiga Escola de Engenharia da Universidade da Paraíba (EEUP), o escritor e advogado Joacil de Brito Pereira, havia se oferecido gentilmente para defendê-lo gratuitamente. Morreu modestamente pouco tempo depois, com cerca de 90 anos de idade.

64 Na sua época, não havia leis relacionadas com a proteção do meio ambiente. Infelizmente, a maioria delas, em vigor atualmente, não é obedecida. Um exemplo é a devastação atual da Floresta Amazônica, que continua acontecendo sem nenhuma preocupação dos governos, tanto em nível federal, estadual e municipal, tudo à revelia dessas citadas leis.

26. ANTÔNIO GUEDES BARBOSA E SÉRGIO ROLIM: COINCIDÊNCIAS DO DESTINO

No início de janeiro de 1960, meu pai me presenteou com uma viagem ao Rio de Janeiro, para passar 45 dias na casa de minha tia, Waldina Mendonça Barbosa. Viajei pela primeira vez de avião pela saudosa Panair do Brasil um pouco antes de completar 16 anos. A empresa foi uma das companhias aéreas pioneiras do Brasil. O Voo Panair do Brasil 026 era uma linha aérea que ligava a América do Sul à Europa por meio da aeronave Douglas DC-7. A linha aérea tinha seus terminais em Buenos Aires e Londres, sendo realizadas escalas no Rio de Janeiro, Lisboa e Paris. Creio que meu voo foi realizado em uma aeronave Constellation, que era o avião da Panair que realizava as rotas nacionais.

O marido de minha tia era o jornalista Orris Fernandes Barbosa, autor do livro *Secca de 32 – impressões sobre a crise nordestina*, encarregado de documentar a viagem que foi efetuada por Getúlio Vargas em caravana para conhecer o Nordeste, já em campanha para a presidência, em companhia do major Juarez Távora e de José Américo na Paraíba, no início do segundo semestre de 1933.

Tive a oportunidade de jogar voleibol diariamente no Fluminense (meu tio Orris era sócio). Saía do apartamento de minha tia, apanhava um bonde (o bilhete custava Cr$ 3,00) e chegava até o bairro das Laranjeiras, onde se localizava aquele sodalício. Na época já era atleta de voleibol e fui convidado a jogar por esse famoso clube, conhecido como pó de arroz (em razão da cultura aristocrática do Fluminense, pessoas negras tinham dificuldades em serem contratadas pelo clube).

Tinha três tios morando no Rio de Janeiro e por isso tenho certeza de que o meu pai teria autorizado a mudar-me para lá. Estava encantado com a Cidade Maravilhosa, mas não tive coragem de pedir-lhe tal coisa. Fiquei com medo de me desviar dos estudos devido à facilidade de diversão na cidade, além de afastar-me da família. Posteriormente cheguei a ser titular da seleção paraibana de voleibol, passando pelas fases juvenil, adulta e universitária no período de sete anos, até minha formatura em 1967.

Outro fato marcante daquelas férias no Rio de Janeiro foi a minha participação em um baile de gala num dos salões muito bonitos do Fluminense, no bairro das Laranjeiras, que ainda se mantêm muito bem conservados. Esse baile marcou o encerramento do curso ginasial (hoje ensino fundamental) de Vânia Costa Carvalho, amiga de infância das primas Zélia e Marília Mendonça Barbosa. Ela era muito ligada a Marília. Por isso também fui convidado para essa comemoração. A orquestra era uma das mais famosas da época, a "coqueluche" do momento; Waldir Calmon, que acabara de lançar seu famoso long-play *Uma Noite no Arpège*.

Fui com um smoking emprestado de Antônio Guedes Barbosa, primo legítimo das minhas primas, e apenas dois meses mais velho que eu. Tinha corpo aproximado do meu, sendo mais gordo, de pescoço menor e mesma altura. O traje caiu muito bem em mim, à exceção do pescoço, pois o meu era mais comprido e fino. Na festa, seria o par de Vânia, recordou-me a prima Zélia. Noite que passaria em preocupação constante, ao dançar. Puxava o colarinho para trás, surgia grande folga. Tentei puxá-lo para a frente, a folga ressurgia maior. A despeito desse pequeno detalhe, a festa desenvolveu-se de forma sensacional, principalmente para um jovem de apenas

16 anos, que vinha tendo o prazer de desfrutar intensamente da capital do país, numa convivência por 45 dias com tios e primos maravilhosos.

Para quem não sabe, Antônio Guedes Barbosa nasceu em João Pessoa e já havia estreado com apenas 13 anos como solista da Orquestra Sinfônica Brasileira. Posteriormente seria um pianista famoso, de renome internacional.

Chegou a ser indicado por Claudio Arrau como um dos maiores pianistas do mundo de sua geração, na companhia de Martha Argerich, Daniel Barenboim, Krystian Zimerman e Garrick Ohlsson.

Passou a residir em Nova York desde 1970. Gravou uma importante discografia nos Estados Unidos, lançada ainda em vários países, com destaque para as obras de Chopin, embora também tenha gravado Villa-Lobos, Schubert, Liszt e Almeida Prado. A revista *American Record Guide*, especializada em música clássica, por meio de um conjunto de críticos no ano de 1992, classificou suas interpretações de Chopin entre as melhores do mundo.

O produtor de Vladimir Horowitz (pianista russo-americano e considerado um dos mais brilhantes pianistas de todos os tempos), Thomas Frost, foi quem produziu a segunda versão de Antônio Guedes Barbosa para as 51 Mazurcas de Chopin. Em carta ao crítico Allan Kozinn do *New York Times*, Thomas Frost qualificou-as como "consideravelmente mais poéticas que as do pianista, compositor e maestro russo Anton Grigorevich Rubinstein".

Estava em São Paulo quando sofreu um infarto fulminante, em 1993, falecendo inesperadamente com apenas 50 anos de idade.[65]

---

65 Agora é só visitar o link https://youtu.be/7Xzyw3mgoxQ para ter uma ideia da genialidade de Antônio Guedes Barbosa e escutar "Chopin - Sonata N. 3 Op. 58".

27. AS "MEMÓRIAS" DE RUBENS RICUPERO

Assistindo ao Jornal da Band sobre a comemoração de trinta anos do Plano Real, pude verificar como a imprensa pode distorcer os fatos com tanta facilidade. De acordo com a reportagem, a figura mais importante na criação do Real foi o ex-presidente Fernando Henrique Cardoso, o que não é verdade.

Em um dos capítulos de seu excelente livro *Memórias*, Ricupero conta como foi convidado pelo presidente Itamar Franco para o cargo de ministro da Fazenda: "[...] Gostaria que o senhor ficasse no lugar de Fernando Henrique, que terá que se afastar para concorrer às eleições. Lembra quando lhe telefonei em Washington, meses atrás, para convidá-lo a assumir o Ministério da Fazenda? [...]".[66] Embora Ricupero tenha recusado esse convite pelo menos cinco vezes, justificando ao presidente que não era economista, nem entendia de finanças, Itamar finalmente contestou dizendo enfaticamente: "[...] Não insista, não quero ninguém da equipe, desejo alguém que deva a escolha a mim, não ao Fernando Henrique [...]".[67]

Ainda no mesmo livro, Ricupero comenta: "[...] Se o Real desse certo, boa parte do mérito iria de qualquer modo ao chefe do governo (Itamar Franco) e a Fernando Henrique [...]. Se a moeda fosse por água abaixo, a culpa seria minha [...]".

---

66 RICUPERO, Rubens. *Memórias*. São Paulo: Editora Unesp, 2024.

67 Ibid.

No livro *A real história do Real*, a autora, jornalista e economista Maria Claro R. M. do Prado, descrevendo a comunicação do plano, cita:

> [...] a nova moeda foi tão rapidamente aceita pela população, chegando essa rapidez a surpreender a equipe econômica, que previa um processo de adesão mais lento só para outubro, mês do primeiro turno das eleições, uma queda mais acentuada da inflação. Tanto assim que se imaginava [...]. É incontestável, portanto, a contribuição que Ricupero deu, já em julho, à virada da candidatura de FHC [...]. Itamar o chamava de "O Apóstolo do Real", por passar um bom tempo a peregrinar pelo país, buscando adesões à causa da estabilidade [...].[68]

Logo que me aposentei da Opas/OMS, por ser funcionário de carreira, tive direito a associar-me à Associação dos Antigos Funcionários Internacionais do Brasil (AAFIB), com sede no Rio de Janeiro. Essa entidade, vez por outra, promovia palestras dos associados. E um dos conferencistas era Rubens Ricupero. Certa vez, esqueci-me de anotar na minha agenda a hora de sua penúltima apresentação sobre a Guerra da Ucrânia, perdendo essa excelente oportunidade. Perguntei ao colega Vanderlei de Marque, ex-funcionário da Unicef e amigo de Ricupero, se a palestra não havia sido publicada, e ela me foi enviada por e-mail quase de imediato.

O original que recebi estava escrito por Rubens em inglês, com cinco páginas. Ocorreu que no dia 28 de fevereiro de 2022 Ricupero havia escrito um artigo em *O Estado de S. Paulo*, também sobre o tema da Guerra da Ucrânia, além de ser entrevistado nesse mesmo período na Bandeirantes, no programa

---

68 PRADO, Maria Claro R. M. *A real história do real*, São Paulo: Record, 2005, 574 p.

das 20 horas do domingo, abordando o mesmo assunto. Por enorme coincidência, havia sido publicado dois dias antes (26 de fevereiro) no Ambiente de Leitura do Blog Carlos Romero, um texto de minha autoria que também se referia à Guerra da Ucrânia, intitulado "Joseph Stalin ou Vladimir Putin" (o mesmo que pode ser lido na p. 157 deste livro). No início desse artigo eu conto uma história sobre a filha de Stalin, Svetlana, que cresceu no Kremlin, ocorrida entre seus 7 a 11 anos (começo de 1930).

Resolvi agradecer por e-mail a Ricupero, aproveitando a oportunidade para enviar meu artigo, além de incluir cópia de sua palestra, já traduzida para o português.

Respondeu-me imediatamente com os seguintes dizeres: "muito obrigado pela mensagem, pelo envio do artigo e pela amável e generosa iniciativa de traduzir o texto que preparei sobre os antecedentes da atual crise. Apreciei imensamente seu artigo, que contém informações saborosas que eu desconhecia, como, por exemplo, as relativas à filha de Stalin. Também fiquei muito sensibilizado com sua tradução de meu breve texto. Sim, gostaria muito que o divulgasse".

Na sua última conversa com os membros da AAFIB, no segundo semestre de 2023, Ricupero falou sobre o livro de memórias que estava escrevendo e que deveria ser lançado no final desse ano. Adiantou-nos dois capítulos. Um deles foi sobre o fato de haver jantado, ele e sua esposa, com Frank Sinatra.

Ricupero estava como embaixador em Washington há pouco mais de um ano. Sucedeu a Marcílio Marques Moreira, que por sua vez substituiu a Zélia Cardoso de Mello no Ministério da Fazenda. No período em que ele estava sendo pressionado para assumir o Ministério da Fazenda, a pressão foi tão forte que ele, como católico praticante, foi até uma igreja próxima da sede da embaixada e posteriormente à catedral de São Mateus, para rogar a Deus que lhe desse forças para dizer não a esses insistentes pedidos. Sentia-se perplexo e desorientado, como escreveu no seu livro de memórias.

Em um desses dias ele ainda tinha que oferecer na sua residência um almoço aos embaixadores latino-americanos. E, para completar, havia chegado para se hospedar no apartamento de Ricupero, Ruth Escobar, trazendo a tiracolo Shirley MacLaine. Ruth Escobar havia sido sua companheira de adolescência, do grupo dos "adoradores de Minerva". Esse pequeno bando de aspirantes a intelectuais que não arredavam pé da Biblioteca Municipal Mário de Andrade, em São Paulo, local onde se reuniam com certa frequência na sua juventude para bater papo em torno da estátua da deusa da sabedoria no hall de entrada. Ruth aproximou-se de Shirley MacLaine devido ao interesse das duas por fenômenos de parapsicologia. Shirley deveria passar uma semana em Washington para um show com Frank Sinatra. E não queria se hospedar em hotel para evitar o assédio dos fãs e da imprensa. Segundo Ricupero, elas poderiam se hospedar, com o conforto um tanto rústico, no último andar de seu apartamento.

O *Washington Post* maldosamente noticiava que Sinatra, com 76 anos, era quase mais velho que o Warner Theatre, local onde deveria cantar. Além disso, o periódico ironizava que ele não se havia beneficiado da recente restauração do teatro, no valor de 7 milhões de dólares. Terminado o show, Frank Sinatra convidou Ricupero e sua esposa Marisa, com Ruth e Shirley, para jantarem no mais luxuoso restaurante chinês da cidade. Sinatra estava sentado em um sofá, rodeado da camarilha que o acompanhava por toda parte. Eram tipos durões de Nova York, ítalo-americanos com ar de mafiosos de sucesso. Todos bebiam bourbon, gim, uísque, só bebidas fortes com álcool para valer. A maior preocupação de Sinatra no começo do jantar era descobrir algum bar que ficasse aberto a noite toda. Washington, nessa época, tinha fama de cidade provinciana e praticamente todos os restaurantes fechavam em torno da meia-noite. Posteriormente, Shirley contou ao casal que a semana do show havia sido complicada. Sinatra passava a noite em bares, acordava tarde, não se preocupava em ensaiar e frequentemente esquecia a letra das músicas. Era o prenúncio do crepúsculo do ídolo, que morreria menos de seis anos depois, em 1998.

O penúltimo livro de Ricupero foi publicado em 2017.[69] Ele tinha muita vontade de escrever esse livro, porém conta em *Memórias* que o desânimo foi grande, devido à enorme tarefa que teria de cobrir, de 1750 a 2016, mais de 250 anos de história. Seria um livro que serviria de compêndio aos estudantes e que teria como enfoque a história das relações internacionais do Brasil, como parte integral da evolução do povo brasileiro. Seria um livro de história com uma perspectiva diferente, a das relações de influência recíproca entre o Brasil e o mundo. Sua ideia era que o Brasil se destinava a ser uma grande potência sem poder. Sem bombas atômicas, armas de destruição em massa etc.; não por incapacidade tecnológica, mas por escolha. Justificava que nosso país vive em paz com nossos dez vizinhos há quase 150 anos. Em minha modesta opinião, esse é um livro que todos devem possuir. O objetivo desse livro foi além: fazer-nos ver como a diplomacia brasileira contribuiu para a formação da identidade e do caráter do país, ajudando a dar forma a seus valores e instituições.

Em *Memórias*, com pouco mais de 700 páginas, nos mostra toda sua vida e seu trabalho digno e honrado em prol da humanidade, com todos os percalços que a vida pode oferecer a uma pessoa.

Oriundo de família italiana, precisamente de Nápoles, conta em detalhes a história de seus antepassados, os italianos que

---

69 RICUPERO, Rubens. *A diplomacia na construção do Brasil: 1750-2016*. Versal, 2017.

imigraram para o Brasil. Conseguiu muita informação sobre seus parentes graças às histórias que sua mãe Assumpta Jovine contava, além dos cadernos de notas deixados por ela. Em 1995, após exatos 100 anos da chegada de seus antepassados ao Brasil, ele se tornava embaixador do Brasil na Itália, de onde seus avós haviam partido como gente indesejada, imigrantes de terceira classe. Morou na infância e juventude no bairro do Brás, em São Paulo. Nesse período, ouviu na sua casa o relato das últimas batalhas da Segunda Guerra Mundial, da ocupação de Berlim, do suicídio de Hitler e da execução de Mussolini. Com 9 anos, já alfabetizado, acompanhou a descrição do julgamento dos criminosos de guerra nazistas em Nuremberg. A partir dessa idade leu todo tipo de histórias em quadrinhos, livros presenteados por seu pai, *Os melhores contos russos*, (franceses, ingleses etc.), além de todos os livros de Monteiro Lobato. Ficou tão fã do autor de *Reinações de Narizinho* que foi sozinho ao velório de Monteiro Lobato na Biblioteca Mário de Andrade, que costumava frequentar, e de lá seguiu a pé o cortejo até o cemitério da Consolação, quando tinha apenas 11 anos de idade. Testemunha no seu livro que é muito grato aos irmãos maristas (segundo ele, a despeito de muitas experiências ruins de outras pessoas com escolas de padres e freiras) pela educação que teve durante parte do primário e todo o ginásio, e acima de tudo pela extraordinária bênção de haver recebido uma educação religiosa.

Na era das incertezas resolveu entrar em um cursinho a fim de se preparar para o vestibular de Engenharia. Logo sentiu que sua seara era outra. Enquanto os colegas insistiam em discutir o último problema de matemática ou física, ele só queria discutir política. Foi sua primeira de muitas derrotas. Começou a se desesperar na busca de um emprego e em 1954 resolveu prestar vestibular de última hora na Faculdade de Direito do Largo de São Francisco, sendo aprovado posteriormente. Em segunda chamada fez também o vestibular do curso noturno de Letras

Neolatinas. Em 1956 iniciou o estudo de Ciências Contábeis e Atuariais na USP, com a ideia de conseguir um trabalho. Também deu início ao curso de Ciências Econômicas, na antiga Faculdade de Economia e Administração da USP. Na prática, só concluiu um, o de Direito. Ficou decepcionado com a universidade. Sua expectativa era bem maior. Inscreveu-se em 1958, enquanto cursava a Faculdade de Direito, para exame no Instituto Rio Branco, por influência de seu dileto amigo Arrhenius Fábio Machado de Freitas, profundo conhecedor de latim, já aprovado anteriormente nesse exame. Arrhenius enviou para ele os programas completos, a bibliografia para a preparação e cópias mimeografadas das provas. Os exames eram muito difíceis. A título de exemplo, a prova de francês escrito era verter para o francês o famoso trecho de Euclides da Cunha: "O sertanejo é antes de tudo um forte...". Passou, mas a maioria foi reprovada, o que fez com que a direção modificasse o critério de correção para uma maneira mais branda.

Rubens Ricupero nasceu em São Paulo em 1937, bacharelou-se em Direito pela Universidade de São Paulo, ingressou no Instituto Rio Branco em 1958 e iniciou a carreira diplomática em 1961. Embaixador do Brasil junto à ONU (Genebra, Suíça), nos Estados Unidos e na Itália, foi secretário-geral da Conferência das Nações Unidas para o Comércio e o Desenvolvimento (UNCTAD), em Genebra, de 1995 a 2004. Exerceu também funções de governo, tendo sido o primeiro ministro do Meio Ambiente e da Amazônia Legal, ministro da Fazenda durante a implantação do Real, subchefe da Casa Civil e assessor especial do presidente José Sarney. Durante a campanha e após a eleição indireta de Tancredo Neves para a presidência da República, em 1985, atuou como seu assessor para temas de política exterior, experiência que registrou no livro *Diário de bordo: a viagem presidencial de Tancredo* (2010). Foi ainda diretor da Faculdade de Economia e Relações Internacionais da Fundação Armando

Alvares Penteado (FAAP), professor do Instituto Rio Branco e da Universidade de Brasília. E colaborador dos mais influentes órgãos de imprensa do país e de publicações especializadas nacionais e estrangeiras. É autor de nove livros sobre história diplomática, política, comércio e economia internacional. Com destaque para *Rio Branco: o Brasil no mundo 2000* e *O Brasil e o dilema da globalização* (2001).

Quem estiver interessado na história de vida e nos feitos desse grande brasileiro terá que ler suas *Memórias* na íntegra.

28. E OS LIVROS? ATÉ QUANDO RESISTIRÃO?

Tive a oportunidade de trabalhar e viver cinco anos na Colômbia, quase dois no México e aproximadamente quatro anos no Peru. Isso aumentou a chance que tive de poder ler no original muitas obras de famosos escritores, a exemplo de vários livros do Gabriel García Márquez (Gabo), o excelente *El laberinto de la soledad*, de Octavio Paz, mostrando as idiossincrasias do povo mexicano e muito mais livros do laureado Mario Vargas Llosa, do qual sou fã incondicional.

Durante minhas viagens a Buenos Aires fazia sempre questão de visitar uma ou duas livrarias. Sabemos que a cidade portenha e o país são famosos pela sua cultura. Sempre pedia a um dos funcionários para que me orientasse na compra de livros. Em uma dessas ocasiões, um deles me indicou o livro *La casa de las bellas durmientes*, escrito pelo Nobel de Literatura, o japonês Yasunari Kawabata. Livro excelente, uma obra mestra esotérica e uma das mais valiosas criações da literatura japonesa. Qual não foi minha surpresa quando comprei o novo livro do Gabo, publicado muitos anos depois, intitulado *Memoria de mis putas tristes*, cuja história foi inspirada no livro de Kawabata. Para meu gosto, o roteiro desse romance estava demasiadamente similar ao do livro do japonês ganhador do Nobel.

O motivo principal de preferir Vargas Llosa é porque ele transforma temas históricos em romances. Antes de escrevê-los, viaja ao local — passou seis meses no sertão da Bahia, antes de escrever o romance *La Guerra del fin del mundo* (sobre Antônio Conselheiro e *Os sertões* de Euclides da Cunha — sendo surpreendido, na hora da despedida, com um forte abraço e um beijo na boca da dona da pensão onde se hospedara nesse período), além de possuir uma maneira peculiar de escrever, a qual me agrada muito. Outros muito bons são: *La fiesta del chivo* (mostrando o horror durante os trinta anos da ditadura Trujillo na República Dominicana — Juscelino Kubitschek participou das comemorações dos 25 anos do governo ditatorial de Trujillo em Santo Domingo) e *La tentación de lo imposible* (sobre o livro de Victor Hugo, *Os miseráveis* — passou um ano na França estudando essa obra e ao final comentou que foi o melhor livro que havia lido durante sua vida), os quais servem como exemplos.

Vargas Llosa, logo após o anúncio do Prêmio Nobel de Literatura em 2010, começou a escrever seu discurso intitulado "Elogio da leitura" e que seria lido durante a solenidade de entrega desse importantíssimo laurel. Em alguns trechos de sua fala cita:

> [...] A literatura cria uma fraternidade dentro da diversidade humana e eclipsa as fronteiras erguidas entre homens e mulheres pela ignorância, pelas ideologias, pelas religiões, pelos idiomas e pela estupidez [...].
>
> [...] A literatura é uma representação falsa da vida que, não obstante, nos ajuda a entendê-la melhor, a nos orientarmos pelo labirinto onde nascemos, transcorremos e morremos. Ela compensa os reveses e frustações que a vida de verdade nos inflige e graças a ela deciframos, ao menos parcialmente, o hieróglifo que costuma ser a existência para a grande maioria dos seres humanos, principalmente para aqueles de nós que alimentamos mais dúvidas do que certezas e que confessamos nossa perplexidade diante de questões como a transcendência, o destino individual e coletivo, a alma, o sentido ou a insensatez da História, as idas e vindas do conhecimento racional [...].

> [...] A literatura introduz em nossos espíritos o inconformismo e a rebeldia, que estão por trás de todas as façanhas que contribuíram para diminuir a violência nas relações humanas [...].[70]

Recentemente foi publicado pela Companhia das Letras mais um livro do escritor argentino de origem judaica naturalizado canadense Alberto Manguel, *Encaixotando minha biblioteca*. Realmente é um pequeno grande livro que conta as digressões de Manguel sobre sua espetacular biblioteca. Viveu na Inglaterra, Espanha, Itália, Canadá, França, além de cinco anos no Taiti, muitas vezes como editor, aumentando cada vez mais sua biblioteca. Montou sua grande coleção de livros em uma casa medieval na França, justamente em uma das mais belas regiões do país, o vale do Loire, onde estão situados os castelos mais antigos e lindos do país. Nessa ocasião, sua biblioteca privada já contava com 35 mil livros, destacando-se raridades como uma Bíblia escrita à mão em um pergaminho, originária de um escritório alemão no século XIII e o primeiro manual de tipografia e ortografia, publicado em Veneza durante o século XVI. Infelizmente, devido a aborrecimentos por causa da burocracia do governo francês, exigindo recibo de cada um de seus livros, resolveu transferir sua famosa biblioteca para outro país. Há alguns anos recebeu convite para ocupar o cargo de diretor da Biblioteca Nacional de Buenos Aires, cargo que já foi ocupado pelo poeta e pensador Jorge Luís Borges. Posteriormente recebeu um convite do governo de Portugal para instalar definitivamente sua valiosa biblioteca no Palácio dos Marqueses de Pombal, na rua das Janelas Verdes, em Lisboa, onde os 35 mil volumes seriam o destaque do Centro de Estudos da História da Leitura.

---

70 LLOSA, Vargas. *Elogio da loucura*. Simonsen, 2015, p.21.

No citado livro, Manguel destaca alguns escritos de Francesco Petrarca, poeta e humanista italiano nascido em Arezzo em 1304:

> [...] Sou perseguido por uma paixão inesgotável que até o momento não consegui ou não quis saciar. Sinto que nunca tenho um número suficiente de livros [...].[71]
>
> [...] Os livros nos deliciam profundamente, correm por nossas veias, aconselham-nos e se conjugam a nós numa espécie de familiaridade ativa e aguda; e determinado livro não se insinua por si só em nosso espírito, mas abre caminho para muitos mais, provocando assim o desejo de ter outros [...].[72]
>
> [...] A descoberta da arte da leitura é íntima, obscura, secreta, quase impossível de descrever. Ela é adquirida por cada pessoa a sós, como uma espécie de epifania, ou talvez por contágio, em confronto com outros leitores. A felicidade proporcionada pela leitura, como qualquer felicidade, não pode ser forçada [...].[73]

Durante minha infância e juventude meus pais sempre me dificultaram receber a tradicional mesada entregue por muitos familiares a seus filhos. Havia apenas uma exceção. Poderia comprar praticamente qualquer quantidade de publicações que quisesse, contanto que fossem lidas. Daí a origem de meu amor pelos livros. Com o passar do tempo, o contínuo estoque desses exemplares vai aumentando e não irei mais possuir espaço para acumulá-los. Na minha vida fiz doação a várias bibliotecas e

---

71 MANGUEL, Alberto. *Encaixotando minha biblioteca*. Companhia das Letras. 2021, p.27.

72 Ibid.

73 Ibid, p.165.

me desfiz de muitos livros, tanto técnicos como romances ou de história, embora me arrependa terrivelmente de haver me desfeito de vários deles.

Não posso imaginar essa tecnologia digital (e-book) que muitas pessoas estão a valorizar, desprezando os livros impressos. Acredito que, muitas delas, fazem essas declarações para aparentar que são pessoas modernas e atualizadas. No meu caso particular, possuo muitos livros importantes na minha área profissional que foram digitalizados por encomenda minha, com a precípua finalidade de poder consultá-los em outras cidades ou países durante trabalhos de consultoria. Seria impossível transportá-los durante um trabalho externo. Uma das maiores desvantagens do e-book é que novas tecnologias vão surgindo e as anteriores vão se tornando obsoletas, cada dia com maior rapidez. E o que faremos para lê-los, quando nosso software atual estiver desatualizado e não mais existir? Por outro lado, um livro em bom estado pode durar 500 anos ou bem mais, como prova a História.

A grande verdade é que os livros digitalizados poderão se perder rapidamente pela mudança contínua das tecnologias. Por isso, acredito, nunca poderão nos tirar o prazer de ler um livro de verdade.

29. O LIVRO DE KELLS

Dublin, a capital da República da Irlanda, foi sempre um lugar que tive muita vontade de visitar. Sempre gostei de fazer turismo por minha própria conta, isto é, organizando meu roteiro particular e visitando só o que me interessa. O idioma inglês sempre me ajudou, graças ao incentivo de meu pai. A partir dos 10 anos, ensinou-me as primeiras letras do idioma de Shakespeare, pelo qual me entusiasmei, estudando desde essa idade nas Cultura Inglesa (dirigida por Alan Douglas Bennett) e Francesa (dirigida por Pierre Gallice). Aos 16 anos, já era professor de inglês da Cultura Inglesa, e esse fato muito facilitou minha aprendizagem na vida profissional. Porém, sempre que pensava em viajar à Irlanda, havia o problema da passagem aérea. Muito cara. Um dia, recebi uma notícia da companhia alemã Lufthansa oferecendo um desconto de 40% no bilhete aéreo. Foi então que tive a oportunidade de conhecer esse interessante país. Ficamos hospedados, minha mulher e eu, no The Clarence Hotel, localizado às margens do rio Liffey, de propriedade dos dois principais vocalistas do grupo musical U2, Bono Vox e The Edge.

A Irlanda fica próxima da costa da Inglaterra e do País de Gales, ocupando a maioria da ilha. Em 2010, a Organização das Nações Unidas para a Educação, Ciência e Cultura (Unesco) concedeu a Dublin o título de Cidade Patrimônio Mundial de Literatura. Só existem seis cidades no mundo com esse título. Suas escolas primárias são consideradas as melhores do planeta e o país sempre foi administrado com uma forte influência católica. Atualmente é o país com a maior oferta do ensino da língua inglesa. A Inglaterra já ocupa o segundo lugar.

Há muito o que visitar nesse país. O Dublin Writers Museum (o museu de escritores de Dublin) é um bom exemplo; nele estão representadas as principais celebridades literárias do país, por meio de livros, fotos, cartas e objetos pessoais, como, por exemplo, a máquina de datilografia de James Joyce (*Ulisses*) e o telefone de Samuel Beckett (*Dias felizes*). Os dois livros de Joyce que tive oportunidade de ler foram: *Os mortos*, do qual gostei muito, e *Finnegans Wake*, que não consegui entender quase nada. Outros autores famosos que fazem parte desse museu são: Bram Stoker, criador de *Drácula*; Oscar Wilde (*O retrato de Dorian Gray*); Jonathan Swift (*As viagens de Gulliver*); Sean O'Casey (*Pinturas em um vestíbulo*); George Bernard Shaw (*Pigmalião*); Brendan Behan (*Confessions Of An Irish Rebel*, Confissões de um irlandês rebelde, em tradução livre) e muitos outros.

A cervejaria Guinness, com sua excelente cerveja preta, forte e adocicada, chamada em inglês *stout*, é também outra grande atração que merece ser visitada.

O Trinity College Dublin é a maior universidade da Irlanda, fundada em 1592 pela rainha Isabel I da Inglaterra, no local onde se situava um antigo mosteiro agostiniano. Sua biblioteca é uma das maiores na área de pesquisa do mundo, possuindo a maior coleção de manuscritos e livros impressos da Irlanda. Desde 1801, tem o direito de reivindicar uma cópia gratuita de todas as publicações britânicas e irlandesas sob os atos de direitos autorais relevantes e tem um estoque de quase 3 milhões de volumes alojados em um total de oito edifícios. Possui uma arquitetura espetacular e foi eleita, em votação on-line no ano de 2015, como a mais bonita do mundo pelo site da Architecture and Design.

Sua maior atração é o *Livro de Kells*, escrito por São Columbkil, em 475, manuscrito cristão que contém os quatro Evangelhos (Mateus, Marcos, Lucas e João) do Novo Testamento e é considerado por especialistas como um dos mais importantes vestígios da arte religiosa medieval. O manuscrito possui hoje 340 folhas — algumas se perderam, outras foram recuperadas. É o livro mais antigo do mundo, avaliado em pelo menos 12 mil libras esterlinas em 1874. Para título de comparação, no ano anterior, uma Bíblia de Gutenberg em velino (papel pergaminâceo, muito liso e fino, fabricado com couro de carneiro ou bezerro) tinha sido vendida, num leilão da biblioteca da família Perkins, em Hanworth Park, perto de Londres, por 3,4 mil libras, o maior preço pago até então por qualquer livro. O *Livro de Kells* é o símbolo icônico da cultura irlandesa e está incluído no Registro da História do Mundo, da Unesco.

Existem algumas hipóteses, uma delas é que esse livro foi roubado por volta de 1007, por ladrões que estavam apenas interessados no ouro que o ornamentava. Supõe-se que o grande Evangelho de Colum Cille foi sacrilegamente roubado à noite da sacristia oeste da Igreja de Cennanas. Era o objeto mais precioso do mundo, devido à sua capa com formas humanas. Foi recuperado despojado de todo seu ouro. "Colum Cille" significa Columba da Igreja ou São Columba. "Cennanas" é o antigo nome da cidade de Kells, ou Kenlis, no condado de Meath, cerca de 65 quilômetros a noroeste de Dublin.

Houve um período em que desapareceu da biblioteca do Trinity College, por volta da metade do século XIX, porém foi descoberto que o bibliotecário J. A. Mallet o havia levado pessoalmente ao Museu Britânico, em Londres, para se aconselhar quanto a uma encadernação.

O livro *Manuscritos Notáveis*, escrito pelo paleógrafo Christopher de Hamel, cita:

> [...] A cabeça de Maria é grande demais para seu corpo, ela tem imensos olhos arregalados delineados em vermelho, um nariz comprido que parece escorrer para baixo e uma boca muito pequena. Seus seios caídos são visíveis,

> através da túnica púrpura, e suas pequenas pernas estão viradas para os lados como um desenho de uma criança. O bebê, visto de perfil, é grotesco e detestável, com cabelos revoltos avermelhados, que mais parecem algas, nariz e queixo protuberantes voltados para cima, e uma tormentadora linha vermelha do nariz até a orelha, talvez um prenúncio da barba do Cristo adulto. A criança tem dois pés esquerdos [...].[74]

Desde o início do século XII, o *Livro de Kells* já era visto na igreja em Kells, onde as pessoas assinavam seus nomes no livro dos visitantes. Esse manuscrito foi inspecionado em Kells por James Ussher (1581-1656), grande colecionador de manuscritos, proeminente estudioso da Bíblia e depois arcebispo de Armagh e primaz de toda a Irlanda. Ficou conhecido por haver calculado que o mundo moderno teria sido criado na noite de sábado para domingo, de 22 a 23 de outubro do ano 4004 a.C.

Foi continuamente visto por inúmeras autoridades, entre elas, a rainha Vitória e o príncipe Albert; Eduardo VII e a rainha Alexandra; o arcebispo da Cantuária Archibald Tait, o imperador do Brasil D. Pedro II e o presidente dos Estados Unidos de 1869 a 1877, Ulysses S. Grant.

Em 1914, foi publicado um livro ilustrado com o mesmo nome *Livro de Kells*, contendo 24 gravuras em cores, por Sir Edward Sullivan (1852-1928). Uma cópia pertenceu a James Joyce no início da década de 1920, que o descreveu assim em seu último livro, *Finnegans Wake*:

> [...] Em todos os lugares nos quais estive, Roma, Zurique, Trieste, eu o levava comigo, e ficava apreciando a arte

74 HAMEL, Christopher de. *Manuscritos notáveis*. São Paulo: Companhia das Letras, 2017, p. 127

> de seu acabamento durante horas. É a coisa mais puramente irlandesa que temos, e algumas das grandes letras iniciais que se balançam atravessando uma página, tem a qualidade essencial de um capítulo de Ulisses. Realmente, pode-se comparar grande parte de minha obra a essas intricadas iluminuras [...].

Para quem tiver oportunidade de visitar Dublin, não poderá deixar de visitar *O Livro de Kells* e, obviamente, a espetacular biblioteca do Trinity College, que abriga atualmente mais de 200 mil livros antigos.

30. PRAIA DO POÇO – O PARAÍSO PERDIDO

Um artigo recente da escritora Ana Adelaide Peixoto, publicado no jornal *A União* de dezembro de 2024, me fez lembrar a saudosa Praia do Poço. Embora mais moça que eu, também participou de vários eventos ocorridos nesse balneário durante a mesma época.

> A Praia do Poço, no litoral Norte da Paraíba, contempla uma ampla enseada de mar calmo, guarnecida por uma generosa barreira de corais, situada geograficamente entre Ponta de Campina e a Ponta de Camboinha, no município de Cabedelo.[75]

Por volta do início da década de 1920, Coriolano de Medeiros construiu uma casa na Praia do Poço em terreno cedido por Raul Carvalho, proprietário da grande maioria dos terrenos dessa praia.

Não tenho certeza da data em que meus avós começaram a veranear na Praia do Poço. Acredito que desde a construção da casa de Coriolano. Porém, em 1937, meu avô Romualdo de Medeiros Rolim já possuía uma residência de veraneio ao lado da casa de Coriolano, como pode ser visto na foto seguinte.

75 ALMEIDA FILHO, José Juvêncio. *Desde os tempos de Almagre — História da Centenária Capela de Nossa Senhora de Nazaré (Praia do Poço, Cabedelo, PB)*, s.d. Amigo e companheiro dos verões na Praia do Poço.

Figura 30.1 — Casa de Romualdo Rolim na Praia do Poço, Cabedelo.

Segunda casa, à direita, pertenceu a Coriolano de Medeiros. Construída no início da década de 1920.

Na época em que meus avós veraneavam não havia energia elétrica e, muito menos, sistema de abastecimento de água. A ida era por meio de trem, e a caminhada para chegar na praia, muita longa. Além de tudo que necessitavam transportar, o mais pesado eram os galões de água para bebida. Em cada casa era perfurado um poço com pouca profundidade no lençol freático, utilizando-se uma bomba manual.

Segundo meu tio Moacyr Rolim, o velho pescador Romualdo era o veranista mais evoluído daquela época. Possuía um lampião movido a querosene, marca Petromax, de 300 watts e que era aceso costumeiramente a partir das seis horas da tarde. Projetava uma luminosidade muito clara que dava para iluminar toda a casa. Era colocado em um ponto estratégico do terraço para iluminar a maior área possível.

Contava-me, também, que no começo dos veraneios (novembro a fevereiro) se reuniam, em uma só casa, três famílias. A família de meu avô Romualdo, minha avó Dedé (Edwirges Tavares Rolim), minha mãe Zuleida e meu tio Moacyr. A segunda era composta por meu bisavô Coriolano de Medeiros, minha bisavó Vó Neném (Eulina de Medeiros Rolim), Blandina Ferreira dos Santos e Bá, ambas afilhadas e crias de casa, como eram chamadas na época. Ainda estavam incluídos um sobrinho de Coriolano, exímio desenhista de modas de nome Alexandre (cheguei a manusear um álbum de sua autoria, com belos modelos femininos daquele tempo), um cozinheiro e o motorista Chapéu de Goma. E por último, a mãe de Coriolano, dona Joaninha (Joana Maria da Conceição), uma senhora paralítica que pesava mais de 120 kg, e duas cuidadoras, Inocência e Sinhazinha. Além disso, vinham almoçar quase diariamente afilhados, primos e outros parentes. A casa se transformava num verdadeiro abrigo de desamparados, segundo meu tio Moacyr.

A partir de 1920, foram construídos vários currais para aprisionamento de peixes na Praia do Poço. Esses currais eram construídos de mourões muito grossos e longos fincados na areia. Entretanto, nenhum deles ficava à beira-mar. Não sei a razão, mas na época em que comecei a pescar, havia várias linhas de tocos nessas estacas, já bastante danificadas, com incrustações marinhas ao redor de sua superfície, indo todas da beira-mar em direção ao mar. Mesmo com a maré cheia, era possível visualizar os tocos que restavam desses mourões. Vários deles, já apodrecidos, se rompiam com o vaivém das ondas, alojando-se no fundo da água. Com o passar do tempo, os sargaços e o resto de vegetação marinha se misturavam a esses tocos, formando o habitat ideal para vivenda de lagosta e moreias.

Iniciei a minha vida de pescador mergulhando ao lado desses tocos, a profundidade muito baixa, desde a beira-mar (a última estaca deteriorada marcava posição que não ultrapassava a profundidade de dois metros e meio). Encontravam-se ali, com facilidade, muitas lagostas. Vez por outra, enquanto enfiava meu tridente de Netuno entre as algas e os restos de madeira, via surgir com alguma frequência moreias, a maioria de cor verde, que me metiam muito medo. Quando tinha 14 anos já participava de um grupo adulto de pesca submarina para mergulhar nesse magnífico litoral à procura de lagostas. Tive o privilégio de me deliciar durante inúmeras vezes com um dos pratos mais caros e sofisticados atualmente, Lagosta à Thermidor, comendo com muita frequência a deliciosa *Panulirus argus*, pescada por mim. Muitas vezes, durante o dia, pesquei agulhas com meu avô, praticamente na beira-mar. Utilizava rede de arrasto especial, que possuía malha adequada ao diâmetro desse tipo de peixe. A cada laçada finda, dispensava-se o arrasto até a areia. Os peixes eram recolhidos ali mesmo, dentro d'água. Eram muitas agulhas que enchiam nosso samburá. Se contarmos a qualquer pessoa que pesquei inúmeras vezes lagostas e agulhas à beira-mar, ninguém acreditará.

Muitas lembranças me vêm à mente dos nomes de alguns habitantes, a maioria pescadores, como seu Calú (Carolino Cardoso, filho de Vitorino Cardoso, hoje nome da principal avenida da Praia do Poço), Lalu (Laura Cardoso Duarte, filha de seu Calú), os pescadores Antônio Zereiro, Zé do Bote, Calango, além dos bares de Dona Nêga e de Lucena, do Badionaldo, dos assustados, bem como a Igreja do Poço (Capela de Nossa Senhora das Neves), onde assistíamos à missa nos domingos de veraneio, e comemorávamos as festas de Natal e Ano-Novo no pavilhão próximo à capela.

O tempo foi passando e os veranistas da casa de meus avós foram sendo substituídos pela família de minha mãe e de meu tio. Posso confirmar com segurança que tomo banho de mar na Praia do Poço desde que fui concebido, ainda no ventre de minha mãe. Nunca perdemos um veraneio. Os veranistas eram, nesse tempo, uma verdadeira grande família.

O Badionaldo foi fundado em 1958. Lá tomei minha primeira cerveja. Em 1962, meu pai construiu uma casa distando apenas quatro imóveis da residência de meu avô. Embora bem construída, não tinha forro. Graças a esse detalhe, nunca me esqueci do som do farfalhar das folhas dos coqueiros e do ruído da brisa do mar, que escutava enquanto deitava para dormir. Que maravilha!

Ao lado do Badionaldo foi construída, em 1962, uma primeira quadra de voleibol. Nesse mesmo ano, ficou programada para cada mês de janeiro a realização de um campeonato de voleibol misto. O responsável pela organização era o saudoso Eudoro Chaves. Cada time era composto de três mulheres e três homens. Meu time, "Siri", era composto por mais dois primos, uma futura cunhada e duas amigas. Fomos campeões, duas vezes. Esse campeonato tornou-se um sucesso. Até jogadores da seleção de voleibol de Pernambuco participavam desse conclave.

Um pouco antes de minha formatura, em 1967, comprei um apartamento em João Pessoa com a ajuda de meu pai. A ideia era que depois de conseguir um emprego já teria um lugar para morar após meu casamento. Infelizmente a obra atrasou e, então, resolvi alugar uma das casas de meu avô na Praia do Poço, enquanto esperava o bendito apartamento e ao mesmo tempo fazia algumas economias, para construir num futuro próximo uma casa para morar definitivamente. No período entre 1968 a 1973 moramos nesse domicílio.

Essa morada é justamente a que está na foto e que pertenceu a Coriolano de Medeiros, herdada por meu avô. Era uma casinha muito simples. O piso de cimento muito áspero — tive que levar meu filho a engatinhar na casa de minha mãe. Lá, seria impossível fazê-lo. As portas da frente e de trás bastava empurrá-las que se abriam — segurança, zero. Em cima de nossa cama tinha um plástico amarrado, porque quando chovia pingava muita água e caíam pedaços de folhas que passavam pelas telhas. Após uns dois anos de moradia, contratamos uma empregada. Logo que chegou, mostramos o quarto onde teria que se alojar. Após sua instalação, na primeira noite em nossa casa, exatamente às 23h30, ouvimos uns gritos. Era ela. Parte do telhado de seu quarto havia desmoronado. A sorte é que não foi atingida. No dia seguinte, é obvio, pediu demissão do novo emprego. Por outro lado, nunca fomos assaltados. Não havia ladrões. Todos os veranistas se conheciam.

No começo de 1973, construímos uma casa em um terreno vizinho, e continuamos a morar à beira-mar até o ano de 1982.

Nada melhor para nos dar uma ideia desse paraíso do que a singela poesia de meu amigo e primo carioca Cid Martinho Mendonça Barbosa,[76] intitulada "Praia do Poço" — enviada do Rio de Janeiro em 4 de agosto de 2007 —, local em que teve a oportunidade de desfrutar muitas vezes de alguns momentos maravilhosos, durante os vários períodos em que passou suas férias em João Pessoa.

Praia do Poço

Recordações quando eu era moço
E que deixei
Os meus sentimentos paraibanos
Que fizeram as minhas alegrias
Todos os dias
Da minha juventude

76 Filho de Orris Fernandes Barbosa, autor do livro *Secca de 32 – Impressões sobre a crise nordestina*, Rio de Janeiro, Adersen Editores, 1935. O livro relata a visita ao Nordeste do candidato Getúlio Vargas, em agosto de 1933, em campanha para a presidência da República, acompanhado pelo ministro José Américo de Almeida e pelo major Juarez Távora, para inaugurar obras contra as secas que haviam sido construídas nos seus três anos de governo provisório.

Praia do Poço
De tanta quietude
O silêncio do anoitecer
O barulho do mar
E uma canção trazida pelo vento
Faz dançar as folhas dos coqueirais

Como me sinto hoje
Tão distante da Praia do Poço...
Apenas trago no meu coração
Os encontros com os amigos
Mas faz tanto tempo...

E só quero que permaneça dentro de mim
Praia do Poço, tantas lembranças
Certamente seja isto que motive
A sentir poeticamente fatos em geral
Da minha vida
Pois, você, Praia do Poço
Será para sempre
Uma referência para toda minha vida

Infelizmente, em consequência da construção do Hotel Tambaú, em 1970, avançando para o mar sem nenhum estudo de correntes marítimas, o mar foi invadindo a zona norte de João Pessoa a partir do início deste século, afetando principalmente a orla do Poço, onde o mar, avançou consideravelmente. Isso obrigou muitos moradores a arcar com seus próprios custos para deter a fúria do mar, construindo onerosos gabiões.

Passamos treze anos vivendo à beira-mar nesse paraíso tropical, desfrutando de uma praia quase virgem, distando apenas 12 km da nossa capital. Foi uma época inesquecível, creio, a melhor de nossas vidas. Entretanto, o acelerado desenvolvimento diminuiu, e muito, esse espetacular esplendor e tranquilidade, onde estávamos permanentemente em contato com a natureza, onde podíamos colher guajirus e cajus à vontade. Hoje em dia, só nos restam maravilhosas lembranças para contar a nossos descendentes.

31. USO DA ÁGUA – RACIONALIZAÇÃO

Estamos frequentemente confrontados com o fato geofísico de que 97% dos recursos hídricos existentes no nosso planeta são água salgada. Só possuímos 3% de água doce. Estão sempre nos lembrando de que 99% dessa água doce disponível está congelada em forma de iceberg e geleiras ou só poderá ser encontrada a grandes profundidades. Isso nos dá a entender que não vai sobrar nada para o mais importante, o mais essencial para os seres vivos — a água potável.

Felizmente, essa aparentemente inadequada quantidade de água disponível é bem maior do que o necessário para o ser humano. O consumo de água necessário ao ser humano atualmente, para todas as finalidades, está na relação de 1/10.000 no que se refere a todos os recursos de água doce disponíveis para uso.

Por isso, quando se leva em conta o total de recursos hídricos existente no mundo, mesmo permanecendo constante, não há dúvida de que a quantidade total de água doce existente na Terra excede todas as necessidades concebíveis pela população humana.

Por que então vez por outra estamos observando uma crise de água potável em muitas regiões do mundo? Não existe crise mundial de água, porém, inúmeras e severas crises localizadas. Existem crises devido à falta de investimento, a conflitos políticos sobre rios que ultrapassam limites nacionais, além de uma plena má administração dos recursos hídricos. Por outro lado, existe uma contínua migração de pessoas pobres de áreas rurais para áreas urbanas, principalmente no terceiro mundo, onde os recursos hídricos locais são frequentemente insuficientes para atender a sempre crescente demanda. Para que esse desenvolvimento seja equilibrado, torna-se necessário o controle populacional ou o transporte de enormes quantidades de água a longas distâncias, o que normalmente está fora do alcance do orçamento dos países em desenvolvimento.

A maioria dos problemas se origina nas áreas urbanas, em especial nas megalópoles. As estatísticas internacionais previam que as maiores cidades se desenvolveriam no terceiro mundo por volta do ano 2000. Já era esperado que Londres não estivesse entre as vinte maiores cidades do mundo no início do século XXI. Em compensação, a quantidade de habitantes na África no ano 2000 era dez vezes maior que no ano de 1950.

Na América do Sul, temos Buenos Aires, na Argentina, com 12,6 milhões de habitantes. No Brasil, São Paulo, com 16,6 milhões, e Rio de Janeiro, com 10,4 milhões. São Paulo e Buenos Aires já estão incluídas entre as 10 cidades mais populosas do mundo, enquanto a cidade do Rio de Janeiro está incluída entre as 15 maiores cidades do planeta. Ainda no Brasil, a área metropolitana de Porto Alegre já está com 3,9 milhões de habitantes, Belo Horizonte, com 3,4 milhões, e Recife, com 2,9 milhões de pessoas.

Segundo o Banco Mundial, o maior investidor internacional em projetos de água, as guerras do século XXI ocorrerão devido às disputas pela posse da água. A Rio-92 mostrou que os dez lugares do mundo onde uma guerra poderia estourar por causa dos mananciais de água estão localizados, a maioria, nos países do Oriente Médio. A Etiópia controla as nascentes do Nilo, além do Sudão, fonte vital para 60 milhões de egípcios. Os lençóis de água subterrânea da Jordânia estão praticamente secos depois que Israel desviou a sua principal fonte de água superficial, o rio Jordão. O Iraque e a Síria estão preocupados com a construção de represas nas cabeceiras do rio Eufrates.

Se compararmos os dados apresentados pela Organização das Nações Unidas para a Alimentação e a Agricultura (FAO, da sigla em inglês para Food and Agriculture Organization) nos anos de 1900 e 1990, a demanda mundial de água passou de 579 para 4.130 quilômetros cúbicos por ano. Noventa por cento desse consumo em 1900 eram devidos aos agricultores. No ano de 1990, caiu para 65%, implicando um aumento de consumo nos setores urbanos municipais e industriais.

O crescimento exagerado e desordenado das cidades, o desenvolvimento das indústrias e a mecanização da agricultura provocaram um aumento muito grande na poluição do ar e do solo nos últimos decênios.

A construção de megabarragens e hidrelétricas, enormes projetos de irrigação, o desmatamento irresponsável e em grande escala, os grandes assentamentos urbanos, a chuva ácida e o aquecimento do nosso planeta podem causar graves prejuízos às fontes de água, como também despertar a violência dos usuários como consequência de sua necessidade premente. Por sua vez, o deslocamento das populações indígenas e a perda das fontes de trabalho favorecem a propagação de diversos tipos de doenças transmitidas por vetores. Os arenavírus são vírus que podem causar febres hemorrágicas graves em humanos, incluindo o vírus Sabiá, o agente causador da febre hemorrágica brasileira; e os *filovirus*, como o Ebola, podem causar doenças de evolução muito rápida.

Os investimentos realizados pelo Banco Mundial no desenvolvimento de novas fontes de água com a construção de megarrepresas nos últimos 45 anos totalizaram 36 bilhões de dólares, havendo necessidade de serem dobrados nos próximos dez anos. Os custos humanos também são muito elevados.

Estima-se que 16 milhões de pessoas perderam seus lares e terrenos após a construção de grandes reservatórios na Índia. A China deverá retirar um milhão de pessoas de seu local de origem após a inauguração de uma grande represa em Yangtze.

É senso comum que o problema dessas crises é muito mais de demanda que de abastecimento. O desperdício em água de irrigação em muitos países de clima tropical corresponde a cerca de 90% do uso da água. Nos últimos 30 anos, os agricultores de Israel aumentaram cinco vezes o valor da colheita usando a mesma quantidade de água. O desperdício pode também assumir várias formas. A maioria dos sistemas de abastecimento de água tem vazamento em suas redes de distribuição de adutoras da ordem de 30 a 60%. O esgoto coletado na maioria das redes urbanas vai diretamente para os rios sem nenhum tratamento.

A tendência atual é o Banco Mundial conceder empréstimos para irrigação por gotejamento, eliminação de vazamentos nas redes de distribuição e de adutoras, controle de desperdícios nas residências com o uso adequado de medidores de água e construção de estações de tratamento de esgotos, muitas delas destinadas ao reúso de seus efluentes na agricultura e piscicultura em vez de financiar obras faraônicas. O custo no Oriente Médio para novas construções de sistemas de abastecimento de água está estimado pelo Banco Mundial entre US$ 0,30 e US$ 1,00 por metro cúbico. Em compensação, para manter e operar os sistemas existentes só é necessário US$ 0,10 por metro cúbico para água e US$ 0,25 a US$ 0,35 para tratamento de esgotos. Na maioria dos países a água é entregue ao consumidor, usualmente por meio do Estado, a preços que refletem apenas uma fração do custo real. O usuário assume que os recursos do erário público são infinitos e poucos têm um incentivo para usar a água com parcimônia. O Banco Mundial está exigindo agora que a água seja cobrada pelo preço real.

Esperamos que, antes que nossos sistemas entrem em colapso, o governo federal defina uma política adequada de saneamento básico para nosso país, com o apoio de PPPs (parcerias público-privadas), mas não se deixando levar pela onda exagerada de neoliberalismo que assola o mundo, pensando que só a privatização irá eliminar todas as nossas mazelas.

32. E A ÁGUA, ATÉ ONDE?

Em 1996, foi publicado o primeiro relatório do Programa das Nações Unidas para o Desenvolvimento (PNUD) sobre as "Perspectivas Globais do Meio Ambiente". A mensagem não foi muito diferente da que foi anunciada 22 anos depois, durante o 8º Fórum Mundial da Água, realizado em Brasília/DF, em março de 2018. Participaram desse importante evento na capital federal representantes de mais de 100 países. Na declaração final foi citada a importância de compartilhar inovações, experiências, políticas públicas, marcos legais e boas práticas desenvolvidas em cada país participante, isso tudo para assegurar eficiência na utilização da água. Outros compromissos assumidos foram reforçar por meio dos parlamentares o comprometimento da segurança hídrica na alocação de recursos orçamentários e não orçamentários, nacionais e internacionais, destinados a países com dificuldade no acesso à água e ao saneamento. Foram assumidos também outros compromissos relativos à transferência tecnológica, especialmente às populações mais vulneráveis, e apoio à ratificação e à implementação de acordos internacionais sobre meio ambiente, água e saneamento.

A água está acabando em todo o mundo. Necessitamos cuidá-la urgentemente. Somente com conversa e promulgações de leis não iremos resolver essa situação. Se os governos não levarem a sério a crescente poluição ambiental, incluindo a mudança climática, e não contarem com apoio e ajuda de todos nós, a vida útil do planeta Terra poderá ser diminuída consideravelmente.

Somos sabedores da situação em que se encontram nossos hospitais públicos, sem material básico para cirurgias, enquanto pacientes têm de esperar mais de um ano para realizar exames relativamente simples, como uma ultrassonografia, ou faltam médicos plantonistas para atender emergências com um mínimo de dignidade e respeito à população. Enquanto isso, durante o I Congresso Internacional de Práticas Integrativas e Complementares e Saúde Pública, realizado no Rio de Janeiro em março de 2018, o ministro da Saúde, Ricardo Barros, anunciou a inclusão de dez terapias alternativas no rol de tratamentos oferecidos à população pelo SUS. Passam a ser agora 29 os procedimentos. Nenhuma das terapias alternativas anunciadas pelo ministro da Saúde é reconhecida pelo Conselho Federal de Medicina (CFM) nem conta com validação científica. Muitas são baseadas em crenças e seus efeitos não podem ser comprovados por meio de evidências. As terapias incluídas, por exemplo, são do tipo bioenergética, que adota a psicoterapia corporal e exercícios terapêuticos para liberar as tensões do corpo e facilitar a expressão de sentimentos; a cura pela imposição das mãos próximo ao corpo da pessoa para transferência de energia para o paciente; cromoterapia, ou seja, a "utilização de cores nos tratamentos das doenças com o objetivo de harmonizar o corpo" etc. O ministro Ricardo Barros justificou a inclusão dos novos procedimentos ao rol de serviços disponíveis no SUS alegando se tratar de uma política de prevenção de doenças.

Se o ministro da Saúde estivesse de fato preocupado em prevenir doenças no país, deveria reunir imediatamente alguns de seus colegas de Ministério e criar uma força-tarefa a fim de erradicar de vez o déficit de saneamento básico no Brasil. Essa é a verdadeira ação preventiva na área da saúde.

Uma enquete realizada pelo conceituado *British Medical Journal*, em 2007, elegeu por meio de seus leitores a introdução de água potável segura e esgotos, com "a revolução do saneamento" na Era Vitoriana, como o mais importante avanço médico desde 1840, ultrapassando a descoberta da anestesia, antibióticos ou vacinas.

Artigo de Mario Vargas Llosa cita: "O objeto que melhor representa a civilização não é o livro, o telefone, a internet ou a bomba atômica. É a bacia sanitária".[77]

Levantamento do IBGE mostra que a população brasileira era de 213 milhões de habitantes em 2024, com a população urbana correspondendo a 171 milhões. Aproximadamente 32 milhões de pessoas sem direito à água potável e 90 milhões de habitantes sem acesso a esgotos sanitários, segundo o Trata Brasil.[78] Na área urbana, somente 40,8% do esgoto gerado é tratado. O Brasil gera diariamente mais de 200 mil toneladas de resíduos sólidos (lixo) produzidos nas áreas urbanas e mais de 60% são despejados em lixões sem nenhum controle sanitário; muitos desses dejetos são lançados nos rios e mares. Menos de 40% são tratados em aterros sanitários.

Nos últimos 35 a 40 anos surgiram cerca de 30 novas doenças, e certas doenças antigas que estavam sob controle voltaram a atacar. Dentre elas destacam-se: hepatites virais, leptospirose, chikungunya, zika, dengue hemorrágico, febre tifoide, malária, e, finalmente, o retorno da febre amarela, erradicada no começo do século XIX graças ao famoso médico Oswaldo Gonçalves Cruz, e que já levou à morte recentemente mais de 300 brasileiros. Podemos citar como as principais causas das doenças emergentes: o colapso de medidas de saúde pública (sobretudo a falta de infraestrutura sanitária), desenvolvimento econômico e uso da terra, viagens e comércio internacional, tecnologia e indústria, comportamento e demografia urbana e mudança e adaptação microbiana.

---

77 LLOSA, Mario Vargas. El olor de la pobreza. *El País*, 2006.

78 TRATA BRASIL. Ranking do Saneamento Básico, 2023. Disponível em: https://tinyurl.com/2fxvw43c. Acesso em: 5 jun. 2025.

Por incrível que pareça, o difícil acesso à água potável e as condições precárias de saneamento ocupam o segundo lugar no número de mortes, considerando a carga de doenças atribuídas a dez fatores de risco selecionados, tais como: abuso de drogas, poluição atmosférica, práticas sexuais de risco, saúde ocupacional, tabagismo, sedentarismo, desnutrição, consumo de álcool e hipertensão. Perdem o primeiro lugar apenas para a hipertensão.

Essas doenças são originadas por falta de higiene, contaminação com microrganismos patogênicos existentes na água para bebida, alimentos e ambientes recreativos. Assim, o principal problema de saúde pública, no nosso caso, são os nematoides ou ovos de helmintos e não os coliformes termotolerantes (coliformes fecais). Mais de 1 bilhão de pessoas são infectadas com ascaridíase em nível mundial. As crianças estão mais expostas à transmissão de enfermidades porque ignoram o perigo potencial das águas residuais.

O Brasil continua a ser o campeão dos agrotóxicos. Dos pesticidas utilizados no país, 28% não são autorizados pela Anvisa. Os agrotóxicos são isentos de impostos ou com redução de 60% de ICMS, redução de PIS/Confins e outros. Enquanto os medicamentos só têm redução de 34%.

A grande maioria dos despejos líquidos das fábricas que utilizam produtos químicos emergentes, além dos disruptores endócrinos, sobretudo o disruptor endócrino sintético, 17-etinilestradiol, principal componente estrogênico de pílulas anticoncepcionais, termina nos corpos hídricos que constituem nossas fontes de abastecimento de água.

Frequentemente somos confrontados com más notícias sobre a poluição das águas na Paraíba: "115 açudes com risco de toxinas — Ameaça de cianobactérias na captação de água em açudes do Alto Piranhas, Espinharas, Rio do Peixe, Borborema e Brejo na Paraíba"; "Esgoto em Marés — Lançamento de esgotos domésticos, pesticidas e outros despejos industriais na barragem de Marés, João Pessoa"; "Esgoto no caminho da água — Efluente final do sistema de esgotos de Monteiro, despejando esgoto bruto em uma das galerias que receberá as águas da transposição do rio São Francisco"; "Cagepa joga soda cáustica no rio Gramame — Tanque cilíndrico que armazenava soda cáustica utilizada no tratamento de água da ETA (Estação de Tratamento de Água) de Gramame apresentou vazamento, carreando 40 mil litros para o rio".

Segundo Hueper:

> É óbvio que com o aumento da urbanização e da industrialização e com o aumento da demanda por recursos hídricos, o perigo de riscos de câncer devido ao consumo de água contaminada crescerá consideravelmente no futuro próximo.[79]

Os recursos hídricos no Brasil não são distribuídos de forma homogênea e encontram-se ameaçados por fatores socioeconômicos diversos. É importante observar que esses parâmetros vão diminuindo ano a ano. Citando o caso do Brasil, desde que a FAO começou a coletar esses dados, em 1962, nossa disponibilidade era de 112.000 m³/hab.ano, sendo o último dado em 2014 igual a 41.600 m³/hab.ano. A disponibilidade hídrica atual dos Estados Unidos é de apenas 6.800 m³/hab.ano. Imaginem aonde esse país irá buscar água em um futuro não muito longínquo? Nossa Paraíba possui somente 1.400 m³/hab.ano. É o penúltimo estado do Brasil em disponibilidade de água, ganhando apenas de Pernambuco. Quando a reserva anual está abaixo

---

79 HUEPER, W. C. Cancer Hazards From Natural and Artificial Water Pollutants. Proc. Conf. Physiological Aspects of Water Quality. p.181-183, 1960. U.S. Government Printing Office. Washington , D.C.

de 1.000 m^3 por pessoa, a população enfrenta escassez de água. A ONU prevê que, no ano de 2050, 18% da população mundial sofrerá escassez de água, 24% receberá água no limite e somente um pouco mais da metade da população mundial (58%) terá relativa suficiência de água.

O esgoto doméstico contém matéria orgânica e nutrientes que são benéficos às plantas. Atualmente cerca de 75% dos esgotos de Israel são reaproveitados para fins agrícolas. Trata-se da maior taxa de utilização de águas residuais tratadas no mundo. Com essa solução é possível a obtenção de uma grande economia na aquisição de adubos químicos, muitos deles prejudiciais à saúde. É também, dessa maneira, com o reúso dos esgotos domésticos, que atua o governo de Israel. Necessitamos incentivar políticas públicas para a utilização do reúso de esgotos domésticos tratados, principalmente na região do Semiárido.

No período de 2000 a 2015, o Congresso Nacional autorizou investimento de R$ 50,5 bilhões em saneamento básico urbano e rural no nosso país. Infelizmente, apenas R$ 19 bilhões desse valor foram investidos (37,6%). O Programa de Aceleração do Crescimento PAC 1 (2007 a 2010) e PAC 2 (2011 a 2014) previu investimento da ordem de R$ 62 bilhões. Somente R$ 4,2 bilhões foram gastos (6,5%) para melhorar a infraestrutura de saneamento básico.

Segundo dados do SNIS (2016), o investimento necessário para a universalização do saneamento básico era da ordem de R$ 508,4 bilhões, assim discriminados: abastecimento de água, R$ 121,1 bilhões; esgotos sanitários, R$ 181,9 bilhões; drenagem urbana, R$ 68,7 bilhões; resíduos sólidos, R$ 23,4 bilhões; e gestão, R$ 113,3 bilhões. Essa previsão era para atender com abastecimento de água toda a nação brasileira até o ano 2023 e a 92% com esgotamento sanitário em 2033. Obviamente, essa meta não será cumprida. Esse investimento, no mínimo, terá que ser duplicado em 15 anos. O desenvolvimento econômico e social do Brasil depende, quase que exclusivamente, da ampliação e da universalização do saneamento básico.

A atual Lei de Licitações no setor de infraestrutura favorece a concorrência predatória, ou seja, o menor preço, e não prioriza o projeto, sem o qual se torna impossível efetuar um orçamento condizente com a realidade. Sem um projeto adequado será muito difícil evitar os desvios e malfeitos. Essa legislação precisa ser mudada. Nosso país também deve permanecer firme no combate à corrupção para que possa extirpá-la de suas raízes. A meritocracia praticamente não existe no comando das empresas públicas, devido ao sistemático loteamento de cargos por todos os partidos. É importante assegurar mudanças sérias no marco regulatório do setor para facilitar a expansão de empresas privadas nesse segmento, que hoje gira ao redor de 6%, aproximadamente.

Também se torna fundamental nossa contínua preocupação com a preservação dos recursos hídricos. Os problemas ambientais que poderão nos levar à escassez e a alterações da qualidade das águas nos corpos receptores são inumeráveis, porém não impossíveis de evitar e controlar.

Todos nós temos a obrigação de cooperar e de não sonegar às gerações vindouras o direito de usufruir da água, para que tenham condições de sobrevivência no nosso Planeta Azul.

33. MEU ENCONTRO COM O DR. ODILON

Em meados de 1991, recebi um telefonema da Associação de Plantadores de Cana da Paraíba (Asplan). Identificou-se um senhor, creio que era o diretor da Área Administrativa dessa entidade. Disse-me que por intermédio de um amigo de infância, Moacyr Tavares Rolim (primero diretor-presidente da Caern), eu havia sido indicado para elaborar um projeto para o tratamento dos despejos líquidos industriais da Usina São João, em Santa Rita. O proprietário, Dr. Odilon Ribeiro Coutinho, estava muito preocupado com essa situação. E ainda enfatizou que era um serviço de urgência. A referida usina havia recebido uma enorme multa por parte da Superintendência de Administração do Meio Ambiente (Sudema/PB) e dentro de pouco tempo a indústria seria interditada.

Contestei que um projeto de uma estação de tratamento de esgotos (ETE) em nível industrial, antes de ser iniciado, requereria um período mais longo de tempo para que dados suficientes pudessem ser analisados e coletados. Precisaria conhecer de antemão a lista das substâncias existentes nos despejos, matérias-primas, quantidade de água utilizada no processo, valores da vazão dos efluentes industriais, determinação das características físicas, químicas e biológicas do esgoto bruto etc., etc. Somente após esse estudo poderia ser dado início à elaboração do projeto. Inicialmente, teria que conversar com o engenheiro responsável pela gerência da usina e me inteirar sobre todas as atividades da empresa.

Como sou movido a desafios, aceitei a tarefa. Na realidade, já tinha muita experiência na elaboração de projetos nessa área há bastante tempo. Alguns anos antes, também já havia recebido o diploma de *Master of Science* (M.Sc.) em Controle da Poluição Ambiental na Inglaterra, em 1979.

Pedi autorização para que o engenheiro da usina ficasse à minha disposição para poder realizar o trabalho e obter as informações necessárias rapidamente.

O problema principal era eliminar a poluição originada das águas de lavagem de cana da usina. O engenheiro me explicou que já havia atenuado essa contaminação com a construção de uma esteira projetada por ele, chamada de *cush cush*. Essa esteira trepidava durante o movimento, fazendo com que grande parte da areia e outros detritos envolvidos nessas gramíneas fossem jogados fora automaticamente, diminuindo a poluição das águas durante a lavagem desse material.

Mesmo com essa tecnologia preliminar os estudos laboratoriais efetuados anteriormente mostravam que o valor da DBO (Demanda Bioquímica de Oxigênio) dos despejos brutos da água de lavagem de cana era da ordem de 600 mg/L, com vazão de 14,4 milhões de litros por dia. Porém a Resolução Conama n. 357 (dispõe sobre a classificação dos corpos de água e diretrizes ambientais para o seu enquadramento, bem como estabelece as condições e padrões de lançamento de efluentes), preconiza que a DBO do efluente final, nesse caso, deveria ser, no máximo, 30 mg/L. O efluente da usina apresentava um valor de 1.900% a mais do que o valor mínimo exigido pelo Conselho Nacional do Meio Ambiente (Conama).

A DBO é a quantidade de oxigênio usada na oxidação bioquímica da matéria orgânica sob determinadas condições de tempo e temperatura. Representa a quantidade de oxigênio requerida para a estabilização da matéria orgânica por meio de processo biológico. É o principal teste usado para a avaliação da natureza do esgoto doméstico ou industrial.

Depois de entender o problema, defini o projeto mais adequado para sanar essa poluição. A ETE seria composta por um sistema de duas lagoas de estabilização em série, uma facultativa e outra de maturação. A área da primeira lagoa seria enorme e a segunda bem pequena. Como havia muita área disponível no terreno da usina, essa já seria uma grande vantagem. A outra é que o projeto proposto seria um sistema natural e os futuros gastos com operação e manutenção seriam desprezíveis, pelo fato de não contar com nenhum equipamento eletromecânico.

Antes de iniciar o projeto, resolvi apresentar minha proposta ao Dr. Odilon. Depois que entendeu minha sugestão, contestou imediatamente, concluindo que seria uma solução muito custosa e não valeria a pena.

Em frente ao local onde estávamos conversando havia um grande lago de água doce muito bonito. Disse-me de imediato: "Tenho que resolver esse problema. Faça o seguinte: utilize esse lago no lugar da grande lagoa e, para a construção da segunda, que é muito pequena, arcarei com os gastos. Não importa que eu perca esse lago tão lindo".

Iniciei o projeto imediatamente, embora a contragosto, porque as lagoas devem ser retangulares para evitar zonas mortas durante o fluxo do despejo e a forma do lago era bastante irregular. Pedi ao engenheiro que contratasse um topógrafo para nivelar essas áreas, de modo que eu pudesse concluir o projeto o mais rápido possível.

Após o projeto concluído, antes de ser enviado à Sudema, Dr. Odilon contratou um amigo que vivia em Minas Gerais, funcionário aposentado da OEA, para analisar meu trabalho. Era um senhor já idoso, muito simpático e educado, porém tampouco entendia do tema. Começou a conversar e disse-me que Dr. Odilon o havia contratado há muitos anos para realizar o levantamento topográfico da área da Usina São João. Aprovada essa decisão, combinou com Dr. Odilon para recebê-lo no aeroporto de Recife após sua chegada de Minas Gerais. Depois o traria de carro a João Pessoa. No primeiro contato no aeroporto, Dr. Odilon se desculpou e disse-lhe: "Infelizmente vou ter que ir a Lima, Peru, com meu amigo Gilberto Freyre, para participar de um seminário internacional sobre literatura com duração de 10 dias. Não se preocupe, você irá comigo. Vou providenciar sua passagem agora mesmo. Na volta iremos a João Pessoa para que possa dar início a seu trabalho". O consultor da OEA passou duas semanas em Lima, fazendo turismo, enquanto aguardava o término do seminário internacional.

Finalmente, meu projeto foi aprovado pela Sudema. O valor bruto da DBO do efluente final antes do projeto da ETE era igual a 600 mg/L. A primeira análise físico-química efetuada por esse órgão governamental, após o término da obra, forneceu para o valor do efluente tratado DBO igual a 2,8 mg/L. A exigência do Conama, nesse caso, era de 30 mg/L.

Nunca pensei que um projeto elaborado fora das normas de engenharia já consagradas pudesse funcionar tão bem. Esse foi um exemplo que sempre mostrei a meus alunos. Um projeto dimensionado com defeitos de forma importantes, projetado de acordo com as circunstâncias, mesmo assim apresentando um desempenho com tanta eficiência.

34. REÚSO VERSUS ESCASSEZ DE ÁGUA

Gostaria de lembrar que o Brasil concentra entre 12 e 16% do volume total de recursos hídricos do nosso Planeta Azul, e parte dos maiores recursos hídricos renováveis do mundo (41.281 metros cúbicos anuais por habitante)[80] pertence a nosso país, segundo a Food and Agriculture Organization (FAO). Entretanto, esses recursos não são distribuídos de forma homogênea e se encontram ameaçados por fatores socioeconômicos diversos. A título de exemplo, 16,7% da área do país está situada no Semiárido Nordestino.[81]

Analisemos inicialmente o caso do Nordeste. Quando uma determinada região possui uma disponibilidade hídrica menor que 1.500 metros cúbicos por habitante por ano, admite-se que esse local está em uma situação crítica. É o caso dos estados de Pernambuco (1.270 m^3/hab.ano)[82] e Paraíba (1.394 m^3/hab.ano).[83] Entre os 26 estados da federação, Pernambuco ocupa o último lugar, e a Paraíba, o penúltimo.

Segundo dados recentes do Instituto Brasileiro de Geografia e Estatística (IBGE), o Brasil possui 5.570 munícipios, 70% dos quais são pequenas cidades, o que significa que em 3.900 deles vivem

---

80 [FAO] Food and Agriculture Organization. *Disponibilidade hídrica total no Brasil*, FAO Aquastat, 2022.

81 BRASIL. Ministério da Integração Nacional, *Nova delimitação do semiárido brasileiro*, Brasília, DF, 2005. Disponível em: https://antigo.mdr.gov.br/images/stories/ArquivosSNPU/Biblioteca/publicacoes/cartilha_delimitacao_semi_arido.pdf. Acesso em: 14 abr. 2025.

82 [ABRH] Associação Brasileira de Recursos Hídricos. *Disponibilidade hídrica per capita no Brasil – Comissão de Gestão da ABRH*, 1999.

83 Ibid.

menos de 20 mil habitantes. Praticamente todas essas pequenas cidades não possuem sistemas de esgotamento sanitário.[84]

Por isso, não devemos esquecer dos menos favorecidos, dos 32 milhões de brasileiros sem acesso à água potável e dos 90 milhões que não são servidos por redes de esgotos.[85] E o pior, os que são beneficiados com redes coletoras, a maioria deles não é contemplada com tratamento de seus dejetos, fazendo com que a poluição dos esgotos brutos se concentre cada vez mais por ocasião do despejo final nos corpos receptores. E, note-se bem, não estamos considerando a população rural. Desde o período áureo do Banco Nacional da Habitação (BNH) o governo só tem investido em abastecimento de água, esgotos e drenagem nas áreas urbanas.

Por outro lado, sabemos que as causas de morte nos países industrializados devido a doenças infecciosas e parasitárias são da ordem de 8%, enquanto nos países em desenvolvimento esse valor supera 40%.[86]

Infelizmente, o Conselho Nacional do Meio Ambiente (Conama) só se refere à eliminação dos coliformes fecais (coliformes termotolerantes). Estes são problemas dos países desenvolvidos. A dose mínima infectante das bactérias é de um para 10.000, enquanto para os helmintos é da ordem de um para 10.[87] É justamente o nosso caso, principalmente para os brasileiros que vivem nas regiões mais pobres do país. Em nível mundial, mais de um bilhão de pessoas são infectadas por ascaridíase. A fêmea do *Ascaris lumbricoides*, o maior dos nematoides (*roundworm*), a popular lombriga, chega produzir 200 mil ovos

84 [IBGE] Instituto Brasileiro de Geografia e Estatística (IBGE), julho 2023.

85 Estadão. *O Estado de S. Paulo*, 8/8/2023.

86 [CEPIS/OPS/OMS] Centro Panamericano de Ingeniería Sanitaria y Ambiental. Lima, Peru, 1995.

87 SCHWARTZBROD et al. apud SOCCOL, S.; PAULINO, R. C. Riscos de contaminação do agroecossistema com parasitos pelo uso do lodo de esgoto. In: *Impacto ambiental do uso agrícola do lodo de esgoto*, *Cap. 15*, Embrapa Meio Ambiente, Jaguariúna, SP, 2000.

por dia. O principal vetor dessas doenças é o esgoto doméstico sem tratamento, lançado nos rios e/ou no solo, ou tratado de forma inadequada.

Também já estamos cansados de saber que na região das Américas 90% dos esgotos brutos são despejados sem nenhum tipo de tratamento nos rios, mares e terras agrícolas. Estima-se que quatro milhões de hectares de terras agrícolas são irrigadas com águas residuais contaminadas com patógenos, gerando graves problemas de saúde pública e poluição ambiental. A evacuação indevida das descargas dos sistemas de esgotos contamina os rios e difunde enfermidades. Na prática, grande parte dessas águas poluídas é desviada para a irrigação na agricultura, produzindo excelentes alimentos, provavelmente muito contaminados.[88]

Alguns colegas engenheiros, quando são perguntados se é possível a utilização de esgotos tratados na agricultura, respondem que essa solução não vale a pena, pelo fato de essa iniciativa prejudicar a saúde da população que irá ingerir os alimentos produzidos com o auxílio desses despejos. O que se sabe é que, na prática, muitos agricultores, quando não possuem outra alternativa, usam efluentes de esgotos brutos em larga escala para adubar suas plantações.

Certos professores da área da engenharia sanitária, após orientar os alunos sobre os vários tipos de tratamento de esgotos existentes, ainda indicam que o destino final desses efluentes deverá ser um corpo de água ou, raras vezes, a descarga no solo. Porém é de conhecimento geral que nenhum desses processos elimina totalmente os microrganismos e a matéria orgânica existentes no esgoto bruto.

88 EGOCHEAGA, Luis; MOSCOSO, Julio C. *Una estrategia para la gestión de las aguas residuales domésticas: haciendo más sostenible la protección de la salud en América Latina y otras regiones en desarrollo*, Lima, Peru, Cepis/OPS/OMS, 2004.

Por que a maioria das empresas de saneamento básico não exige que os projetistas de sistemas de esgotos sanitários apresentem mais uma alternativa para que os efluentes tratados sejam direcionados para a agricultura e/ou aquicultura, em vez de serem lançados diretamente nos rios e/ou mares?

A escassez de água associada à deterioração da qualidade dos corpos de água induz à busca de fontes hídricas complementares, revelando o reúso dos esgotos tratados como uma solução alternativa em potencial. Com essa política de reúso, elevados volumes de água potável podem ser economizados com a utilização de água de qualidade inferior, geralmente esgoto doméstico tratado, para atender a fins que prescindem da potabilidade.

O Brasil utiliza muito pouco do potencial de suas águas residuais para reúso agrícola. A utilização de águas residuais tratadas contribui para uma gestão mais sustentável dos recursos hídricos porque ajuda a aumentar os recursos hídricos necessários, satisfazendo as necessidades presentes e futuras de usos mais nobres, além de reduzir a vazão das águas residuais tratadas descarregadas nos corpos de água receptores, protegendo os ecossistemas e diminuindo a quantidade de poluentes lançados no solo e no ambiente aquático.

No nosso entender, bastaria um simples decreto do governo federal para obrigar que as empresas de saneamento incluíssem, na contratação de projetos de sistemas de esgotos sanitários, a exigência para que as firmas, sempre que fosse viável, apresentassem como uma alternativa para o destino final dos efluentes tratados a utilização do reúso direcionado à agricultura ou à piscicultura.

Essa é uma solução muito simples, que poderá influenciar e contribuir enormemente na melhoria e na qualidade de vida dos milhões de brasileiros que ainda não foram contemplados com esses serviços prioritários e tão essenciais para a proteção da saúde pública.

Não esqueçamos: a água doce existente no mundo é finita. Existe apenas uma grande reciclagem por parte da natureza. Na hora de matar sua sede, pare um pouco para pensar. Talvez a água que você irá beber já possa ter sido tomada por um dinossauro.

35. ALTERNATIVAS DE SANEAMENTO PARA A CIDADE DOS REIS MAGOS[89]

Estive uma vez na cidade de Natal, onde fui informado de que a Companhia de Água e Esgotos do Rio Grande do Norte (Caern) pretendia construir um emissário submarino para resolver o problema de saneamento dessa formosa cidade. Na qualidade de nordestino e engenheiro sanitarista, resolvi escrever este modesto artigo para tentar divulgar para a população do estado, principalmente para os natalenses, minha opinião sobre esse assunto deveras polêmico.

Os objetivos das Metas do Milênio representam os meios necessários para que mais de 1 bilhão de pessoas que vivem em condições de extrema pobreza possam levar uma vida produtiva. Sintetizam acordos internacionais subscritos por 191 Estados-Membros das Nações Unidas na Cúpula do Milênio (Nova York, setembro de 2000). São compostos por 8 objetivos, 18 metas e 48 indicadores. O sétimo objetivo é garantir a sustentabilidade do meio ambiente, enquanto a décima meta pretendia reduzir à metade, até 2015, a porcentagem de pessoas sem acesso sustentável à água segura e a serviços básicos de saneamento.

No ano de 2050, aproximadamente 5 bilhões de pessoas enfrentarão o impacto da falta de água, principalmente nas

---

89 Artigo solicitado pelo amigo e colega de turma Flávio Mousinho Moreira, em 2007, para publicação em um jornal de Natal/RN. Texto publicado em Mendonça (2018).

áreas áridas e semiáridas do planeta, segundo a Divisão de População das Nações Unidas. Por outro lado, sabemos que 57% do território nordestino, 882.000 km², possui clima tropical semiárido (castigado periodicamente por secas), e que no estado do Rio Grande do Norte esse clima chega a alcançar o litoral.

O lançamento dos esgotos no mar sempre foi um atrativo para os engenheiros sanitaristas devido à diluição desses dejetos na grande massa de água dos oceanos. Embora os emissários dispensem os tratamentos biológicos tradicionais, sua construção é muito onerosa, pois obrigatoriamente têm que ser construídos em uma só etapa. A diluição deve ser muito grande, de modo a evitar a transmissão de enfermidades decorrentes do contato dos banhistas com a água do mar; a contaminação, principalmente dos moluscos e crustáceos com as águas poluídas; a deterioração do aspecto estético das praias pelo retorno de óleos, gorduras ou materiais em suspensão; a perturbação do meio ambiente marinho, principalmente nas imediações do lançamento; e, finalmente, os problemas psicológicos que poderão ocorrer. Outro fator muito importante a considerar é a velocidade dos ventos na cidade de Natal, que é bem acima da velocidade média das capitais nordestinas. Esses ventos poderão facilitar o retorno dos despejos para o litoral. O saudoso pernambucano, professor Antônio Figueiredo Lima, cita em um dos seus trabalhos uma irônica observação do cientista Hillel Shuval, da Universidade de Jerusalém, de que:

> duvidava existir alguém que julgasse aceitável utilizar uma banheira em cuja água fossem despejadas umas poucas xícaras de esgoto — mesmo que uma respeitadíssima comissão técnica assegurasse que, até o momento, não

havia sido encontrada evidência de que isso resultasse em doença [...].[90]

É interessante observar que meia dúzia de xícaras de esgoto despejadas em uma banheira cheia de água resulta em diluição da ordem de 1:300, que nada mais é do que o valor adotado em alguns projetos de emissários oceânicos.

Atualmente a agricultura usa cerca de 70% da água doce para irrigação, e sua maior parte com muito desperdício. Além disso, a água usada na agricultura não é reciclável por efeito da evapotranspiração (40 a 90%). A quantidade de água requerida para produzir um quilo de bife equivale ao uso de 13.500 litros. Cada metro cúbico de agua usado pela indústria e pelo setor de serviços gera pelo menos duzentas vezes mais riqueza do que um metro cúbico usado para a agricultura. Com a grande escassez de água prevista principalmente nas regiões áridas e semiáridas do planeta, os recursos hídricos automaticamente serão direcionados para as áreas urbanas. Consequentemente, a tendência no futuro deveria ser e terá que ser: água doce para as cidades e águas residuais tratadas para a agricultura.

Segundo estudos efetuados pela Organização Pan-Americana da Saúde (Opas/OMS), 40% das mortes na América Latina, na sua maioria de crianças e idosos, são causadas por doenças parasitárias. Em palavras mais simples, essas mortes são causadas pela contaminação de vermes e parasitas, e não pelas bactérias de origem fecal. Uma lombriga fêmea (*Ascaris lumbricoides*), o maior dos nematoides, chega

---

90 LIMA, Antonio Figueiredo. Lançamento de esgotos em áreas litorâneas. In: MENDONÇA, Sérgio Rolim et al. *Projeto e construção de redes de esgotos*. Rio de Janeiro: ABES, 1986, p. 412.

a produzir 200 mil ovos por dia. Nossos esgotos, principalmente nas regiões mais pobres, chegam a conter mil ovos de helmintos por litro. Qualquer pessoa, por mais forte que seja, se ingerir apenas um ovo de helminto, será infectada de imediato.

Os sistemas de lagoas de estabilização são a tecnologia preferida para proporcionar efluentes que podem ser usados na agricultura e aquicultura, sobretudo em climas tropicais. Os sistemas de lagoas são o único sistema natural que pode produzir efluentes em consonância com as diretrizes da OMS, tanto para a qualidade bacteriológica como para a eliminação dos ovos de helmintos. Essas lagoas devem ser construídas longe dos centros urbanos, nas áreas periurbanas ou ainda mais afastadas da cidade. Se necessitarmos construir emissários mais longos, qual é o problema? As demais vantagens serão enormes. A norma 91/271/EEC da Comunidade Europeia considera, no caso de comparação de efluentes finais de lagoas de estabilização com efluentes de sistemas de lodos ativados (o mais sofisticado e custoso tratamento de esgotos), que os efluentes dessas lagoas devem ser filtrados para que as algas que existem nesses despejos não sejam consideradas, por aumentarem o valor da matéria orgânica, prejudicando em consequência essa comparação. Além disso, os efluentes dos sistemas de lodos ativados não eliminam os ovos de helmintos, mesmo que esses despejos sejam tratados com produtos químicos como o cloro, ou mesmo por radiação ultravioleta. Portanto, o reúso dos esgotos domésticos tratados na agricultura é e será muito importante para nossa região. A título de exemplo, a aplicação de 20 mil m^3/ha/ano de águas residuais tratadas pode fornecer para a agricultura, em média, 300 kg/ha de nitrogênio e 60 kg/ha de fósforo. É notória a grande economia de adubos e fertilizantes químicos com o reúso dessas águas.

O sistema de lagoas, além de tender à descarga zero nos corpos receptores, poderá utilizar áreas mais distantes e mais baratas para sua construção, além de uma gestão mais responsável e eficiente na respectiva bacia hidrográfica. Em relação ao uso agrícola, haverá com certeza economia na qualidade sanitária do efluente em função de cada cultura a ser irrigada (cada cultivo suporta um valor diferente para a quantidade de bactérias do grupo dos coliformes fecais); a matéria orgânica e os nutrientes naturais existentes nos esgotos serão aproveitados, o entorno ecológico urbano poderá ser melhorado por meio de reflorestamento e aumentará a oferta de emprego e alimentos seguros.

No Chile, há mais de trinta cidades que utilizam emissários submarinos para o tratamento de esgotos domésticos. Temos de convir que tal solução foi adotada devido à forma peculiar desse país, com solo muito acidentado e com poucas áreas disponíveis para a construção de estações de tratamento de esgotos – o que não é o caso do Nordeste brasileiro. Por isso, é muito importante que se defina com cuidado e por meio de estudo criterioso a solução definitiva para o tratamento dos esgotos da capital potiguar.

Figura 35.1 — Meu projeto de lagoas de estabilização no bairro da Mangabeira, em João Pessoa (três módulos em paralelo). Paraíba, 1981. Foto: Dirceu Tortorello.

Figura 35.2 — Meu projeto de lagoas de estabilização em Jequié (dois módulos em paralelo) – Bahia, 1992.

36. FLUORETAÇÃO EM ÁGUAS DE ABASTECIMENTO

O flúor é o mais eletronegativo de todos os elementos e, além de ter notáveis qualidades químicas, também possui importantes propriedades fisiológicas para a saúde e o bem-estar do homem. É um fato comprovado que, em doses diminutas, tem a propriedade de reduzir em mais de 50% o número de cáries e de limitar em maior proporção a gravidade do problema da cárie dental na população.[91]

A fluoretação técnica consiste em adicionar sais ricos em flúor no tratamento de água e é uma tática usada desde o ano de 1939 nos sistemas de abastecimento de água nos Estados Unidos. No Brasil, a primeira unidade de fluoretação foi inaugurada em outubro de 1953, em Baixo Guandu, estado do Espírito Santo, para uma população de 5 mil habitantes, contando com recursos do Departamento de Saúde do Estado e do Serviço Especial de Saúde Pública (Fundação Sesp) do Ministério da Saúde. Em dezembro de 1956, a cidade de Marília, em São Paulo, foi o segundo município do Brasil e o primeiro de São Paulo a fluoretar a água do sistema público de abastecimento. Essa iniciativa foi cristalizada graças aos esforços do professor Armando Fonzari Pera e ao apoio do prefeito de Marília, engenheiro Argollo Ferrão, do professor Alfredo Reis

91 ADLER, Péter et al. *Fluoruros y Salud*. Genebra, OMS, 1972.

Viegas, da União Odontológica do Brasil, e do professor médico da Faculdade de Saúde Pública Yaro R. Gandra.[92]

No nosso país, somente em 1975 foi promulgado o Decreto n. 76.872, de 22 de dezembro de 1975, que regulamenta a Lei n. 6.050, de 24 de maio de 1974, e dispõe sobre a fluoretação da água em sistemas públicos de abastecimento.[93]

Nos primeiros anos do século XXI, existiu um programa do governo federal, ligado ao Ministério da Saúde, denominado "Brasil Sorridente", que obrigava todas as empresas responsáveis pela administração e manutenção de sistemas de água e esgotos a promoverem a fluoretação nos sistemas com população acima de 250 mil habitantes.

A fluoretação das águas de abastecimento com a adição de compostos contendo flúor para produzir concentração final da ordem de 1 mg/L foi um esforço para prevenção do decaimento dos dentes nas crianças. Como foi explicitado anteriormente, essa tentativa teve início nos Estados Unidos no final da década de 1930. Entretanto, nos países que não se entusiasmaram pela aplicação de flúor nas águas de abastecimento, foi verificado muitos anos depois que os dentes dos habitantes desses países continuavam tão bons quanto os dos países que usavam flúor na água. A Tabela 36.1 apresenta essa comparação.

---

92 BOTELHO, Manoel Henrique Campos. *Uma vida tratando águas – Memórias do Engenheiro Armando Fonzari*, São Paulo. Engenho Editora Técnica Ltda., 2000.

93 Disponível em: http://dtr2004.saude.gov.br/dab/saudebucal/legislacao/decreto76842_22_12_75.pdf.

Tabela 36.1 — Status de decaimento, falta e dentes obturados (DFDO) em crianças de 12 anos por país.

País	DFDO	Ano	Status água/flúor no sal
Austrália	0,8	1998	Mais de 50% da água é fluoretada.
Suíça (Zurique)	0,84	1998	A água não é fluoretada, porém o sal de cozinha, sim.
Holanda	0,9	1992/93	Água e sal de cozinha não são fluoretados.
Suécia	0,9	1999	Água e sal de cozinha não são fluoretados.
Dinamarca	0,9	2001	Água e sal de cozinha não são fluoretados.
Reino Unido (Inglaterra e País de Gales)	0,9	1996/97	11% dos sistemas de abastecimento de água são fluoretados.
Irlanda	1,1	1997	Mais de 50% da água é fluoretada.
Finlândia	1,1	1997	Água e sal de cozinha não são fluoretados.
Alemanha	1,2	2000	A água não é fluoretada, porém, no sal de cozinha, é comum a existência de flúor.
Estados Unidos	1,4	1988/91	Sem dados oficiais.
Noruega	1,5	1998	Água e sal de cozinha não são fluoretados.
Islândia	1,5	1996	Água e sal de cozinha não são fluoretados.
Nova Zelândia	1,5	1993	Mais de 50% da água é fluoretada.
Bélgica	1,6	1998	A água não é fluoretada, porém, no sal de cozinha, é comum a existência de flúor.
Áustria	1,7	1997	A água não é fluoretada, porém, no sal de cozinha, é comum a existência de flúor.
França	1,9	1998	A água não é fluoretada, porém, no sal de cozinha, é comum a existência de flúor.

Fonte: WHO (2022).

Segundo a OMS, os principais efeitos tóxicos na saúde devido a grandes doses de flúor são: efeitos crônicos sobre o órgão do esmalte, sistema ósseo, rins, tireoide e intoxicação geral e visceral. Além disso, o flúor é um veneno cumulativo. Em média, somente 50% do flúor que ingerimos cada dia é excretado através dos rins. Em alguns estudos, quando altas doses de flúor (média de 26 mg/L) foram usadas para tratar pacientes com osteoporose em um esforço para fortalecer seus ossos e reduzir a taxa de fraturas, particularmente fraturas de bacia, na realidade a incidência de fraturas aumentou.

Além disso, os produtos químicos usados nos Estados Unidos para fluoretar águas de abastecimento não possuem nenhuma classificação farmacêutica. São originários de sistemas úmidos de depuração (operação de retirada de partículas ou gases poluentes do ar contaminado) da indústria de fertilizantes superfosfato. Esses produtos químicos (90% dos quais são sódio fluorsilicato e ácido fluorsilícico) são classificados como resíduos perigosos contaminados com várias impurezas. Testes recentes efetuados pela National Sanitation Foundation sugerem que os níveis de arsênico nesses químicos são relativamente altos (até 1ppb depois de diluição para ser adicionado em abastecimento público de água) e, portanto, de preocupação potencial.

A Tabela 36.2 apresenta os ganhadores de Prêmio Nobel que não concordam ou têm ressalvas sobre aplicação de flúor em águas de abastecimento.

Tabela 36.2 — Lista de 14 ganhadores de Prêmio Nobel que não concordam ou têm reservas em relação à fluoretação de águas para abastecimento público.

PRÊMIO NOBEL	TEMA	ANO
Adolf Butenandt	Química	1939
Arvid Carlsson	Medicina	2000
Hans von Euler-Chelpin	Química	1929
Walter Rudolf Hess	Medicina	1949
Corneille Jean-François Heymans	Medicina	1938
Sir Cyril Norman Hinshelwood	Química	1956
Joshua Lederberg	Medicina	1958
William P. Murphy	Medicina	1934
Giulio Natta	Química	1963
Sir Robert Robinson	Química	1947
Nikolai Semenov	Química	1956
James B. Summer	Química	1946
Hugo Theorell	Medicina	1955
Artturi Virtanen	Química	1945

Fonte: CONNET (2024).

No ano 2003, quando trabalhava no Cepis/Opas/OMS, sediado em Lima, Peru, fui convidado, com o colega engenheiro Julio Moscoso Cavallini para proferirmos uma palestra em um seminário em nível nacional em Fortaleza/CE, e ministrar dois cursos em Salvador/BA, e outro em Porto Alegre/RS, na área de tratamento de esgotos.

Antes de prosseguir, torna-se importante externar minha opinião sobre a adoção de flúor nas águas de abastecimento. Sabemos que, em 2023, o Brasil possuía cerca de 32 milhões de habitantes que não tinham acesso a água tratada e 90 milhões que não dispunham de sistema de coleta de esgotos. Imaginem essa situação em 2003, já passados 20 anos!

Durante minha palestra citei um caso que ocorreu comigo em março de 1987 no primeiro dia em que me sentei na cadeira como diretor de operação e manutenção da Cagepa. Reuni os colegas que trabalhavam comigo para organizarmos o planejamento da nova diretoria e antes de iniciarmos a reunião um engenheiro me pediu para assinar uma fatura com um valor bastante elevado, correspondente à aquisição de flúor para ser utilizado na estação de tratamento de água de João Pessoa (Marés). Imediatamente contestei: "Para que serve flúor?". Ele, inocentemente, começou a me explicar as vantagens da adoção de flúor nas águas de abastecimento. Foi aí que não me contive e lhe disse: "Eu prefiro um vivo sem dentes do que um morto com dentes". A risadagem foi geral. Na minha lógica, não posso conceber que em muitos sistemas de abastecimento de água brasileiros a água distribuída não seja ao menos clorada, o que acontece em muitos deles. É apenas uma questão de bom senso.

Citei também outro fato que ocorreu no ano de 1967, quando Manoel Dantas Villar, nosso saudoso Manoelito, engenheiro civil e sanitarista, e posteriormente famoso na área agronômica em todo o país, pela criação de gado indiano e caprinos, foi entrevistado por uma repórter da revista *Veja*. Estava iniciando seu trabalho durante o início da fundação da Cagepa, empresa de economia mista, a convite do governador João Agripino. Durante essa entrevista a jornalista perguntou sua opinião sobre a utilização de flúor nas águas de abastecimento. Manoelito simplesmente respondeu: "Para mim, é o mesmo que perfumar b***a". Obviamente, a entrevista não foi concluída.

Embora a fluoretação das águas de abastecimento seja considerada uma das grandes conquistas de saúde pública do século passado, por supostamente reduzir a cárie dentária, ainda existe bastante polêmica sobre esse tema.

No começo de 2025, foi publicado um artigo no jornal *The New York Times*,[94] intitulado "A alta exposição ao flúor está

---

94 RABIN, Roni Caryn. High fluoride exposure is linked to lower I. Q. in children, study finds., *The New York Times*, p. 18, 12 jan. 2025.

associada a um Q.I. mais baixo em crianças, segundo o estudo". Esse trabalho foi realizado por pesquisadores do National Institute of Environmental Health Sciences dos Estados Unidos. Toda a pesquisa foi realizada fora desse país por serem os níveis de flúor na água muito baixos.

O principal agente ocasionador de cáries é a bactéria *Streptococcus mutans*. Sabemos que as bactérias têm muita dificuldade em sobreviver em pH básico (acima de 7,0). Também é por demais conhecido que um dos alimentos mais populares entre mexicanos pobres e ricos são as tortilhas de milho. A incidência de cáries entre eles é uma das mais baixas do mundo. E qual é um dos ingredientes da tortilha? A cal. É justamente esse produto que se usa para corrigir a alcalinidade e tratar as águas de abastecimento. Não seria mais barato e seguro mudarmos nossa alimentação para tortilhas de milho?

37. HIDROLOGIA MÉDICA

Tomei conhecimento pela primeira vez da existência da cátedra de hidrologia médica, como uma disciplina oficial na Faculdade de Medicina de Madri, por meio do amigo espanhol José Félix Jaulin, que trabalhou muitos anos na conhecida entidade "Médicos sem Fronteiras" e comigo na Opas/OMS, na Colômbia. Durante seu período como estudante de Medicina na Espanha, Jaulin havia cursado essa matéria.

A hidrologia médica teve seu auge na década de 1950, e um dos professores mais famosos na Europa, nessa época, era o médico Manuel de Armijo Valenzuela, catedrático dessa disciplina na faculdade citada. Era uma cadeira obrigatória em todos os cursos de Medicina. Em 1968, publicou seu conhecido livro *Compendio de hidrología médica*. É um trabalho que abrange todas as correntes modernas sobre esse tema. Enquanto a hidrologia médica tradicional leva em conta as correntes bioquímicas que regem em geral a biologia, esse tratado apresenta novos enfoques oferecidos por modernos conhecimentos.

Segundo o professor Armijo Valenzuela, a medicina tradicional recorre frequentemente às terapêuticas farmacológica e cirúrgica, porém não significa que as ciências físicas e a própria natureza não sejam depositárias de um patrimônio curativo incomensurável, que em grande parte ignoramos; e, o que é pior, não nos interessamos em ampliar esse conhecimento.

Chernoviz afirmou em 1841: "serão designadas com o nome de águas minerais todas as águas que contêm substâncias estranhas à sua composição natural, em quantidade tal que podem exercer na economia mundial uma ação especial".[95] Porém, em 1890, Chernoviz já havia mudado de opinião. A definição era a seguinte: "são águas naturais, que saem do seio da terra carregadas dos princípios que ali existem, e dotadas de propriedades medicinais".[96]

Para Lopes,[97] águas mineromedicinais são as águas naturais que se empregam como meio terapêutico. O autor, contudo, acrescenta que essa definição era fundada em conhecimentos empíricos e sem base científica, lamentando o atraso em que se encontrava a hidrologia médica em Portugal e a falta de conhecimento científico. O que se pode encontrar de comum em todas essas definições é a ênfase nas propriedades medicamentosas da água e a analogia com um medicamento — uma água mineral é um medicamento composto, muito complexo.

As águas mineromedicinais são remédios estritamente naturais, com eficácia e virtudes curativas acreditadas por repetida comprovação ao longo dos séculos e de não menos valor que qualquer outra aquisição científica, o que resulta justificado seu estudo e consideração. São as águas que por sua composição e características podem ser usadas com fins terapêuticos. Também podemos considerar como aquelas águas que contêm mais de um grama de substância sólida dissolvida por quilograma de água, ou componentes estranhos em quantidade superior a determinadas proporções, ou, ainda, temperatura superior a 20°C.

Os principais tipos de águas minerodicinais são as que contêm valores acima dos seguintes limites, apresentados na Tabela 37.1.

---

95 CHERNOVIZ, Pedro Luiz Napoleão. *Formulário ou guia médico do Brazil*, s/l, 1841.

96 CHERNOVIZ, Pedro Luiz Napoleão. *Dicionário de medicina popular e das ciências acessórias para uso das famílias*, 6. ed. Paris, Imprenta A Roger & F Chernoviz, 1890, 2 v.

97 LOPES, Alfredo Luiz. *Águas minero-medicinaes de Portugal*. Lisboa, M. Gomes Livreiros, 1892, p. 5.

Tabela 37.1 — Parâmetros de águas mineromedicinais.

Água mineromedicinal	Valores superiores a
Ferruginosa	10 mg de Fe (ferro)
Arsenical	0,7 mg de As (arsênio) ou 1,3 mg de AsO_4H_3 (ácido arsênico)
Sulfurosa	1 mg de S (enxofre)
Iodada	1 mg de I (iodo)
Carbogaseosa	1.000 mg de CO_2 livre
Radioativa	1,27 ou 18,2 mµCi/L* (depende do efeito terapêutico)

* mµCi/L = milimicro Curie por litro. Curie (Ci) é a unidade que expressa $3,7 \times 10^{10}$ desintegrações por segundo. Atualmente essa unidade é pouco utilizada, em detrimento da adotada pelo Sistema Internacional de Unidades, o bequerel (Bq), que corresponde a uma desintegração/segundo ($1Bq = 2,7 \times 10^{-11}$ Ci).

Fonte: adaptada de VALENZUELA (1968).

A maioria das águas termais brasileiras está localizada no Sudeste: Araxá, Cambuquira, Lambari, Caxambu, São Lourenço, Poços de Caldas, Águas de Lindoia, Santa Bárbara, Olímpia, Águas de São Pedro etc. Em outras regiões, as mais visitadas são: Barra do Garças, Rio Quente e Mossoró, localizada no Nordeste.

Existe há muito tempo uma famosa estação de águas incrustada no sertão paraibano, a Estância Termal de Brejo das Freiras, localizada na zona rural de São João do Rio do Peixe, em pleno sertão paraibano, distante 9 km da sede-municipal e 478 km de João Pessoa, e é considerada como estação balneária de significativa importância, tanto para a região quanto para o estado.

Segundo informações detalhadas contidas na revista *Era Nova*,[98] de acordo com o médico Fausto Nominando Meira de Vasconcellos, desde o final do último quarto do século XIX, as fontes das águas mineromedicinais de Brejo das Freiras já eram

98 As fontes de Brejo das Freiras – contribuição ao estudo da crenotherapia. *Revista Era Nova*, Edição do Centenário da Independência do Brasil, Parahyba do Norte, 1922.

conhecidas e se achavam situadas em terrenos provavelmente de origem vulcânica, ao sopé do serrote de igual nome, quase em plena margem do rio do Peixe, duas léguas a noroeste da vila de São João e cerca de 6º 48' de latitude sul e 38º 30' de longitude oeste do meridiano de Greenwich.

No ano de 1921, quando Epitácio Pessoa era presidente da República e Solon de Lucena governador da Paraíba, foi iniciada a construção do açude de Pilões, o que faria submergir inteiramente o local das fontes termais, inutilizando-as para sempre. Para salvá-las, reduziu-se a capacidade de água armazenada prevista de 350 milhões de metros cúbicos para 13 milhões. Em 1932, o governo de Antenor Navarro, entusiasmado com a importância das termas, desapropriou as terras das freiras, através do Decreto n. 278, de 22 de abril do mesmo ano, considerando-as de utilidade pública. Até os dias de hoje, a Estância Termal de Brejo das Freiras pertence ao estado, funcionando em condições precárias. A meu ver, a melhor solução para o desenvolvimento dessa estância termal seria o governo do estado investir na rede hoteleira, implantando um hotel escola nesse estabelecimento. Isso facilitaria sobremaneira o desenvolvimento da região, tanto na área profissional como na parte turística.

As águas de Brejo das Freiras contêm principalmente substâncias sulfurosas e radioativas. Todas as águas sulfurosas apresentam atividade elétrica, tanto mais intensa quanto maior for sua ação sobre o organismo. A radioatividade é também característica habitual dessas águas, sendo mais frequente e notória sua presença nas águas sódicas ou nas que contenham cálcio e cloretos. Geralmente a vazão dessas águas costuma ser abundante e de grande constância, particularmente nas águas onde predominam sulfetos e sódio.

Segundo o professor Armijo Valenzuela, as principais indicações terapêuticas das águas sulfurosas são as afecções das vias respiratórias, da pele e as manifestações reumáticas. Cita também como indicações secundárias as afecções hepáticas e êntero-hepáticas, ginecopatias, sequelas pós-traumáticas e alterações metabólicas. No caso das dermatoses, destaca-se a ação favorável dessas águas na evolução do eczema crônico com apresentação asquerosa. Os eczemas agudos e subagudos podem também beneficiar-se desse tratamento, embora no início haja uma piora que costuma ceder mais adiante, para entrar em franca regressão.

As águas radioativas são aquelas que têm a propriedade de emitir espontaneamente radiações, na maioria dos casos o elemento químico radônio. São indicadas como efeitos calmantes, analgésicos, antiespasmódicos e descongestionantes. Atuam principalmente em enfermidades circulatórias, problemas do aparelho respiratório e digestivo. Funcionam no caso de hipertensões não malignas, arterites, sequelas de processos flebíticos e determinadas manifestações aterosclerosas. A inalação dessas águas é muito favorável a melhorar o componente espasmódico e desequilíbrio neurovegetativo dos doentes, tal como ocorre nos asmáticos e processos asmatiformes, assim como nas afecções bronquiais crônicas. Podem também ser muito benéficas para as doenças do aparelho digestivo, tais como: colites crônicas espasmódicas, enterocolite mucomembranosa e gastrite hiperestênica.

Um fato notório e que hoje é bastante conhecido é o caso de um esqueleto de dinossauro encontrado em 1944, no local onde estavam sendo realizadas escavações próximas da estação de águas termais de Brejo das Freiras, durante a construção do hotel. Posteriormente, essa ossada foi enviada para o Museu Nacional do Rio de Janeiro, onde se acha desde essa época. Na cidade Souza, na Paraíba, nas proximidades das termas, está localizado atualmente o Vale dos Dinossauros, onde é possível observar várias pegadas de dinossauros petrificadas ao longo do rio do Peixe. Essas informações a respeito da existência de animais pré-históricos nas proximidades poderão ajudar a incrementar o turismo na Estância Termal de Brejo das Freiras.

Infelizmente, com o passar do tempo e com o desenvolvimento da tecnologia na criação de modernos fármacos, o estudo das águas medicinais para o tratamento da saúde no nosso país caiu praticamente em desuso.

38. O AQUÍFERO GUARANI

Cerca de 30% da água doce disponível para uso no mundo encontra-se no subsolo, na forma de água subterrânea. Essa água está acumulada nos espaços vazios e fraturas que existem no solo e nas rochas. Parte das rochas é porosa e é nesses espaços onde a água subterrânea se acumula há milhares e milhares de anos. Nos solos arenosos, a água se acumula facilmente. Porém, em grandes volumes de rocha, também podem se acumular enormes quantidades de água. Esse armazenamento nas rochas dependerá do material e da porosidade do solo e dos sedimentos envolvidos, além das dimensões das gretas e fraturas existentes.

Denomina-se *zona saturada* a área onde a água é acumulada no subsolo. Seu nível superior é denominado de *nível freático*, o qual poderá estar a qualquer profundidade abaixo da superfície. Nas cidades litorâneas, o nível freático está normalmente bem mais próximo da superfície, principalmente no período chuvoso. *Aquífero* é o nome que designa as áreas onde se acumulam as águas subterrâneas. Pode também ser definido como toda formação geológica com capacidade de armazenar e transmitir água e cuja exploração seja economicamente rentável. Os aquíferos podem ser definidos como livres ou confinados. Os aquíferos livres têm formação geológica permeável, estão com água parcialmente saturada e a pressão exercida por esta no nível freático é igual à pressão atmosférica. A diferença dos aquíferos confinados é que, embora tenham a mesma formação geológica permeável, a água no seu interior está completamente saturada e sua pressão é superior à atmosférica.

O nível de água dos aquíferos varia em função da precipitação atmosférica; da extração da água subterrânea; dos efeitos das marés nas áreas costeiras; da variação súbita da pressão atmosférica, principalmente nas épocas chuvosas; das alterações do regime de escoamento de rios afluentes que os recarregam; da evaporação etc.

As águas subterrâneas sustentam diversos sistemas aquáticos, como rios, lagos, mangues e pântanos, e são essenciais para a manutenção de florestas em regiões de clima tropical ou seco. O fluxo das águas subterrâneas impede o ingresso da água salgada marinha no continente e, consequentemente, a não salinização de aquíferos costeiros. Sem elas, o planeta seria muito mais seco e menos biodiverso. Estima-se que há mais de 2,5 milhões de poços tubulares no país e são responsáveis por extrair 17.580 milhões de metros cúbicos de água ao ano. A título de comparação, esse volume seria suficiente para abastecer toda a população brasileira em um ano.

O Aquífero Guarani é um reservatório de água subterrânea considerado uma das maiores bacias existentes no mundo. A água se encontra nos poros e fissuras de arenitos formados em tempos geológicos do Mesozoico (idade entre 150 a 200 milhões de anos), em geral cobertos por espessas camadas de basalto, onde suas águas estão confinadas. Tem aproximadamente 37 mil quilômetros cúbicos acumulados com um processo natural renovável anual correspondente a 166 km^3. A profundidade de água encontrada no seu interior varia de 50 a 1.500 metros e temperaturas oscilando entre 33°C e 65°C. A superfície total estimada é de 1.190.000 km^2. O Brasil está contemplado com 850.000 km^2, a Argentina com 225.000 km^2, o Paraguai com 70.000 km^2 e o Uruguai com 45.000 km^2. O mapa a seguir facilita a visualização dessas áreas.[99]

---

99 [ANA] Agência Nacional de Águas. Mapa esquemático do Sistema Aquífero Guarani. Elaborado pela CAS/SRH/MMA (Coordenação de Águas Subterrâneas/Secretaria

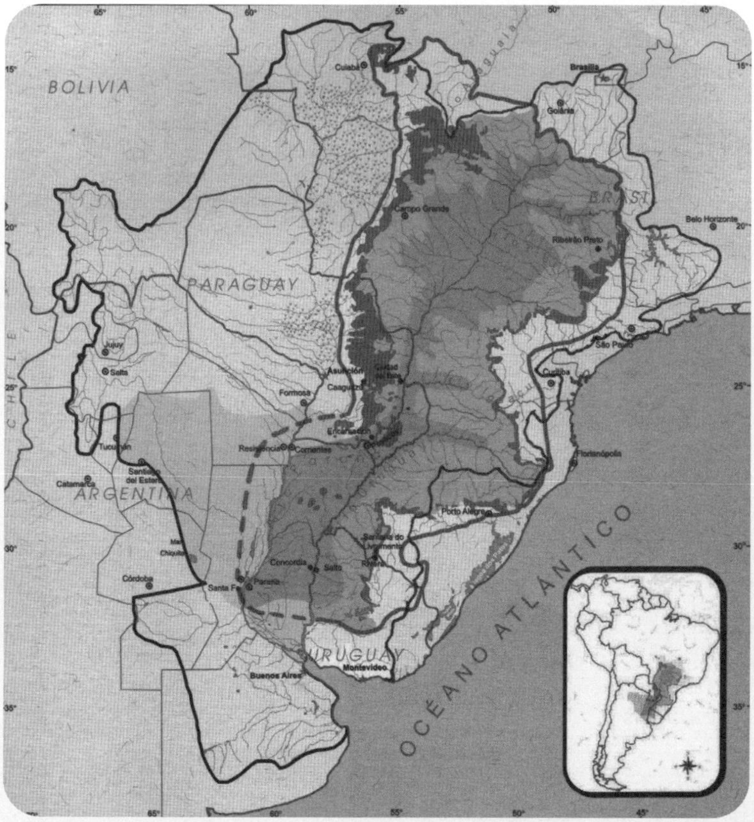

Figura 38.1 — Área detalhada do Aquífero Guarani.
Fonte: ANA (2021).

Essa gigantesca reserva de água doce fica no subsolo do Brasil (71,4%), da Argentina (18,9%), do Paraguai (5,90%) e do Uruguai (3,80%). No Brasil, estende-se por oito estados do Sul, Sudeste e Centro-Oeste (Rio Grande do Sul, Santa Catarina, Paraná, São Paulo, Minas Gerais, Goiás, Mato Grosso e Mato Grosso do Sul). O aquífero foi denominado pelo geólogo Danilo Anton em 1994, em homenagem à nação indígena guarani, dado que abrange praticamente o domínio geográfico que foi habi-

de Recursos Hídricos/Ministério de Meio Ambiente) (UNPP — Unidade Nacional de Preparação do Projeto/Brasil). Brasília: Agência Nacional de Águas, 2001.

tado por essa civilização na época da chegada dos europeus ao continente.

Tabela 38.1 — Extensão do Aquífero Guarani.

País	Estado	Área (km^2)
Brasil	Rio Grande do Sul	159.514
	Santa Catarina	49.798
	Paraná	132.895
	São Paulo	157.692
	Minas Gerais	51.923
	Goiás	55.668
	Mato Grosso	26.721
	Mato Grosso do Sul	215.789
Área do Brasil	—	850.000
Argentina	—	225.000
Paraguai	—	70.000
Uruguai	—	45.000
Área dos 3 países	—	340.000
Total	—	1.190.000

Fonte: ANA (2021).

A população que vive na área delimitada pelo Aquífero Guarani pode chegar a 24 milhões de pessoas, abrangendo mais de 500 municípios. Considerando a área de influência do aquífero, esse total pode alcançar 70 milhões de habitantes. O principal uso da água é para suprimento das pessoas, mas também é usada na indústria, irrigação agrícola e turismo termal. Em território nacional, Ribeirão Preto, no estado de São Paulo, tem 100% da cidade abastecida por meio do Aquífero Guarani.

Conforme pesquisa publicada na revista *Science* em 2021, 8% da superfície do nosso planeta, correspondente a 12 milhões de quilômetros quadrados do solo terrestre, podem sofrer subsidência (movimento de descida do fundo de uma bacia de sedimentação) até 2040, afetando mais de 635 milhões de pessoas no mundo. Esses dados foram baseados em um modelo matemático que projeta a subsidência global futura, a partir da análise das tendências de subsidência das últimas décadas, o crescimento populacional e o consequente aumento da demanda por água. Por isso, é muito importante que sejam identificadas áreas críticas a fim de evitar a contaminação e a superexploração dessas águas.

O Projeto de Proteção Ambiental e Desenvolvimento Sustentável do Sistema Aquífero Guarani (SAG)[100] foi iniciado em 2003 e concluído em 2007, financiado com o apoio do Banco Mundial e da OEA, e bancado com recursos do Fundo para o Meio Ambiente Mundial (GEF – Global Environment Facility). O custo total entre as fases de preparação e execução do projeto foi de US$ 26,7 milhões, a metade doada pelo GEF e a outra parte como contrapartida dos governos dos quatro países. Teve a finalidade de apoiar a Argentina, Brasil, Paraguai e Uruguai na elaboração e implementação de um marco comum institucional, legal e técnico para a preservação dessa enorme bacia de água subterrânea para as gerações presentes e futuras.

Foram definidos no projeto sete componentes inter-relacionados que deveriam situar o Aquífero Guarani em função de sua morfologia e comportamento; aproveitamento e conservação; relacionamento com as comunidades e instituições; e as necessidades de planejamento e ordenamento para melhorar a gestão coordenada de suas águas. Um dos mais importantes foi o Componente 5, destinado ao desenvolvimento de medidas para a gestão das águas subterrâneas e para a mitigação

100 Sistema Aquífero Guarani — Projeto de Proteção Ambiental e Desenvolvimento Sustentável do Sistema Aquífero Guarani, GEF/Banco Mundial/OEA, 2003-2007.

de danos de acordo com as características da região, em áreas críticas (*hot spots*).

Para a execução dos estudos previstos no Componente 5 foram eleitas quatro áreas-piloto identificadas como críticas nas cidades de Concórdia (Argentina) e Salto (Uruguai); em Itapúa (Paraguai); em Ribeirão Preto (SP, Brasil); em Rivera (Uruguai) e Santana do Livramento (RS, Brasil).

O Projeto Piloto de Concórdia e Salto desenvolveu um melhor entendimento local do comportamento SAG e ajudou a elaborar um plano de gestão conjunto das águas termais orientado a seu uso sustentável. Dessa maneira, tentou mitigar os problemas transfronteiriços com relação à exploração das águas do SAG para turismo termal, em uma porção confinada do aquífero.

O Projeto Piloto de Itapúa contribuiu para o aprimoramento das políticas referentes ao inter-relacionamento água-solo-vegetação, para uma melhor gestão da água subterrânea em relação a seus possíveis usos, de maneira a proteger e administrar a demanda, avaliando as tendências na qualidade da água.

O Projeto Piloto de Ribeirão Preto permitiu revisar e atualizar informações sobre a contaminação localizada e a superexplotação de águas no aquífero em área urbana e zonas de alta densidade populacional. Foram apoiadas estrategicamente as atuais atividades do governo do Brasil e do estado de São Paulo em medidas de proteção e gestão das águas subterrâneas na região.

O Projeto Piloto de Rivera e Santana do Livramento definiu a forma de avaliar a gestão e a proteção das águas subterrâneas dentro de uma porção não confinada do aquífero. Abordou também as questões cruciais em áreas de desenvolvimento agrícola e atividades rurais em crescimento, elaborando um plano de gestão conjunta entre as duas cidades.

Um ponto importante do SAG foi a elaboração da legislação que autoriza o uso (outorga) e até a cobrança da água, que já ocorre em algumas regiões no Brasil. Além disso, o projeto permitiu criar modelos matemáticos que possibilitam prever o comportamento do aquífero em situações de exploração mais intensa, suscetibilidade à contaminação em áreas próximas da superfície e uso das águas termais.

Mesmo assim, a atual legislação brasileira de recursos hídricos está muito aquém do que seria preciso para sua efetiva proteção em relação às águas subterrâneas. Estudos realizados em quase todos os estados brasileiros que abrigam partes do SAG indicaram grande descontinuidade na estruturação geológica. O fluxo das águas não é transfronteiriço, restringindo-se aos limites estaduais. No Rio Grande do Sul, as águas se infiltram e descarregam dentro do próprio estado, nas suas falhas geológicas ou então em grandes mananciais como o rio Uruguai. Os poços podem dar grandes vazões ou serem secos; em alguns locais apresentam águas boas e, em outros, águas não potáveis.

Pesquisa realizada pelos professores Scott Jasechko e Debra Perrone, ambos da Universidade da Califórnia em Santa Bárbara, apresenta o decaimento do volume de reservatórios subterrâneos em todo o planeta.[101]

Essa investigação foi realizada em 1.700 aquíferos de mais de 40 países e revelou que os níveis de água subterrânea em quase metade deles caiu desde o ano 2000. Só cerca de 7% dos aquíferos inquiridos registraram aumento dos níveis durante o período. Os declínios foram mais evidentes em regiões com clima seco e muita terra cultivada para a agricultura, incluindo o Vale Central da Califórnia e a região das Planícies Altas, nos Estados Unidos. Foram encontradas ainda grandes áreas de águas subterrâneas em queda acentuada no Irã. Em 80 mil poços analisados nos Estados Unidos, a principal conclusão do declínio das águas subterrâneas foi, além do uso doméstico, o

101 Água subterrânea some em metade dos reservatórios, Estadão, 14/2/2024.

enorme desperdício com o uso constante da água para a irrigação na agricultura.

Se nenhuma medida urgente for tomada para frear a poluição dos rios, lagos e arroios, além do uso indiscriminado de agrotóxicos e pesticidas, da exploração excessiva de atividades socioeconômicas, do crescimento populacional exagerado, somando-se o desperdício e a influência das mudanças climáticas, o Aquífero Guarani tenderá a diminuir sua produção e isso poderá levar à diminuição de suas águas, privando do seu uso as futuras gerações.

39. TERREMOTOS E A ESCALA RICHTER[102]

No início de setembro de 2014, realizamos uma viagem ao Chile, na qual pudemos visitar a capital, Santiago, além de passar três dias em Puerto Montt, onde estão localizados os lagos andinos. Era um grupo de três casais: Lucinha e eu, minha irmã Selda e meu cunhado Horácio Neves, e meu amigo de longa data, o gaúcho Paulo Otton, e sua esposa Marilene.

Durante um dos passeios, estivemos em Valdívia. Foi nessa cidade, situada na costa central do Chile, que ocorreu o maior terremoto dos últimos cem anos, no dia 22 de maio de 1960. Está localizada a aproximadamente 200 km de Puerto Montt e Puerto Varas, área dos grandes lagos chilenos. Esse tremor de terra ficou conhecido como o Grande Terremoto, uma vez que foi o abalo de maior intensidade já registrado na história, com 9,5 graus na escala Richter. Esse fenômeno gerou um grande tsunami com ondas de até 10 m de altura e erupções vulcânicas, atingindo o litoral da América do Sul, chegando a 10 km no Havaí, apagando do mapa cidades inteiras da costa chilena e atingindo fortemente, ainda, Santiago e Concepción nesse país andino. Cerca de 5 mil pessoas morreram e 2 milhões ficaram desabrigadas.

Meu amigo Paulo Otton, conversando sobre essa tragédia, me deu a ideia de escrever um pouco sobre o assunto, sabendo que eu havia trabalhado durante cinco anos como assessor em saúde e ambiente da Opas/OMS, na Colômbia, e tido oportunidade de participar, em janeiro de 1998, de uma missão de

102 Artigo escrito em 23 de setembro de 2014 e publicado em MENDONÇA (2018).

ajuda técnica na cidade de Armênia após a ocorrência de um grande terremoto na área de abastecimento e tratamento de água, esgotos sanitários e resíduos sólidos. Além disso, no nosso país, por não sofrer esse tipo de desastre natural, pouco se sabe sobre esse tema. Eu também estivera nessa cidade anteriormente, durante dois dias, com o Representante da Opas/OMS na Colômbia, dr. Hernán Málaga, de nacionalidade peruana, e o médico nicaraguense dr. Humberto Montiel, para receber a comenda dada à organização pelos trabalhos realizados no país na área de saúde ambiental, da qual eu era o coordenador. Essa láurea foi outorgada à organização pela Associação Colombiana de Engenharia Sanitária e Ambiental (Acodal). Por coincidência, durante aquele terremoto, o hotel onde havíamos nos hospedado alguns meses atrás foi destruído totalmente, falecendo todas as pessoas que estavam no edifício, inclusive uma equipe argentina completa de futebol.

CONCEITOS

Inicialmente é importante que conheçamos algumas definições referentes ao tema, apresentadas a seguir, para entendermos melhor o assunto:

- Terremoto: liberação súbita e brusca de energia acumulada pela deformação lenta na superfície da terra, que se propaga em forma de onda sísmica.
- Hipocentro: ponto onde se inicia o terremoto.
- Epicentro: ponto da superfície situado na vertical do foco ou hipocentro.
- Réplicas: terremotos menores que ocorrem depois do terremoto principal.
- Magnitude: parâmetro idealizado por Richter que indica o tamanho e a energia liberada pelo terremoto em forma de onda sísmica.

- Intensidade: parâmetro que indica o efeito das sacudidas em um lugar afetado pelo terremoto.

ALGUMAS ORIENTAÇÕES DE SANEAMENTO E DE SOBREVIVÊNCIA APÓS UM TERREMOTO

Os registros epidemiológicos indicam que depois de um terremoto é muito comum um aumento de infecções respiratórias e diarreicas. Muitas dessas infecções são o resultado da acumulação de resíduos domésticos e matéria orgânica putrescível, que impactam negativamente a saúde da população, já afetada por traumas de diversas índoles. Lodos, escombros, restos de demolição e a grande quantidade de cinza produzem infecções respiratórias e de pele. Os resíduos potencialmente perigosos, como os gerados em estabelecimentos de saúde, e os produtos químicos tóxicos também potencializam um grande risco se não receberem um adequado tratamento ou disposição final.

Durante os primeiros dias da fase emergencial, a quantidade mínima de água requerida para sobrevivência, de acordo com a OMS, é de 5 litros por pessoa por dia. No próximo estágio da fase de emergência, a quantidade de água disponível deve ser aumentada rapidamente para 15 a 20 litros por pessoa diariamente.

Os esgotos devem ser evacuados por infiltração no solo em valas, sempre que possível.

Se você estiver em sua cama durante a noite e acontecer um terremoto, simplesmente saia da cama e se deite no piso ao seu lado. Sempre existirá um vazio ao redor da cama. Os hotéis teriam maior quantidade de sobreviventes se colocassem detrás das portas um aviso que dissesse expressamente que em caso de terremoto as pessoas deveriam se deitar no piso ao lado da cama.

A ESCALA RICHTER

A escala Richter é um sistema criado há setenta anos por dois cientistas norte-americanos para medir os movimentos sísmicos na Califórnia. Nascido nos Estados Unidos em 1905 e falecido em 1985, Charles Richter pôs em prática, em 1935, junto com o colega Beno Gutenberg, do California Institute of Technology, a escala de medida sismográfica que leva seu nome. Entretanto, a história não conservou o nome de Beno Gutenberg. No princípio, essa escala estava destinada a medir unicamente os tremores que aconteciam na Califórnia (oeste dos Estados Unidos). A escala Richter mede a magnitude, ou seja, a potência do tremor em um determinado lugar e os danos que provoca.

Tecnicamente, a escala Richter corresponde ao logaritmo da amplitude das ondas a 100 km do epicentro. A escala utiliza um valor de referência definido localmente como a amplitude máxima teórica. Na origem, a escala Richter estava graduada de 1 a 9, já que terremotos mais fortes pareciam impossíveis na Califórnia. Mas não existe limite teórico a essa medida no que se refere a outras regiões do mundo, e por isso agora se fala de "escala aberta" de Richter.

Um terremoto de menos de 3,5 graus é apenas registrado pelos sismógrafos. Entre 3,5 e 5,4, já pode produzir danos. Entre 5,5 e 6, provoca danos menores em edifícios bem construídos, mas pode causar maiores danos em outros. Já um terremoto entre 6,1 e 6,9 na escala Richter pode ser devastador numa zona de 100 km. Entre 7 e 7,9, pode causar sérios danos numa grande superfície. Os terremotos acima de 8 podem provocar grandes danos em regiões localizadas a várias centenas de quilômetros do epicentro.

EQUAÇÃO DE RICHTER

A amplitude máxima de um terremoto pode ser calculada pela equação de Richter:

$$M = log\frac{A}{A_0}$$

em que:
M = magnitude do terremoto;
A = amplitude máxima do terremoto;
A_o = amplitude de referência.

Exemplo: O terremoto que produziu ondas gigantescas (tsunamis) que causaram a morte de mais de 23 mil pessoas na Ásia, em dezembro de 2004, alcançou o nível 9 na escala Richter. Em 1999, houve um terremoto na Grécia que alcançou o valor de 6 nessa mesma escala. Quantas vezes o terremoto da Ásia foi mais forte que o terremoto da Grécia?

Em função da equação de Richter, poderemos escrever:

$$M_1 - M_2 = log\frac{A_1}{A_0} - log\frac{A_2}{A_0} = log\left(\frac{A_1}{A_0}x\frac{A_0}{A_2}\right) = log\frac{A_1}{A_2} \therefore$$

$$9{,}0 - 6{,}0 = 3{,}0 = log10^3 = log\frac{A_1}{A_2} \therefore 1.000 = \frac{A_1}{A_2} \therefore A_1 = 1.000A_2$$

O terremoto da Ásia foi mil vezes mais forte que o terremoto da Grécia.

ENERGIA LIBERADA EM UM TERREMOTO

A energia liberada por um terremoto é estimada pela seguinte equação:

$$I = \frac{2}{3} log\left(\frac{E}{E_0}\right)$$

Em que:

I = amplitude máxima do terremoto na escala Richter;

E = energia liberada em um terremoto, em kWh;

E_o = energia padrão de referência, igual a 7×10^{-3} kWh.

Exemplo: qual a energia liberada no terremoto do Chile, em 1960, com intensidade 9,5 na escala Richter?

Utilizando a equação para a estimativa da energia liberada em um terremoto, poderemos escrever:

$$\frac{3}{2}I = 1{,}5I = log\frac{E}{E_0} = log10^{1{,}5I} \therefore \frac{E}{E_0} = 10^{1{,}5I} \therefore E = E_0x10^{1{,}5I} \therefore$$

$$\boldsymbol{E = 7x10^{-3}x10^{1{,}5x9{,}5} = 1{,}24480x10^{12} = 1.244.800.000.000\ kW/h}$$

Portanto, a energia liberada no terremoto do Chile correspondeu a aproximadamente 1.244.800.000.000 kWh (um quatrilhão, duzentos e quarenta e quatro trilhões e oitocentos bilhões de kWh). Considerando que o consumo de energia de meu apartamento, no mês de agosto de 2004, foi de 348 kWh, a energia liberada por esse terremoto seria suficiente para energizá-lo durante 3.577.011.494 (três bilhões, quinhentos e setenta e sete milhões, onze mil quatrocentos e noventa e quatro) meses.

A seguir, diploma recebido da Opas/OMS, assinado pelo Diretor Sir George Alleyne, após a missão realizada em Armênia, na Colômbia.

Organización Panamericana de la Salud / Organización Mundial de la Salud

Otorga este diploma a

Sergio Rolim Mendonça

como reconocimiento a su valioso aporte y
extraordinaria dedicación en la

RESPUESTA A LA EMERGENCIA PROVOCADA POR EL
TERREMOTO EN EL EJE CAFETERO DE COLOMBIA
EN ENERO DE 1999

Washington, 15 de marzo de 1999

George A.O. Alleyne
Director

Figura 39.1 — Diploma que recebi da Opas/OMS, assinado pelo diretor, sir George Alleyne, após a missão realizada em Armênia, na Colômbia – Washington, DC, Estados Unidos, 15 de março de 1999.

40. A IMPORTÂNCIA DA INFORMÁTICA NA ENGENHARIA

Há exatamente 54 anos estava realizando o curso de Engenharia Sanitária na Faculdade de Higiene e Saúde Pública da Universidade de São Paulo (FHSPSP). Dentre os professores famosos, destacavam-se José Martiniano de Azevedo Netto, Ivanildo Hespanhol, Eduardo Riomey Yassuda, Walter Engracia de Oliveira (todos falecidos) e Paulo Soichi Nogami. O mais importante livro do professor Azevedo Netto, *Manual de hidráulica* (também traduzido para o espanhol), com o qual estudaram praticamente todos os engenheiros civis e sanitaristas da América Latina, continua atualizado, publicado pela Editora Blucher, na 9ª edição, com 632 páginas, pesando aproximadamente 1,665 kg.

Sempre tive muita facilidade para o desenvolvimento de cálculos analíticos e, por isso, quando estudei Engenharia Civil na UFPB, não tive nenhuma dificuldade durante o estudo das disciplinas em que houvesse necessidade de cálculos laboriosos. Devido a essa facilidade, sempre me questionei por que não era possível dimensionar as redes de esgotos por meio de fórmulas matemáticas, pois os cálculos seriam muito mais precisos. Mas onde seriam encontradas essas equações?

Sabemos que as redes de esgotos funcionam como condutos livres. Porém, durante muito tempo, até o início da década de 1990, as citadas redes eram dimensionadas unicamente por meio de imprecisos ábacos ou tabelas. Esse assunto se relaciona justamente a um dos capítulos do livro do professor Azevedo, "Condutos livres e canais".

No início da década de 1980, obtive a informação de que um paraibano radicado em Recife, engenheiro eletricista José Eduardo Belarmino Alcoforado, estava fabricando o primeiro microcomputador nordestino, o modelo TRS 80, feito em parceria com a Universidade Federal de Pernambuco (UFPE) com peças fabricadas no estado. Na época, ele montou um protótipo batizado de Pixaim, pela semelhança da quantidade volumosa de fios com cabelos encaracolados. Mas ainda não era o suficiente. Era preciso ter um teclado rápido para digitação, que transmitisse os dados na mesma hora. Finalmente o microcomputador foi denominado de Corisco, o relâmpago nordestino, que carregava em seu nome duas fortes referências — a faísca elétrica e o cangaceiro do bando de Lampião, nascido como reflexo da reserva de mercado instaurada pela ditadura militar. A Elógica Microssistemas, de propriedade de Belarmino, foi a primeira loja de informática do Norte-Nordeste, localizada na rua da Hora, bairro das Graças, na Zona Norte do Recife. Belarmino foi um dos pioneiros e uma das maiores referências das raízes da tecnologia da informação no país, com 50 anos dedicados à inovação na área de informática.

Entusiasmado com a notícia, decidi ir a Recife comprar o referido TRS 80. Cheguei bem cedo na Elógica de Belarmino, conversei um pouco com ele, disse que estava interessado no microcomputador, cujo modelo denominado CP 500 já era uma versão III mais nova do TRS 80 e fabricado por outra firma chamada Prológica. Aproveitei para pedir a um dos técnicos da loja para me dar algumas informações sobre como manejá-lo. Na realidade, nunca havia tido oportunidade de estudar informática. Mas essa seria uma maneira de utilizar essa invenção maravilhosa para tentar descobrir a equação-chave para dimensionar os coletores de uma rede de esgotos.

O CP 500 funcionava com o sistema operacional chamado de MS DOS 500. O equipamento era composto por um vídeo com tela verde, um teclado e funcionava com um tipo de disco muito fino e flexível, dimensões de 5" ¼, chamado de *floppy disk* ou disquete. Seu sistema não possuía ainda ambiente gráfico, porém poderíamos escrever textos com facilidade e também usar uma linguagem de programação que se tornou muito conhecida como Basic. Todo o equipamento era conectado a uma rústica impressora.

Nessa época, trabalhava oito horas por dia como engenheiro da Cagepa e ministrava aulas à noite, aos alunos de Engenharia da UFPB, da disciplina Sistema de Drenagem Urbana (cujo assunto relacionava-se exclusivamente a sistemas de esgotos sanitários). Portanto, possuía muito pouco tempo disponível para aprender a manejar o CP 500. Decidi, assim, dedicar todos os sábados a essa maravilhosa invenção, um moderno microprocessador.

A partir dessa decisão, iniciei o estudo aprofundado da hidráulica, com destaque para os condutos livres de seção circular e dos canais. Paralelamente, comprei um livro escrito por um professor norte-americano sobre a linguagem Basic e comecei a me familiarizar com esse tipo de programação. Também comprei uma calculadora científica HP 11C e comecei a estudar como efetuar programas utilizando fórmulas de engenharia.

A partir do primeiro sábado depois de minha decisão, esse estudo se tornou uma rotina durante cerca de quase dois anos ininterruptos. Começava às sete horas da manhã e só terminava quando já estava exausto, muitas vezes após as 18 horas. Esse período foi dedicado ao estudo de quais seriam as fórmulas que poderia usar no computador para dimensionar redes coletoras de esgotos, exclusivamente com a adoção de métodos analíticos.

Após bastante pesquisa e baseado em cinco equações empíricas utilizadas na hidráulica, deduzi uma fórmula que era destinada à obtenção do valor da diferença do ângulo Θ (teta) do setor circular em radianos, pela fórmula de Manning, para o cálculo de condutos circulares. Com essa equação resolvida, as tabelas e ábacos seriam assunto do passado.

Ocorre que em alguns cálculos hidráulicos certas equações necessitam ser arranjadas adequadamente para que suas resoluções possam se processar de maneira possível. Esse tipo de equação só pode ser resolvido com a utilização de processo iterativo. Além disso, essas equações deverão ser preparadas para que haja rápida convergência no processo. Por isso, cada aplicação implicará análise de comportamento da função respectiva.

Depois de definida a equação, a ideia foi escrever um programa em Basic para que fosse possível efetuar os cálculos. Após longos períodos de estudos, concluí o programa. Só faltava testá-lo. Decidi efetuar esse teste no início dos estudos de um determinado sábado. Coloquei dados aleatórios no programa e cliquei no teclado para verificar os resultados. Para meu espanto, o CP 500 travou e não apareceu nenhum resultado na tela. Fiquei revoltadíssimo. Imaginava quanto tempo havia perdido e ao final nada de concreto. Talvez houvesse algum erro no meu programa ou mesmo na equação que havia desenvolvido. Nesse dia abandonei as pesquisas e não trabalhei mais. No sábado seguinte, já recomposto, digitei os mesmos dados no computador com a mesma sequência da semana anterior. Não deu tempo de verificar o resultado de imediato porque tive que atender a uma chamada telefônica em outra sala. Depois de uns quinze minutos, quando voltei ao escritório, estava o resultado na tela do CP 500 com as respostas corretas.

Verifiquei então que essa citada equação, que só poderia ser resolvida por meio de métodos iterativos, necessitava ainda de um aprimoramento. O tempo para o processamento dos dados no computador era demasiado grande. Depois de pedir orientação a um aluno que tinha bastante conhecimento de informática, fui orientado a colocar um contador no meu programa para saber quantas vezes o computador realizava esse cálculo para esse exemplo específico, antes de chegar ao resultado definitivo. A solução foi obtida depois de 161 complexos cálculos seguidos, até chegar ao resultado esperado. É o que chamamos de *looping* no jargão da informática. Precisava, por isso, melhorar a equação de modo que fosse arranjada adequadamente para ser convergente e para que pudesse ser processada de maneira mais rápida possível. Por meio de pesquisas posteriores, estudando durante mais algum tempo métodos numéricos, adotei o processo conhecido por Newton-Raphson para modificar a referida equação, de modo que fosse preparada para haver rápida convergência durante os cálculos. O método Newton-Raphson consiste em derivar a equação original com o intuito de facilitar a convergência. Infelizmente, a equação original que já era complexa transformou-se em outra muito mais complexa ainda. Porém, para o computador, isso não significa nenhum problema. Nesse mesmo exemplo, utilizando a equação transformada, o computador, com a utilização dos mesmos dados, só efetuou três cálculos para a obtenção do mesmo resultado, sendo desta vez apresentados na tela instantaneamente.

A partir desse estudo, elaborei um trabalho técnico sobre o tema, que deveria ser apresentado no XIX Congreso Interamericano de Ingeniería Sanitária y Ambiental (AIDIS), a ser realizado em Santiago, no Chile. Apesar de o trabalho ter sido enviado, não compareci ao congresso porque, na mesma época, obtive uma bolsa de estudos da Agência de Cooperação Internacional do Japão (JICA) para um curso de 45 dias na área de controle de poluição das águas em Tóquio, no Japão. Posteriormente tomei conhecimento, pelo então presidente da Abes Nacional, no Rio de Janeiro, engenheiro Walter Pinto Costa, de que o trabalho havia sido indicado para um dos prêmios do congresso em Santiago do Chile, mas a presença do autor era uma das condições para a obtenção da homenagem. Infelizmente, perdi essa chance.

Porém tive a honra de o meu trabalho ser publicado posteriormente nas duas mais importantes revistas técnicas na área da engenharia sanitária brasileira. Meu trabalho foi publicado, logo após o congresso, na revista *Engenharia Sanitária*, vol. 24, nº 1, pp. 105-10, jan/mar, 1983, Rio de Janeiro, com o título "Métodos iterativos nos cálculos analíticos de condutos em sistemas de abastecimento de água e esgotos sanitários", e na revista *DAE*, vol. 44, nº 139, dezembro, 1984, São Paulo, intitulado "Fórmulas adequadas para aplicação de métodos iterativos nos cálculos analíticos de condutos em sistemas de abastecimento de água e esgotos sanitários", ambos sem minha solicitação ou influência.

Meu ex-aluno, amigo e confrade na Apenge, professor Dr. Tarciso Cabral da Silva, disse-me há certo tempo que esse meu trabalho influenciou a elaboração de sua tese de doutorado intitulada "Efeitos de Forma no Escoamento Livre em Canais", defendida na Escola Politécnica da Universidade de São Paulo (Epusp) em 1993, depoimento que muito me honrou.

Não tenho dúvida de que esse trabalho facilitou e motivou grandes empresas brasileiras de informática e projetos a dar início ao desenvolvimento de softwares para dimensionamento de redes de esgotamento sanitário e de drenagem. Um bom exemplo é: a excelente empresa Sanegraph, de propriedade do engenheiro Leandro Martini, cujo software mais conhecido é o Sancad — software gráfico para projeto de redes de esgotos sanitários, comercializado no Brasil e na América Latina.

Foi a partir desse período de quase dois anos de pesquisas interessantes que pude avaliar a importância da informática no desenvolvimento dos complexos cálculos hidráulicos da engenharia.

Figura 40.1 — CP 500 fabricado pela Prológica, compatível com o TRS 80 III da empresa norte-americana Tandy na década de 1980.
Foto: "Museu da Imagem e do Som de Alagoas — 08" por Ajmcbarreto/CC BY-SA 4.0.

Equação inicial deduzida por Sérgio Rolim:

$$\theta_{n+1} = sen\theta_n + 2^{2,6}\left(\frac{nQ}{\sqrt{I}}\right)^{0,6} D^{-1,6}\theta_n^{\ 0,4}$$

Figura 40.2 — Disquete *(floppy disk)* de 5" ¼.
Foto: "5.25 inch floppy disk, front and back". Por Jud McCranie/CC BY-SA 4.0.

Equação transformada por Sérgio Rolim para o dimensionamento de condutos livres por métodos iterativos:

$$\theta_{C_{n+1}} = \theta_{c_n} - \frac{\theta_{c_n} - sen\,\theta_{c_n} - 8\left(\frac{Q_c^{\,2}}{g}\right)^{1/3} D^{-5/3}\left(sen\frac{\theta_{c_n}}{n}\right)^{1/3}}{1-\cos\theta_{c_n} - \frac{4}{3}\left(\frac{Q_c^{\,2}}{g}\right)^{1/3} D^{-5/3}\left(sen\frac{\theta_{c_n}}{2}\right)^{-2/3}\left(\cos\frac{\theta_{c_n}}{2}\right)}$$

Fórmulas utilizadas para o dimensionamento da equação transformada:

$$v = C\sqrt{RI} \quad \text{(Chézy)}$$

$$C = \frac{1}{n}R^{1/6} \quad \text{(Manning)}$$

$$R = \frac{D}{4}\left(1 - \frac{sen\theta}{\theta}\right)$$

$$A = \frac{D^2}{8}(\theta - sen\,\theta)$$

(Eq. da continuidade)

41. INOVAÇÕES NO NOVO MARCO DO SANEAMENTO[103]

CRESCIMENTO DA POPULAÇÃO MUNDIAL E DO BRASIL

Para se ter uma ideia do crescimento da população mundial, basta observar que nascem atualmente 22 pessoas a cada minuto nos países desenvolvidos, enquanto nos países em desenvolvimento nascem 246 pessoas por minuto, crescimento bastante influenciado pela China e pela Índia. Os países menos desenvolvidos são responsáveis por 93,1% do crescimento anual da população mundial. A maioria da população com taxa de crescimento elevada está localizada nos países mais pobres. Seus governantes possuem menos recursos para infraestrutura onde vivem mais pessoas. Os problemas na área de saúde, educação, transportes e moradia são gigantescos. A população mundial já alcançou 8 bilhões de pessoas. O controle populacional é uma das maneiras de diminuir esse crescimento. Segundo o naturalista britânico, Sir David Attenborough (08/05/1926), "[...] Todos os problemas ambientais tornam-se mais fáceis de resolver com menos pessoas, e mais difíceis ou quase impossíveis de solucionar com uma população cada vez maior [...]".

Estima-se que o Brasil concentre entre 12 e 16% do volume total de recursos hídricos do nosso planeta e que pouco mais de

103 Conferência proferida no Seminário: "O Nordeste como prioridade do desenvolvimento nacional", Fórum Celso Furtado, João Pessoa, PB, 29/06/2022.

50% dos recursos hídricos renováveis do mundo se encontrem na América Latina e no Caribe. Parte dos maiores recursos hídricos renováveis do mundo (41.281 metros cúbicos anuais por habitante) pertence ao Brasil, embora 16,7% da área do país esteja situada no Semiárido do Nordeste. Esses recursos não são distribuídos de forma homogênea e se encontram ameaçados por fatores socioeconômicos diversos. A população brasileira atual é da ordem de 213 milhões de habitantes. Nosso país é beneficiado por uma das taxas mais baixas de crescimento da América Latina, com menos de 1% anual, cuja população deverá decrescer a partir do ano 2050, segundo projeções das Nações Unidas. Nesse ano se estima que a população brasileira será de aproximadamente 229 milhões de habitantes. Assim mesmo, se o Brasil continuar investindo em saneamento básico no ritmo atual, necessitará de muitos anos para chegar à esperada universalização.

Qual será o futuro de nossos netos no ano 2050, sabendo que no segundo trimestre de 2021 a população de jovens na faixa etária até 29 anos que não estuda nem trabalha (os nem-nem) era de 30%, correspondendo a 12,3 milhões de pessoas? Quem sustentará os aposentados?

A Tabela 41.1 e a Figura 41.1 apresentam dados populacionais do Brasil desde 1950 até o ano 2100. Os dados entre os anos de 1950 a 2015 foram obtidos dos censos do IBGE, enquanto os subsequentes são estimativas (United Nations, 2021).[104]

104 [UN] United Nations. *2021 World Population Data Sheet, Population Reference Bureau*. Disponível em: https://www.prb.org/news/2021-world-population-data-sheet-released/. Acesso em: 01 abr. 2025.

Tabela 41.1 — Crescimento da população do Brasil – período: 1950 a 2100.

Ano	População (por 1.000 hab.)	Ano	População (por 1.000 hab.)
1950	53.975	2045	229.605
1970	95.113	2050	228.980
1990	149.003	2055	227.237
2000	174.790	2060	224.412
2005	186.127	2065	220.580
2010	195.714	2070	215.858
2015	204.472	2075	210.433
2020	212.559	2080	204.531
2025	219.021	2085	198.436
2030	223.852	2090	192.347
2035	227.184	2095	186.402
2040	229.059	2100	180.683

Fonte: UN (2021).

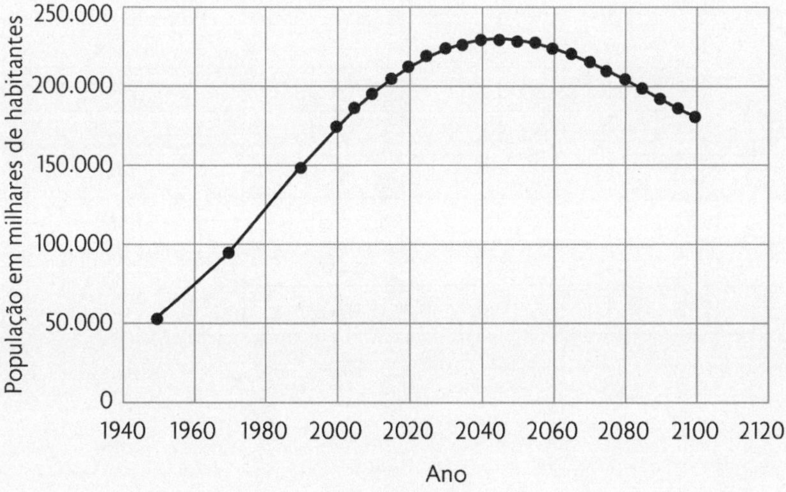

Figura 41.1 — Crescimento da população do Brasil – período: 1950 a 2100.
Fonte: UN (2021).

RECURSOS HÍDRICOS RENOVÁVEIS NO BRASIL E NO NORDESTE

Os estudos sobre disponibilidade hídrica no mundo foram iniciados pela FAO em 1962. O valor estimado para o Brasil nesse ano foi da ordem de 113.012 m³/hab.ano. Os dados mais recentes, relativos ao ano de 2018, referem-se ao valor correspondente a 41.281 m³/(hab.ano). Como é possível observar, cada dia decresce nossa disponibilidade hídrica, principalmente devido ao crescimento populacional e à poluição sistemática de nossos recursos hídricos.

A Tabela 41.2 e a Figura 41.2 apresentam dados da disponibilidade hídrica no Brasil, desde 1962 até o ano 2018.

Tabela 41.2 Brasil — Recursos hídricos renováveis até o ano de 2018.

Ano	Disponibilidade hídrica m³/hab.ano	Ano	Disponibilidade hídrica m³/hab.ano
1962	113.012	1997	51.714
1967	98.221	2002	48.163
1972	86.592	2005	45.479
1977	76.913	2012	43.390
1982	68.357	2017	41.605
1987	61.373	2018	41.281
1992	56.055	2022	—

Fonte: FAO (2022).

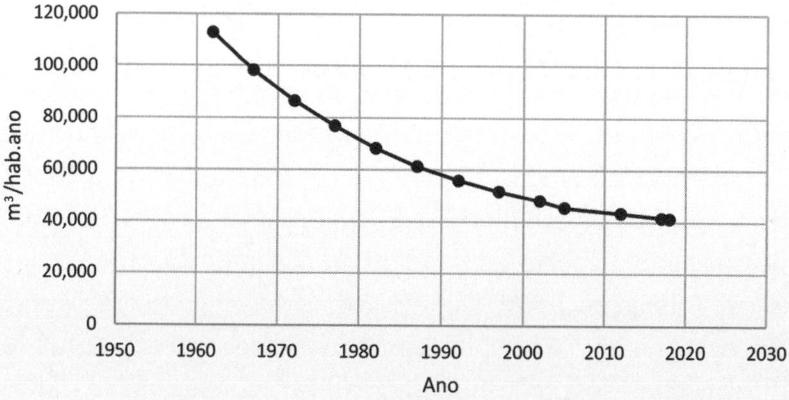

Figura 41.2 – Recursos hídricos renováveis até o ano de 2018 (Brasil).
Fonte: FAO (2022).

A Tabela 41.3 apresenta dados de disponibilidade hídrica no Nordeste do Brasil. Os dois estados que apresentam a menor disponibilidade hídrica no Brasil e também no Nordeste são Pernambuco e Paraíba. Pernambuco ocupa o último lugar, e a Paraíba, o penúltimo, entre os 26 estados da federação.

Tabela 41.3. — Disponibilidade hídrica no Nordeste do Brasil.

Estado	Densidade populacional (hab/km^2)	Disponibilidade hídrica m^3/(hab.ano)	Demanda atual m^3/(hab.ano)
Maranhão (muito rico)	15,89	16.226	61
Piauí (rico)	10,92	9.185	101
Ceará (pobre)	46,42	2.279	259
R. G. do Norte (pobre)	49,15	1.654	207
Paraíba (sit. crítica)	59,58	1.394*	172
Pernambuco (sit. crítica)	75,98	1.270*	268
Alagoas (pobre)	97,53	1.692	159
Sergipe (pobre)	73,97	1.625	161
Bahia (sit. adequada)	22,60	2.872	173

* Disponibilidade hídrica < 1.500 m^3/(hab.ano): situação crítica.

Fonte: REBOUÇAS et al. (1999).

SITUAÇÃO ATUAL RELATIVA AO ABASTECIMENTO DE ÁGUA E AOS SISTEMAS DE ESGOTAMENTO SANITÁRIOS

Segundo o último levantamento realizado pelo Sistema Nacional de Informações (SNIS, 2023),[105] com dados de 2022, 32 milhões de brasileiros não têm acesso à água potável e 90 milhões de pessoas não dispõem de sistemas de coleta de esgotos.

As Tabelas 41.4 e 41.5 se referem a dados relativos a sistemas de abastecimento de água e esgotos, respectivamente, segundo informações do Trata Brasil (2021). De acordo com os dados apresentados na Tabela 41.5, a Paraíba ocupa o 2º lugar em todos os indicadores com relação aos nove estados nordestinos.

Considerando as 100 maiores cidades brasileiras, a Tabela 41.6 apresenta dados das 20 melhores cidades do Brasil em relação aos índices de perdas nas redes de água, e a Tabela 41.7, as 10 últimas cidades colocadas neste idêntico ranking de saneamento. Campina Grande, na Paraíba, ocupa o 17º lugar, com 27% de perdas, e Recife, em Pernambuco, apresenta perdas da ordem de quase 58%. Por incrível que pareça, as perdas de água na rede de distribuição em Porto Velho correspondem a 84%, dando a imaginar que quase não chega água tratada nas torneiras das residências dos habitantes da capital de Rondônia.

O Brasil apresenta, no informe da Fundação Trata Brasil em 2021,[106] média de 40,1% de perdas de água nas redes de distribuição. Na Grã-Bretanha, por exemplo, as perdas são da ordem de 20,5%. Se o país reduzisse as perdas para 25%, o volume poupado seria suficiente para zerar com sobra o déficit de água atual, valor suficiente para abastecer cerca de aproximadamente 44 milhões de brasileiros, sem construção de

105 [SNIS] Sistema Nacional de Informações sobre Saneamento. *Diagnóstico dos serviços de água e esgotos*. 2022. Brasília, 2023.

106 Trata Brasil. Ranking do Saneamento Básico, 2021. Disponível em: https://tratabrasil.org.br/wp-content/uploads/2022/09/Resumo_Executivo.pdf. Acesso em: 1 abr. 2025.

nenhuma obra. E o volume economizado da água retirada da natureza ajudaria a manter cheios os rios e reservatórios, diminuindo consequentemente o impacto ambiental.

Tabela 41.4 — Dados relativos a sistemas de abastecimento de água nos estados do Nordeste.

Estado	Indicadores operacionais – ÁGUA		
	Índice de atendimento total de água	Índice de atendimento urbano de água	Consumo médio per capita de água
	(%)	(%)	(L/hab.dia)
Alagoas	76,29	90,56	153,28
Bahia	81,08	98,39	115,70
Ceará	60,07	75,07	136,47
Maranhão	56,50	76,29	141,15
Paraíba	82,98	92,41	102,36
Pernambuco	81,68	92,59	103,48
Piauí	79,53	93,24	128,62
R. G. do Norte	85,54	95,79	109,28
Sergipe	81,40	93,42	124,02
Nordeste	74,94	89,66	120,31

Fonte: TRATA BRASIL (2021).

Tabela 41.5 — **Dados relativos a sistemas de esgotos sanitários nos estados do Nordeste.**

Estado	Indicadores Operacionais – ESGOTO		
	Índice de atendimento total de esgoto referido aos municípios atendidos com água	Índice de atendimento urbano de esgoto referido aos municípios atendidos com água	Índice de esgoto tratado referido à água
	(%)	(%)	(%)
Alagoas	22,94	30,37	17,20
Bahia	41,94	55,37	48,19
Ceará	29,42	37,86	35,99
Maranhão	13,83	19,06	13,57
Paraíba	38,21	48,98	43,83
Pernambuco	30,80	35,65	32,42
Piauí	17,72	25,60	15,93
R. G. do Norte	26,14	33,34	32,57
Sergipe	24,35	32,50	26,48
Nordeste	**30,29**	**39,29**	**34,14**

Fonte: TRATA BRASIL (2021).

Tabela 41.6 — **Menor índice de perdas de água nas 20 cidades incluídas entre as 100 maiores do Brasil.**

Ranking	Município	UF	Perdas (%)
1	Nova Iguaçu	RJ	3,88
2	Santos	SP	11,94
3	Limeira	SP	12,25
4	Blumenau	SC	16,38
5	Campo Grande	MS	19,97
6	São José do Rio Preto	SP	20,34
7	Campinas	SP	20,70

(continua)

(continuação)

Ranking	Município	UF	Perdas (%)
8	Goiânia	GO	21,69
9	Petrópolis	RJ	22,04
10	São José dos Pinhais	PR	22,66
11	Taboão da Serra	SP	24,18
12	Maringá	PR	24,33
13	Franca	SP	25,24
14	Aparecida de Goiânia	GO	25,45
15	Curitiba	PR	26,06
16	Uberlândia	MG	26,48
17	Campina Grande	PB	27,27
18	Suzano	SP	27,92
19	Florianópolis	SC	28,04
20	São Gonçalo	RJ	28,23

Fonte: TRATA BRASIL (2021)

Tabela 41.7 — Maior índice de perdas de água nas 10 cidades incluídas entre as 100 maiores do Brasil.

Ranking	Município	UF	Perdas (%)
91	Recife	PE	57,92
92	Rio Branco	AC	58,26
93	Cuiabá	MT	59,38
94	Cariacica	ES	60,10
95	Paulista	PE	60,11
96	Boa Vista	RR	62,65
97	São Luís	MA	63,78
98	Manaus	AM	72,08
99	Macapá	AP	74,12
100	Porto Velho	RO	83,88

Fonte: TRATA BRASIL (2021).

ESCASSEZ DE ÁGUA VERSUS REÚSO DE ESGOTOS DOMÉSTICOS TRATADOS

As vantagens do reúso seriam enormes, principalmente para o Semiárido do Nordeste, onde existem muitos rios que não são perenes (*nonflow rivers*). Além de não contaminarem os corpos receptores, poderia ser utilizada grande parcela de adubos orgânicos naturais, com economia na compra de insumos químicos, gerando grande fonte de emprego para as pessoas mais necessitadas, com a criação de cooperativas para os agricultores, melhorando consideravelmente a saúde da população.

SOLUÇÃO PARA A IMPLEMENTAÇÃO DO REÚSO DE ÁGUAS RESIDUAIS TRATADAS NO NORDESTE

É importante ressaltar que a Resolução Conama n. 357, de 17/03/2005, referente aos padrões de lançamento de efluentes nos corpos de água, é muito exigente em relação aos coliformes termotolerantes (bactérias antes denominadas como coliformes fecais), porém não há nenhuma recomendação relacionada aos ovos de helmintos ou a cistos de protozoários. As exigências brasileiras são baseadas em padrões norte-americanos e europeus, com custos muito elevados para a construção e operação de Estações de Tratamento de Esgotos (ETEs). Nos países europeus, por exemplo, não existe o problema da extrema pobreza, como é o caso do Brasil e, principalmente, do Nordeste.

Quando se refere a ovos de helmintos e cistos de protozoários, sabe-se que não são eliminados por nenhum processo sofisticado de tratamento de esgotos, mesmo se fossem aplicadas cloração e/ou radiação ultravioleta nos efluentes tratados.

A título de comparação, a dose mínima infectante de agentes patogênicos, no caso dos helmintos, para causar infecção no homem ou animais, varia de 1 a 10, enquanto para uma pessoa ser contaminada por coliformes termotolerantes essa faixa varia de 100 a 1 milhão. É fácil concluir que a probabilidade de um ser humano ser contaminado por lombrigas, por exemplo, é inúmeras vezes maior do que por bactérias.

O Brasil é privilegiado por ser um país de clima tropical, no qual as bactérias se desenvolvem bem mais rapidamente do que em clima temperado. Os principais tipos de tratamento de esgotos existentes funcionam por ação de microrganismos e, dentre as alternativas de tratamento biológico, as lagoas de estabilização são o melhor sistema natural de tratamento de esgotos existente.

Nesse sistema, as bactérias decompõem a matéria orgânica contida nos esgotos e as algas utilizam esses compostos com a energia da luz solar para a fotossíntese, liberando oxigênio para o meio líquido. O oxigênio é, por sua vez, assimilado pelas bactérias, fechando assim o ciclo da natureza.

A fotossíntese depende principalmente da radiação solar direta. No caso do Nordeste, João Pessoa e Campina Grande recebem radiação solar na faixa de 4,89 kWh/m^2.dia, ideal para o funcionamento das lagoas de estabilização. Esse valor é próximo ao observado no deserto de Saara, com radiação solar correspondente a 6 kWh/m^2.dia.

Esses sistemas de lagoas podem produzir efluentes que cumprem com as Diretrizes da OMS, tanto para a qualidade bacteriológica como para a eliminação de ovos de helmintos e cistos de protozoários. Seus efluentes podem ser usados na agricultura e na aquicultura, principalmente em países de clima tropical.

Segundo dados recentes do IBGE, o Brasil possui 5.570 municípios, 70% dos quais são pequenas cidades, o que significa que em 3.900 vivem menos de 20 mil habitantes, com grande potencial de adoção de sistemas de lagoas de estabilização para o tratamento de esgotos dessas comunidades.

As concentrações médias típicas de nitrogênio (N) e fósforo (P) de efluentes de lagoas de estabilização são 15 mg/L e 3 mg/L, respectivamente. Considerando intensidade de irrigação na agricultura de 20.000 m³/ha.ano, em uma zona árida, é possível obter taxa de aplicação de nitrogênio igual a 300 kg/ha, e para fósforo, 60 quilos por hectare, com consequente economia dos principais fertilizantes químicos usados na agricultura. Libhaber informa que os efluentes tratados por meio de lagoas de estabilização podem fornecer cerca de 425 kg/ha de sulfato de amônio, 251 kg/ha de superfosfato e 156 kg/ha de cloreto de potássio.[107]

Existem muitos casos exitosos de reúso de esgotos tratados no mundo. Na América Latina, podem ser citados como exemplo os casos de Mendoza e de Lima.

Em Mendoza, Argentina, existe um sistema de irrigação na agricultura realizada por meio de reúso de efluentes de lagoas de estabilização facultativas, abrangendo área de 2.300 hectares. O controle é efetuado por um sistema privado que vende o efluente tratado aos agricultores por US$ 0,017/m³ e irriga hortaliças, melões, vinhedos (460 ha), árvores frutíferas, bosques e pastos. Parte dos famosos vinhos argentinos da cepa de uva Malbec são produzidos em vinhedos irrigados por meio de reúso de efluentes dessas lagoas de estabilização.

Já em Lima, Peru, existia um grande sistema de lagoas de estabilização em série no bairro de San Juan, onde eram criadas tilápias do Nilo nas lagoas terciárias. A produção era de 4.400 kg/ha de tilápias, sem nenhuma alimentação suplementar, além de serem mais saudáveis do que as pescadas no rio Rímac, em Lima. Essas pesquisas foram realizadas durante vários anos, no Cepis/Opas/OMS. Infelizmente, a cidade cresceu e esse sistema de tratamento foi modificado e deslocado para outra área.

Que opinam sobre o descaso do governo brasileiro com a poluição sistemática de nossos recursos hídricos, em vez de

---

107 LIBHABER, Manahem. Wastewater reuse for irrigation, the stabilization reservoirs concept, Water Week, The World Bank Washington, DC, 2005.

adotar diretrizes e/ou normas e incentivar o reúso do esgoto tratado na agricultura ou na aquicultura?

INVESTIMENTO EM ÁGUA E ESGOTOS NO BRASIL E NA PARAÍBA

No ano de 1960 foi assinada pelo Brasil e demais países latino-americanos, em Punta del Este, Uruguai, a Carta Documento de Compromisso, que estabelecia metas na área de saneamento básico para o ano de 1970. Essas metas tinham o objetivo de elevar em cinco anos a vida média dos latino-americanos até o ano de 1971 e atingir 70% da população urbana com serviços de água e esgotos, além de atender a 50% da população rural com água potável e esgotos ou disposição sanitária de excreta.

Somente em 21/08/1964, por meio da Lei n. 4.380, foi criado o BNH, com sede no Rio de Janeiro, e extinto em 21 de novembro de 1986, durante o governo José Sarney.

No fim de 1967, o Brasil contava com menos de 50% da população urbana atendida com água potável, com parcela razoável de maneira irregular e deficiente (origem dos reservatórios obrigatórios em todas as residências).

O Decreto-lei n. 200, de 1967, pode ser considerado uma referência histórica, pois estabeleceu de forma explícita a competência do Ministério do Interior na condução do saneamento básico no país. Na época, o Brasil contava com 3.951 municípios.

O BNH instalou em 1968 o Plano Nacional de Saneamento (Planasa) a título experimental, que teria como suporte financeiro, administrativo, técnico e operacional o Sistema Financeiro do Saneamento (SFS), cuja criação foi formalizada em 1971. Foi seu diretor e o principal idealizador o engenheiro José Roberto do Rego Monteiro. O Planasa era baseado em um modelo matemático resultado de um estudo de viabilidade que seria utilizado como instrumento de planejamento, programação e controle dinâmicos. A Paraíba estava entre os escolhidos como estado piloto.

A população urbana brasileira em 1970 correspondia a 56% da população total. Em 1980, esse índice aumentou para 68%. Os últimos dados atualizados do IBGE demonstraram que 85% da população brasileira vive em áreas urbanas.

Devido ao elevado índice da população urbana, na década de 1970 foi decidido pelo governo que os investimentos em saneamento seriam inicialmente realizados para o atendimento da população urbana do país. No período de vigência do BNH (1970 a 1980), foi realizado pelo Brasil um dos maiores investimentos em um país em desenvolvimento, nas áreas de abastecimento de água, esgotos sanitários e drenagem urbana.

Antes do BNH, o quadro relativo aos esgotos sanitários era bem mais negativo que hoje, pois somente 24% da população urbana era servida por redes coletoras, praticamente com quase 100% desses despejos descarregados sem nenhum tratamento em cursos de água.

As Tabelas 41.8, 41.9 e 41.10 apresentam um pequeno histórico de investimento no Brasil e na Paraíba na área de saneamento básico, a partir do início da década de 1970.

A Tabela 41.8 mostra que o investimento realizado pelo BNH, de 1970 a 1980, correspondeu a cerca de R$ 618 por habitante. De 1980 a 2000, não foi possível a obtenção de dados de investimento. No entanto, observa-se que, entre 2000 e 2015, o investimento nesse setor diminuiu drasticamente para R$ 134 por habitante. Comparado com o investimento realizado durante o Planasa, houve um decréscimo de recursos para o saneamento da ordem de 78%.

Dados apresentados nas Tabelas 41.8 e 41.9 mostram que, no período de 2014 a 2018, o Brasil investiu em saneamento R$ 310 por habitante, aproximadamente a metade do que o BNH investiu na década de 1970, enquanto na Paraíba o investimento correspondeu a R$ 127 por habitante, valor 59% menor em relação ao investido no país.

Tabela 41.8 — Investimento em saneamento básico no Brasil (1970-2015).

<table>
<tr><th>Ano</th><th colspan="2">População urbana e rural (milhões de hab)*</th><th>População urbana (milhões de hab)*</th><th>Investimento total (R$ bilhões)</th><th>Investimento per capita (R$/hab.)</th></tr>
<tr><td>1970</td><td>52,9</td><td>41,6</td><td rowspan="2">82,0</td><td rowspan="2">50,7**</td><td rowspan="2">618,29</td></tr>
<tr><td>1980</td><td>82,0</td><td>39,1</td></tr>
<tr><td>2000</td><td>137,8</td><td>31,8</td><td rowspan="3">173,2</td><td rowspan="3">23,2***</td><td rowspan="3">133,95</td></tr>
<tr><td>2010</td><td>160,9</td><td>29,8</td></tr>
<tr><td>2015</td><td>173,2</td><td>31,3</td></tr>
<tr><td colspan="5">Decréscimo de investimento na população urbana em relação ao período 1970-1980 (BNH).</td><td>78,3%</td></tr>
</table>

* Fonte: IBGE. ** Fonte: Adaptado de VILLAR (1979). Valores corrigidos anualmente pelo valor do dólar do mês de dezembro de cada ano.
*** Fonte: ESTADÃO, 15/10/2016.

Tabela 41.9 — Investimento em saneamento básico no Brasil (2014-2018).

Ano	População em 2018* (milhões de hab.)	Investimento total** (R$ bilhões)	Investimento anual médio (R$/hab.)
2014 a 2018	208,5	64,53	309,50

*Fonte: IBGE. **Fonte: TRATA BRASIL (2021).

Tabela 41.10 — Investimento em saneamento básico na Paraíba (2014-2018).

<table>
<tr><th>Ano</th><th>População em 2018* (milhares de hab.)</th><th>Investimento total** (R$ milhões)</th><th>Investimento anual médio (R$/hab.)</th></tr>
<tr><td>2014 a 2018</td><td>3.853</td><td>491,2</td><td>127,49</td></tr>
<tr><td colspan="3">Decréscimo de investimento na população em função da média brasileira no mesmo período.</td><td>58,8%</td></tr>
</table>

*Fonte: IBGE; **Fonte: TRATA BRASIL (2021).

NOVO MARCO DO SANEAMENTO, LEI N. 14.026, DE 15 DE JULHO DE 2020

Breve histórico

A Lei 14.026/2020 rompeu com um paradigma do Planasa, implantado na década de 1970, coordenado e financiado pelo BNH, que delegou os serviços de água e esgoto dos municípios às Companhias Estaduais de Saneamento Básico (CESBs). Na prática, o serviço se tornou estadual.

O novo Marco do Saneamento representa uma ruptura com o modelo vigente, ao exigir que a contratação das CESBs ocorra por contrato de concessão precedido de licitação, conforme o artigo 175 da Constituição de 1988.

Não se trata de privatizar essas empresas, mas de acabar com seu monopólio, de modo a introduzir a concorrência em segmento fundamental da economia brasileira, a exemplo do que já se fez nas áreas de energia, transportes e telecomunicações.

A elaboração do novo Plano Nacional de Saneamento foi cumprida por apenas 30% das prefeituras, obrigatoriedade estabelecida pela lei de saneamento básico, Lei n. 11.445/2007. O prazo estabelecido foi prorrogado no final de 2017 por mais dois anos por decreto assinado pelo presidente Temer, para evitar que os municípios corressem o risco de deixar de receber recursos federais.

Inovações mais importantes

As principais mudanças dessa lei são referentes à centralização da regulação na esfera federal, cabendo à Agência Nacional de Águas e Saneamento Básico (ANA) uniformizar as normas atualmente pulverizadas entre milhares de municípios, e à exigência de licitação e da adesão a metas para fechar novos contratos ou renovar os vigentes.

O novo marco também prevê a formação de blocos de municípios, para prestação regionalizada, visando obter economia de escala e a combinação de áreas rentáveis e deficitárias. Cada bloco deverá ter seu plano de saneamento básico atualizado, para então se preparar a modelagem das futuras licitações.

Principais problemas nas empresas de saneamento (CESBs)

Os principais problemas enfrentados pelas empresas estaduais são:

- forte ingerência política na administração;
- grande carência de profissionais em nível gerencial;
- escassos recursos para investimento em projetos, obras, operação e manutenção (O&M);
- pouco compromisso das empresas com o cumprimento de metas e programas;
- perdas enormes nas redes de abastecimento de água (quanto mais perdas, maior prejuízo financeiro para as empresas);
- falta de desenvolvimento de recursos humanos com capacitação permanente (O&M é uma das áreas onde se necessita pessoal mais capacitado e com maior conhecimento de engenharia, por exemplo).

Situação prevista para a Companhia de Água e Esgotos da Paraíba (Cagepa)

Conforme noticiado no jornal *A União*, de João Pessoa/PB, em 23 de janeiro de 2022, a Cagepa deverá ser dividida em quatro (4) microrregiões: Litoral, Borborema, Espinharas e Alto Piranhas, assim distribuídas:

a – Litoral: 55 municípios e três localidades;
b – Borborema: 84 municípios e 103 localidades;

c – Espinharas: 46 municípios e 58 localidades;

d – Alto Piranhas: 36 municípios e 49 localidades.

Como incumbente, a Cagepa conhece em profundidade a geografia da área a ser atendida e as condições da infraestrutura existente, e dispõe de recursos humanos e materiais no local, o que reduz os custos de prestação dos serviços.

O problema principal do governo estadual será o término do contrato de cada cessão das prefeituras com a Cagepa e também a aceitação por parte dos prefeitos.

Também seria ainda possível avançar com a aprovação de mecanismos tributários, estabelecendo a possibilidade de o PIS-Cofins devido pelo setor ser utilizado para financiar investimentos.

Concessões privadas já realizadas

O Banco Nacional de Desenvolvimento Econômico e Social (BNDES) efetuou modelagem antes da aprovação do marco regulatório com alguns estados para transferir os serviços para a iniciativa privada. Alguns dos leilões são resultado do processo de modelagem desse banco de fomento.

No fim de 2019, a Aegea Saneamento arrematou a parceria público-privada (PPP) da Companhia Riograndense de Saneamento (Corsan).

A BRK Ambiental ganhou a concessão da área metropolitana de Alagoas, Maceió e mais 12 cidades, com serviços de abastecimento de água (AA), esgotamento sanitário (EE) e tratamento de esgotos, no valor de R$ 2 bilhões em 30 anos (30/09/2020).

A Aegea foi vencedora dos leilões das cidades de Cariacica e Viana, da Companhia Espírito-santense de Saneamento (Cesan), com serviços de AA e EE (20/10/2020).

Também foi novamente vencedora dos leilões de 68 municípios das cidades de Mato Grosso do Sul operadas pela Empresa de Saneamento de Mato Grosso do Sul (Sanesul), no valor de R$ 3,8 bilhões, sendo R$ 1,0 bilhão para obras e R$ 2,8 bilhões para O&M, em 23 de outubro de 2020. Passa agora a operar em 126 cidades brasileiras, distribuídas em 12 estados, e vai atender mais de 11,2 milhões de pessoas.

O leilão do setor de saneamento da Companhia Estadual de Águas e Esgotos do Rio de Janeiro (Cedae) foi licitado em blocos por causa do tamanho e do valor envolvido na concessão. A arrecadação em 2022 foi de 22 bilhões de reais, superando a expectativa do BNDES.

Para 2022, o BNDES preparou a modelagem de cinco concessões e PPPs, como Acre, Amapá, Rio Grande do Sul e Ceará. O BNDES também iniciou estudos para Minas Gerais.

Em resumo, segundo Luana Siewert Pretto,[108] presidente executiva do Instituto Trata Brasil, em um artigo publicado no Estadão em 20 de maio de 2022, o Brasil assumiu em leilões e concessões o compromisso correspondente a R$ 72,2 bilhões desde a aprovação do novo Marco Legal de Saneamento. Não deixa de ser um valor animador para o setor de saneamento, que tem avançado com bastante lentidão no país há várias décadas.

As empresas terão até o ano de 2033 para universalizar os serviços de água e esgoto. Até esse prazo terão de garantir o atendimento de água potável a 99% da população e o de coleta e tratamento de esgoto para atender a 90% dos brasileiros.

Preocupações com o novo Marco de Saneamento

A situação fiscal atual dos muitos municípios endividados é delicada e com bastantes limitações para investir. Não há regularidade nos aportes municipais para as melhorias traçadas no Marco Nacional de Saneamento Básico. Enquanto essas lacunas

---

108 PRETTO, Luana Siewert. Compromisso com a agenda do saneamento. *O Estado de S. Paulo*. Espaço Aberto. A8. São Paulo, 20 maio 2022.

orçamentárias não forem preenchidas, haverá entraves para o progresso no setor.

A ANA e o Ministério do Desenvolvimento Regional (MDR) enfrentarão problemas na regulação dos blocos regionais em relação à função das tarifas. Servirão apenas para sustentar a O&M, ou serão previstas também para financiar investimentos?

Tarifas demasiado baixas poderão inviabilizar o negócio para as empresas prestadoras de serviços. Tarifas demasiado altas impactarão, com certeza, a renda e o bem-estar dos cidadãos. O equilíbrio dependerá de uma sintonia fina entre a legislação setorial e arranjos político-administrativos complexos.

Os municípios com maior déficit, a zona rural e a população vulnerável exigem forte apoio do poder público. Além de uma reforma tributária consistente que aumente a capacidade de arrecadação e investimento municipal, a União precisa priorizar investimentos nessas localidades.

Do ponto de vista das empresas privadas, é preciso considerar os mecanismos de ajuda estatal vigentes, tais como:

e – garantias à tomada de financiamento;
f – isenções de tributos (sobre o consumo de energia no saneamento e também sobre a aquisição de equipamentos, produtos químicos e outros);
g – ajuda em projetos e financiamentos impositivos ligados à abertura de capital.

Do ponto de vista do consumidor, para alcançar a população mais pobre, é necessária a implantação da tarifa social com taxas reduzidas para os pequenos consumidores. Um levantamento do MDR aponta que, entre 34 concessionárias pesquisadas, apenas treze praticam essa tarifa. É no atendimento aos municípios e às comunidades mais carentes que se faz indispensável o maior protagonismo do poder público.

O jornal *O Estado de S. Paulo* noticiou, em 06/05/2022, que a regionalização do saneamento no estado de São Paulo pode passar por uma remodelagem. As três unidades regionais criadas para atendimento de água e esgoto tiveram baixíssima adesão dos municípios, com exceção do bloco atendido pela Companhia de Saneamento Básico do Estado de São Paulo (Sabesp). Somente nove cidades, de um total de 275 municípios, aderiram a essas três unidades regionais. Os principais motivos foram a resistência de municípios que têm universalização mais avançada a se juntarem a outros mais atrasados, o desconhecimento de prefeituras sobre o projeto e a decisão de algumas administrações municipais de prestar os serviços diretamente para a população.

É importante ainda enfatizar que, dos 5.570 municípios brasileiros, quase 90% não têm condições de elaborar o Plano Municipal de Saneamento porque simplesmente não dispõem de condições técnicas para tal. Mais de 80% das prefeituras não dispõem de um profissional de engenharia capaz de orientar uma licitação na área de saneamento, muito menos de elaborar um projeto.

Como já citado, os compromissos e as preocupações com o desenvolvimento do saneamento básico nos países latinos vêm de longa data, há mais de 60 anos. Não será tarefa fácil, para nenhum governo, alcançar as novas metas estipuladas pelo novo Marco de Saneamento em apenas dez anos.

O desenvolvimento econômico e social do Brasil depende da ampliação e da universalização do saneamento básico. Em consequência, há necessidade premente de um avanço bem maior e muito mais rápido, para que o Brasil possa ser considerado um país desenvolvido.

42. SIN AQUA NON
RESERVA DE ÁGUA NA PARAÍBA É CRÍTICA

O menino despertou uma manhã com um calor sufocante. Era um dia feriado, e por isso podia desfrutar e continuar deitado na sua cama lendo seu livro favorito de histórias.

Esse livro possuía desenhos das florestas, bosques repletos de árvores enormes, animais selvagens e arroios cristalinos.

As paisagens pareciam tão mágicas que o menino quase não podia acreditar, embora seus pais lhe garantissem que essas maravilhas um dia haviam existido.

Fechando seu livro, ele não tinha nenhuma motivação para aquele dia que apenas começava.

Tinha muita vontade que o ar-condicionado estivesse funcionando. Desejava que houvesse mais comida no seu refrigerador. Desejava poder admirar os grandes bosques.

Porém, já não havia sentido pensar nisso agora. Já era bastante luta estar vivo, especialmente para uma criança.[109]

109 Tradução livre da revista *Time*, edição especial, novembro de 1997.

ENGENHEIRO SÉRGIO ROLIM DIZ QUE FATORES SOCIOECONÔMICOS AGRAVAM PROBLEMA E QUE EDUCAÇÃO É A SOLUÇÃO[110]

Por Luiz Carlos Souza

A Paraíba ocupa hoje o penúltimo lugar no Nordeste em reserva anual de água renovável. A situação é considerada crítica, segundo o sanitarista Sérgio Rolim Mendonça. Nessa conversa com o *Correio da Paraíba*, ele analisa a situação brasileira na área sanitária, identifica problemas e propõe soluções, além de revelar dados alarmantes: que o Brasil "precisará de 130 anos para chegar à universalização do saneamento, se continuar investindo no ritmo atual".

— Professor, até quando as grandes cidades vão suportar essa pressão provocada pelo crescimento urbano desenfreado no que diz respeito à questão sanitária?

A maioria da população que cresce exponencialmente está localizada justamente nos países mais pobres, que possuem menos recursos para infraestrutura, onde vivem mais pessoas com menos educação, e os problemas nas áreas da saúde, educação, transportes e moradia são gigantescos. A população mundial já alcançou 7,3 bilhões de pessoas e poderá chegar à espantosa cifra de 8 bilhões em 2025.[111] O controle populacional é uma das maneiras de diminuir essa pressão.

---

110 Parte da entrevista publicada no *Correio da Paraíba*, domingo, 5 de julho de 2015 / A7.

111 A população mundial estimada para 2025 é de 8.092 bilhões de habitantes, de acordo com o United States Census Bureau.

— **E o Brasil?**

Estima-se que o Brasil concentre entre 12 e 16% do volume total de recursos hídricos do planeta Terra e que um pouco mais de 50% dos recursos hídricos renováveis do mundo se encontrem na América Latina e no Caribe. Possui um dos maiores recursos hídricos renováveis do mundo (41.281 mil metros cúbicos anuais por habitante), embora 16,7% da área do país esteja situada no Semiárido no Nordeste. Entretanto, esses recursos não são distribuídos de forma homogênea e encontram-se ameaçados por fatores socioeconômicos diversos. A população brasileira atual é da ordem de 203 milhões de habitantes. A sorte é que nosso país tem uma taxa de crescimento populacional muito baixa, menos de 1% ao ano, cuja população deverá decrescer depois do ano 2050, segundo projeções da ONU. Mesmo assim, precisará de 130 anos para chegar à universalização do saneamento, se continuar investindo no ritmo atual, de acordo com as últimas previsões.

— **Como está a situação de saneamento no Brasil?**

Segundo o último levantamento do Sistema Nacional de Informações (SNIS), com dados de 2013, 83% da população brasileira é abastecida por meio de rede de água e 49% possui rede coletora de esgotos. Nas áreas urbanas, só 69% dos esgotos são coletados, e desse total somente 39% recebem tratamento adequado. Em termos absolutos, existem ainda nas áreas urbanas do país 35 milhões de brasileiros sem acesso a água segura e 103 milhões de pessoas sem redes coletoras de esgotos. Quanto aos 31 milhões de habitantes das áreas rurais, existe muito pouca informação a respeito.

— E em João Pessoa?

A população de João Pessoa conta atualmente com um pouco mais de 800 mil pessoas. O município é praticamente urbano, possuindo uma cobertura de abastecimento de água de boa qualidade que atende a 96% da população urbana, porém com apenas 49% da população servida com redes de esgotamento sanitário e só 29% do esgoto coletado razoavelmente tratado.

— Na sua opinião qual é o indicador mais importante para representar a saúde de um país?

Não resta dúvida de que um deles é a taxa de mortalidade infantil. A taxa de mortalidade brasileira é de aproximadamente 15 mortes por 1.000 nascidos vivos antes de completar um ano de idade, segundo dados mais recentes do IBGE. Infelizmente, o Brasil ainda perde para Chile, Argentina, Uruguai e até mesmo para a Guiana Francesa, na América do Sul.

— O que acontecerá com a rede de esgotos em nossa capital devido à construção desenfreada de edifícios com cerca de 50 andares ou mais, próximos uns dos outros?

As redes coletoras funcionam por gravidade. A partir de uma determinada profundidade (normalmente não deve exceder quatro metros), o esgoto terá que ser bombeado para poder recuperar o nível inicial. Vai depender da topografia de cada cidade. João Pessoa, por ser uma cidade plana, necessita utilizar várias estações elevatórias de esgotos em série, para que as águas residuais cheguem ao destino final. A concentração urbana normalmente não prejudica o funcionamento dos coletores e emissários de esgotos. Os tubos têm bastante folga para esse grande acréscimo de vazão. O maior problema são as estações elevatórias. As bombas e motores são dimensionados para uma determinada vazão máxima. E se a vazão extrapolar esse valor, devido à grande concentração de habitantes em uma determinada área? O que acontecerá? As elevatórias não poderão recalcar toda essa vazão, e parte desse esgoto sem nenhum tratamento poderá retornar para a rede coletora até chegar às residências, ir para as galerias de águas pluviais existentes ou poluir e contaminar diretamente um curso de água por meio de um extravasor (tubo instalado no poço de sucção da elevatória para evitar seu transbordamento por algum motivo). A solução técnica é bastante demorada e sua execução lenta e onerosa. Para que se tenha uma ideia da magnitude desse problema, a rede coletora de João Pessoa possui atualmente 63 estações elevatórias de esgotos.

— O que se pode fazer para diminuir esse problema?

Obviamente, há necessidade de se aumentar com urgência a cobertura em água, coleta e tratamento de esgotos e drenagem da cidade. Entretanto, a solução mais importante para nossa capital, para conter o ritmo desenfreado de espigões sem nenhum ordenamento territorial, é a obediência ao novo Plano Diretor, com medidas de bom senso, para que a cidade possa crescer racionalmente mantendo qualidade de vida elevada. Admito que nesse novo plano esteja incluída a distância horizontal mínima permitida para se construírem dois edifícios e que o raio de distância horizontal mínimo entre várias edificações seja estipulado por meio de um determinado padrão, para que não se possa permitir a construção de um prédio tão próximo um do outro. Gostaria muito que em toda área de nossa cidade o gabarito máximo de construção de edifícios fosse de somente seis andares, como é o caso de Washington, a capital dos Estados Unidos.

— O que o senhor considera como a providência mais urgente a ser tomada na área de saneamento?

Atualmente as companhias estaduais de saneamento administram aproximadamente 80% dos sistemas de abastecimento de água e 57% dos sistemas de esgotos da população urbana dos municípios brasileiros, segundo os últimos dados do SNIS. Acontece que os governos estaduais possuem pelo menos 51% das ações nessas empresas de economia mista. Portanto, sempre haverá forte ingerência política nessas companhias de saneamento. Na realidade, o maior problema que existe nas empresas públicas prestadoras de serviço está na gestão. A administração de uma empresa eficaz deve ser efetuada por meio de metas e resultados. No momento atual, os diretores e gerentes são nomeados por grupos políticos de cada região, visando apenas a interesses particulares e pessoais de cada um deles, fazendo com que os funcionários de carreira não tenham a menor chance de influenciar (no bom sentido) o destino das empresas para as quais trabalham. Por outro lado, a grande maioria dessas empresas está inchada com o dobro dos recursos humanos de que necessita, muitos deles não possuindo a mínima capacitação para seu trabalho. Infelizmente a meritocracia é muito pouco levada a sério na ocasião de nomear seus dirigentes pelos políticos de plantão. Na prática, o modelo atual das empresas estaduais de saneamento, que está em vigor desde o início do Planasa, no começo da década de 1970, está esgotado. Urgem outras soluções e medidas que consigam acelerar a implantação do saneamento universal no Brasil.

— Quais são os problemas mais sérios nas empresas de saneamento?

São as perdas de água tratada nas redes de distribuição. Indiretamente proporcionam outras perdas; dentre as principais, produtos químicos e energia elétrica. Em duas capitais brasileiras, Porto Velho e Macapá, essas perdas chegam a 70%. Imaginem o prejuízo financeiro para essas empresas. Quantos recursos poderiam ser economizados para serem investidos na coleta e tratamento de esgotos e mesmo na ampliação e melhoria dos sistemas de abastecimento de água existentes! As perdas nos sistemas de abastecimento de água em João Pessoa e Campina Grande são da ordem de 40%. Na Europa Central e Estados Unidos essa taxa varia de 8 a 20%.

— O que se pode fazer para melhorar?

Além da necessidade premente de melhorar a gestão das empresas prestadoras de serviços, a área comercial dessas empresas carece de uma maior atenção no controle de perdas e eliminação de vazamentos nas adutoras e redes de distribuição nos sistemas das cidades e na fiscalização de desperdícios. As principais ações a curto prazo são a instalação de micromedidores de água nas residências, aquisição de equipamentos detectores de fugas e localizadores de tubulações enterradas, setorização da rede de água com instalação de macromedidores e fiscalização para diminuir a quantidade de ligações clandestinas. Torna-se também fundamental, por parte do governo, o incentivo da cultura do reúso das águas servidas nos edifícios. As empresas também precisam valorizar as áreas de operação e manutenção dos sistemas de abastecimento de água, coleta e tratamento dos esgotos das cidades, com investimentos contínuos e treinamento constante de pessoal qualificado.

— Os rios e outros recursos hídricos resistirão a esse volume, por exemplo, de esgoto jogado diariamente em suas margens?

Mais de 90% dos esgotos da América Latina e do Caribe são despejados sem nenhum tipo de tratamento nos rios, mares, lagos e terras agrícolas, e cerca de pelo menos 3 milhões de hectares de terras agrícolas são irrigadas com águas residuais contaminadas com patógenos, gerando graves problemas de saúde pública e poluição ambiental. Como é fácil imaginar, o rápido crescimento populacional dos países em desenvolvimento tem aumentado esse problema consideravelmente. O Brasil gera diariamente mais de 200 mil toneladas de resíduos urbanos (lixo) e mais de 60% são despejados em lixões sem nenhum controle sanitário, e muitos desses dejetos são lançados nos rios e mares. Menos de 40% dos resíduos sólidos são tratados em aterros sanitários. Oito por cento das causas de morte nos países desenvolvidos são devidas a doenças infecciosas e parasitárias, enquanto nos países em desenvolvimento esse valor chega a mais de 40%. Anualmente mais de 6 milhões de pessoas morrem de doenças transmitidas por parasitas que se disseminam na água, segundo a OMS. Os cursos de água no mundo já estão tão poluídos que a OMS considera que um rio com uma quantidade de 1.000 coliformes fecais por cada 100 mL é um rio limpo.

— Como a população pode colaborar para enfrentar esse problema?

Começa pela educação nas escolas. A partir dos primeiros anos escolares, as crianças devem ser orientadas continuamente a proteger o meio ambiente, a fazer uso eficiente da água, a depositar lixo em locais adequados, a proteger as florestas e bosques, incluindo a fauna e a flora, e aprender que, para compensar a natureza, as bacias e microbacias hidrográficas necessitam ser reflorestadas para ajudar a proteger as fontes de água. Os jovens ainda podem ser incentivados com palestras, filmes, vídeos e tudo que se refere à educação sanitária e ambiental. O governo deve fazer campanhas para motivar os consumidores a economizar água. Incentivo também é importante para o uso dos esgotos domésticos tratados e água de chuva acumulada em reservatórios nos edifícios e residências, para que seja utilizada para fins menos nobres, destacando-se água para descarga em bacias sanitárias e rega de jardins. O outro lado da moeda, que é também importante, é a aplicação de multas às pessoas que agridem o meio ambiente, com fiscalização constante para que o processo de deterioração ambiental seja reduzido. O bolso do cidadão é sempre a parte mais sensível do seu corpo.

— Que iniciativas poderão amenizar essa situação?

Em Israel, por exemplo, o tratamento do esgoto é compulsório. O tratamento mais utilizado nas pequenas e médias cidades são os sistemas de lagoas de estabilização, que são sistemas muito populares no país hebreu. Os ovos de helmintos e cistos de protozoários não são removidos por nenhum processo sofisticado de tratamento de esgotos. Entretanto, os sistemas de lagoas de estabilização são um dos métodos mais econômicos e eficazes que existem para tratar o esgoto doméstico nos países de clima tropical, cuja maior vantagem em relação aos outros tipos de tratamento é sua economia e a maior eficiência na redução, de maneira natural, desses patógenos.

— Israel é famoso por ser um dos maiores exportadores de flores para a Europa. Como isso é possível, sendo um país desértico?

O esgoto doméstico contém matéria orgânica e nutrientes que são benéficos às plantas. Depois de tratamento adequado, pode ser usado para uma grande variedade de possibilidades, principalmente para irrigação agrícola. A agricultura pode usar não somente a água dos esgotos, como também recursos adicionais que são encontrados nas águas residuais tratadas, dentre os quais nitrogênio (N), fósforo (P) e potássio (K), além de micronutrientes. A irrigação é relativamente flexível em relação aos requerimentos de qualidade de água. Algumas culturas podem ser utilizadas com água de baixa qualidade e alguns problemas encontrados nos esgotos podem ser superados por práticas de agricultura adequadas. Por exemplo, um efluente tratado por meio de lagoas de estabilização com vazão de 20 mil metros cúbicos por hectare por ano contribuirá aproximadamente com 300 quilos de nitrogênio e 60 quilos de fósforo por hectare, para uma determinada zona árida a ser irrigada. Com essa solução será possível a obtenção de uma grande economia na aquisição de adubos químicos, muitos deles prejudiciais à saúde. É dessa maneira, com o reúso dos esgotos domésticos, que atua o governo de Israel.

— Que exemplos algumas cidades, em outros países, podem dar no tratamento dessa questão?

Atualmente cerca de 75% dos esgotos de Israel são reaproveitados para fins agrícolas. Trata-se da maior taxa de utilização de águas residuais tratadas no mundo. A Espanha, que ocupa o segundo lugar, utiliza apenas 12% de suas águas residuais tratadas na agricultura. Um excelente exemplo está na Argentina.

Os efluentes dos sistemas de esgotos domésticos da cidade de Mendoza são tratados por um sistema de lagoas de estabilização com área de 2.300 hectares, que irriga hortaliças, melões, árvores frutíferas, bosques, pastos, 120 hectares de alcachofra e 500 hectares de vinhedos, onde são produzidos inclusive os excelentes vinhos tintos da famosa uva Malbec. É um sistema privado que fornece esgoto tratado para os agricultores ao preço de apenas dois centavos de dólar por metro cúbico.

— A agricultura utiliza uma enorme quantidade de água na irrigação. De que maneira poderíamos diminuir esse consumo?

A agricultura usa cerca de 70% da água doce para irrigação e, sua maior parte, com muito desperdício. Irrigação por aspersão ou gotejamento poderá diminuir esse alto consumo. Porém, cada metro cúbico de água usado pela indústria e pelo setor de serviços gera pelo menos duzentas vezes mais riqueza do que um metro cúbico usado para agricultura. Com a grande escassez de água prevista principalmente nas regiões áridas e semiáridas do planeta, os recursos hídricos automaticamente serão direcionados para as áreas urbanas. A tendência no futuro deveria ser e "terá que ser": água doce para as cidades e esgotos domésticos tratados para a agricultura. Mais cedo ou mais tarde teremos que usar o esgoto doméstico tratado na agricultura. O Semiárido do Nordeste agradecerá.

— Como o reúso na agricultura por meio de esgotos tratados será possível se não há interesse das empresas de saneamento?

Até agora quase nada foi feito no Brasil para incentivar o reúso dos esgotos domésticos tratados na agricultura. A natureza não respeita fronteiras políticas, por isso deve haver integração ao nível dos ecossistemas e as ações intersetoriais necessitam de novos enfoques para legislação, orçamento e finanças, além de desenvolvimento de recursos humanos. Para a melhoria da saúde ambiental as ações necessitam começar desde o nível da comunidade e ser construídas de baixo para cima, de modo que as decisões sejam baseadas na avaliação, prevenção e redução de riscos ambientais para a saúde humana. Só existe uma maneira de atacar esse problema. Por meio de alianças. Os setores de saúde e ambiente devem trabalhar juntos e sempre em conjunto com outros setores, especialmente energia, indústria, agricultura e infraestrutura. Para isso, alianças com a sociedade civil e o setor privado são essenciais para que haja sinergia e recursos necessários para ações integradas.

— Como está situada a Paraíba em relação às suas reservas de água?

Nas regiões áridas e semiáridas, a água se tornou um fator limitante para o desenvolvimento urbano, industrial e agrícola. Existe enorme escassez de águas superficiais e subterrâneas na região Nordeste. Quase 70% dessa região pertence ao Semiárido Nordestino, que é agravado por problemas como falta de saneamento básico e contaminação por transmissores de doenças tropicais. A desertificação do Semiárido continua em processo acelerado com o aumento da degradação do solo, da perda da cobertura vegetal, da biodiversidade e da produção agropecuária. A Paraíba, cuja reserva anual de água renovável é estimada em 1.400 m^3 por pessoa, ocupa o penúltimo lugar no Nordeste. Considera-se que uma determinada região está com "água no limite" quando a reserva anual de água renovável está abaixo de 1.700 m^3 por pessoa. Nesse caso, a situação da Paraíba é considerada crítica.

— Além da questão sanitária temos o problema da seca, o que agrava mais ainda a qualidade da água. A transposição de águas, como a do rio São Francisco, é a melhor solução?

No polígono das secas no Nordeste a dimensão do problema é ressaltada por um anseio, que já existe há 75 anos, com a transposição do rio São Francisco, visando ao atendimento da demanda dos estados não limitados com a região semiárida, situados ao norte e a leste de sua bacia de drenagem. O estudo para a transposição do rio São Francisco tem gerado muita polêmica. Embora não seja especialista no assunto, creio que a implantação influenciará consideravelmente a melhoria da qualidade de vida do povo nordestino. Infelizmente é uma obra faraônica que foi mal planejada, e as interrupções constantes durante as fases construtivas deverão, no mínimo, duplicar seus elevados custos. Além disso, o sistema contará com enormes canais, tubulações de grande diâmetro e potentes estações elevatórias que necessitarão de energia elétrica, operação e manutenção constantes após a implantação. A grande vantagem é que muitos municípios poderão contar, a partir dessa nova oferta hídrica, com a implantação de serviços de abastecimento de água e sistemas adequados de esgotos sanitários para a população urbana. O tratamento dos esgotos nesses municípios deve priorizar também a disposição desses efluentes tratados em terrenos agricultáveis e não o lançamento direto nos corpos de água mais próximos.

— Existe algum programa em curso orientado para a reutilização de águas de esgotos tratadas no Nordeste?

Já existe na Bahia uma proposta de programa para a revitalização do rio São Francisco (PRSF). Depois de concluída a transposição, esse programa deverá incluir:

a) ampliação da oferta de água para a irrigação;
b) implementação de projetos de reúso em escala plena;
c) incentivo de desenvolvimento e pesquisas sobre o tema;
d) geração de emprego e renda;
e) redução de custos de tratamento de efluentes;
f) contribuição com a Política Nacional de Agroenergia.

Em relação ao uso agrícola, haverá com certeza economia na qualidade sanitária do efluente em função de cada cultura a ser irrigada (cada cultivo suporta um valor diferente para a quantidade de bactérias do grupo dos coliformes fecais), a matéria orgânica e os nutrientes naturais existentes nos esgotos serão aproveitados, o entorno ecológico urbano poderá ser melhorado por meio de reflorestamento e aumentará a oferta de emprego e alimentos seguros.

— Quais providências o governo federal está tomando para aliviar o problema da falta d'água no Nordeste?

A mais recente iniciativa do governo brasileiro para enfrentar as graves questões do Nordeste é recorrer ao "volume morto" da barragem de Sobradinho, no rio São Francisco, para abastecer parte de nossa população. A Agência Nacional das Águas considera essa solução como de extrema gravidade. O Ibama já foi comunicado pelo Operador Nacional do Sistema Elétrico (ONS) que esse volume pode chegar a zero em setembro se não for reduzida a vazão nessa barragem. A Chesf já avisou que estamos na pior estiagem em 84 anos. No Ceará os agricultores estão perdendo as safras de milho e feijão porque estão sendo utilizadas para alimentar o gado. Mais de 100 mil pessoas estão sendo socorridas em Alagoas para o abastecimento de água doméstico. Outro problema muito sério são os riscos tradicionais relacionados com a pobreza e subdesenvolvimento, e um deles afeta diretamente o meio ambiente e, consequentemente, os recursos hídricos: a poluição interna do ar nos domicílios pelo uso de lenha em fogões, que, além do desmatamento, é responsável por mais de 25 mil mortes nas 7 milhões de casas brasileiras que usam esse combustível. Pelo menos, graças à construção de mais de 800 mil cisternas e à implantação de cerca de 100 mil barragens subterrâneas pelo governo brasileiro, essa situação não está pior. A população em toda a área problemática do Semiárido já ultrapassa 30 milhões de pessoas.

— Que mensagem quer deixar para as novas gerações?

Gostaria de passar para as futuras gerações o resumo de uma historinha que li há muito tempo na revista *Time*:

> Seria tão bom se pudéssemos acordar um dia em uma manhã ensolarada e passear embaixo das árvores, observando os pássaros e caminhando ao lado de arroios cristalinos e, cada vez mais, nos sentíssemos pessoas de sorte. Nossos pais nos contaram histórias sobre os velhos tempos, antes que a humanidade aprendesse a proteger a terra e a água, e a utilizar o poder do vento e do sol. Eram tempos obscuros quando os bosques morriam, os rios secavam e milhões de pessoas morriam de fome. Não há mais necessidade de pensar nisso agora. É tão bom estarmos vivos.[112]

112 Tradução livre da revista *Time*, edição especial, novembro de 1997.

POSFÁCIO

O livro do Prof. Sérgio Rolim, reconhecido especialista, professor e consultor em engenharia sanitária e ambiental, consiste em uma coletânea de ensaios, relatos e crônicas que refletem sua vida profissional e acadêmica, além de seu gosto pela leitura de livros de história e literatura.

Assim, a obra apresenta temas variados, desde suas experiências pessoais em diferentes países, como consultor de organismos internacionais na área de sua especialidade, até relatos interessantes sobre fatos históricos pouco conhecidos.

Entre os múltiplos temas abordados, destacam-se a evolução dos sistemas de esgotos de Paris; o gênio de Leonardo da Vinci, que dimensionou canais com erro de 8%, conforme conferido por computadores no final do século XX; a intoxicação do genial Michelangelo por compostos tóxicos das tintas que usou para pintar a Capela Sistina; reflexões sobre o déficit de saneamento nas cidades e a consequente contaminação ambiental, responsável pela precariedade da saúde de parte significativa das populações.

A narrativa permite ao leitor situar-se em diferentes épocas e contextos, através da perspectiva crítica e curiosa que transparece no texto. Além dos estudos históricos e técnicos, o autor compartilha experiências vividas em diversos países, revelando os desafios e aprendizados de um consultor internacional.

Ao relatar suas experiências como consultor da Opas/OMS, o autor me trouxe à memória um dos maiores engenheiros brasileiros da área de saneamento, meu professor e orientador de Mestrado, o saudoso Prof. José Martiniano de Azevedo Netto, que foi consultor da OMS no tema Qualidade da Água. O Prof. Sérgio Rolim é, sem dúvida, um dos herdeiros do Prof. Azevedo Netto na área de Saneamento no Brasil.

Nos textos finais, o autor deixa claro o quanto ainda há a ser feito para que a população possa usufruir de sistemas de saneamento eficientes e que atendam a todas as camadas da população, principalmente as mais carentes.

Professor Dr. Eugenio Foresti
Membro titular da Academia Brasileira de Ciências (ABC), da Academia Nacional de Engenharia (ANE Brasil) e Ex-diretor da Escola de Engenharia de São Carlos (USP).

REFERÊNCIAS

[ABRH] Associação Brasileira de Recursos Hídricos. *Disponibilidade hídrica per capita no Brasil – Comissão de Gestão da ABRH*, 1999.

ABRANTES, Alômia; SANTOS NETO, Martinho Guedes. *Outras histórias – Cultura e poder na Paraíba* (1889-1930). João Pessoa, Editora Universitária da UFPB, 2010.

ADLER, Péter et al. *Fluoruros y Salud*, Genebra, OMS, 1972.

[ANA] Agência Nacional de Águas. *Mapa esquemático do Sistema Aquífero Guarani*. Elaborado pela CAS/SRH/MMA (Coordenação de Águas Subterrâneas/Secretaria de Recursos Hídricos/ Ministério de Meio Ambiente); (Unidade Nacional de Preparação do Projeto – UNPP/Brasil). Brasília: Agência Nacional de Águas, 2001.

ALBOURY, Pierre, apud LlOSA, Vargas. El olor de la pobreza. *El País*, 19 nov. 2006.

ALMEIDA, Roberto Wagner. *Entre a cruz e a espada: a saga do valente e devasso padre Rolim*, São Paulo: Paz e Terra, 2002.

AZEVEDO NETTO, José Martiniano; FERNÁNDEZ Y FERNÁNDES, Miguel. *Manual de hidráulica*. 9.ed. Blucher: São Paulo, 2015.

BOTELHO, Manoel Henrique Campos. *Uma vida tratando águas: memórias do engenheiro Armando Fonzari*. São Paulo: Engenho Editora Técnica, 2000.

BRASIL. Ministério da Integração Nacional, *Nova delimitação do semiárido brasileiro*, Brasília, DF, 2005. Disponível em: https://antigo.mdr.gov.br/images/stories/ArquivosSNPU/Biblioteca/publicacoes/cartilha_delimitacao_semi_arido.pdf. Acessado em: 14 abr. 2025.

CASTRO, Ruy. O grosso e o fino. *Folha de S.Paulo*, 4 out. 2010. Disponível em: https://tinyurl.com/mrv7kvsd. Acesso em: 3 abr. 2025.

CAVALCANTI, Manuel Tavares. *Epítome de História da Parahyba: para uso das escolas primárias*. Parahyba, Imprensa Oficial, 1914.

[CEPIS/OPS/OMS] Centro Panamericano de Ingeniería Sanitaria y Ambiental. Lima, Peru, 1995.

CHERNOVIZ, Pedro Luiz Napoleão. *Dicionário de medicina popular e das ciências acessórias para uso das famílias*. 6. ed. Paris: Imprenta A Roger & F Chernoviz, 1890, 2 v.

CHERNOVIZ, Pedro Luiz Napoleão. *Formulário ou guia médico do Brazil*. s/l, 1841.

CONNETT, Paul H. Fifty reasons to oppose fluoridation. *Medical Veritas*, New York, Saint Lawrence University, v. 1, pp. 70-80, 2004.

COSTA, Guilherme Antonio de Moura. Turismo e epidemiologia no Peru. *Revista Turismo em Análise*, São Paulo, v. 10, n. 2, pp. 64-77, 1999.

EGOCHEAGA, Luis; MOSCOSO, Julio C. *Una estrategia para la gestión de las aguas residuales domésticas: haciendo más sostenible la protección de la salud en América Latina y otras regiones en desarrollo*. Lima, Peru: Cepis/OPS/OMS, 2004.

ESTADÃO. Água subterrânea some em metade dos reservatórios, *Estadão*, 14/2/2024.

ESTADÃO. Apenas três em cada 10 escolas públicas possuem biblioteca, apontam Tribunais de Contas. 19 fev. 2024. Disponível em: https://tinyurl.com/45x2mr7v. Acesso em: 5 abr. 2025.

ESTADÃO. ONG Contas Abertas – Notas e Informações, Caderno A3. *O Estado de S.Paulo*, 15/10/2016.

[FAO] Food and Agriculture Organization. *Disponibilidade hídrica total no Brasil*, FAO Aquastat, 2022.

FRIEDMAN, Thomas L. EUA e OTAN não são inocentes na Ucrânia. *O Estado de S.Paulo*, 23 fev. 2022.

GREENBLATT, Stephen. *A virada: o nascimento do mundo moderno*. São Paulo: Companhia das Letras, 2012.

HAMEL, Christopher de. *Manuscritos notáveis*. São Paulo: Companhia das Letras, 2017, p. 127

HUIZINGA, Johan. O *outono da Idade Média*. São Paulo: Penguin-Companhia, 2021.

INSTITUTO HISTÓRICO E GEOGRÁFICO PARAIBANO. *Solenidade de Posse, Sérgio Rolim Mendonça*, João Pessoa: Ed. Ideia, 2022.

JARDIM, Márcio. A Inconfidência Mineira: uma síntese factual. *In*: DORIA, Pedro. *1789*. Harper Collins, 2014.

KESSELRING, Hans Jorge. *Ciência Hoje*, vol. 10, n. 60, dez/1989, p.42-48.

KESSELRING, Hans Jorge; EBERT, Heinz. Relação das borboletas encontradas na Mata do Buraquinho. *Rev. Nordestina de Biologia*, João Pessoa, v. 2, n. 1/2, pp.105-18, 1979.

LIBHABER, Manahem. Wastewater reuse for irrigation, the stabilization reservoirs concept. Water Week, The World Bank Washington, DC, 2005.

LIMA, Antonio Figueiredo. Lançamento de esgotos em áreas litorâneas. In: MENDONÇA, Sérgio Rolim et al. *Projeto e construção de redes de esgotos*. Rio de Janeiro: ABES, 1986, p. 412.

LLOSA, Mario Vargas. *El olor de la pobreza. El País*, 19/11/2006.

LLOSA, Vargas Vargas. *Elogio da loucura. Simonsen*, 2015, p.21.

LOPES, Alfredo Luiz. *Águas minero-medicinaes de Portugal*. Lisboa, M. Gomes Livreiros, 1892, p. 5.

MANGUEL, Alberto. E*ncaixotando minha biblioteca*. Companhia das Letras. p.27

MANTEL, Hilary. *Wolf Hall: a trilogia de Thomas Cromwell*. São Paulo: Todavia, 2020.

MARX, Karl; ENGELS, Friedrich. O capital. Vol. III. *In*: *Marx and Engels on Ecology*, Howard Parsons, 1977, p.176.

MASSIE, Robert K. *Catarina, a Grande: Retrato de uma Mulher*. Rio de Janeiro: Rocco, 2012, pp. 435-6.

MAXWELL, Kenneth. *A devassa da devassa*. São Paulo: Paz e Terra, 1978.

MEDEIROS, Coriolano de. As festas do imperador. *Era Nova*, Bananeiras PB, Brasil, Ano I, n. 12, 15 set. 1921.

MEIRELES, Cecília. *Romanceiro da Inconfidência* – Obra Poética. 13. ed. São Paulo: Global, 2022.

MENDONÇA, Sérgio Rolim. *O caçador de lagosta*. São Paulo: Labrador, 2018.

MENDONÇA, Sérgio Rolim. *A saga do chanceler Rolin e seus descendentes*. São Paulo: Labrador, 2020.

MICHELENA, Santos Eduardo. *Apuntes sobre los dibujos hidráulicos de Leonardo da Vinci*. Hidroven, 1997.

MONTEFIORE, Simon Sebag. *Written in History – Letters that changed the world*. Weindenfeld & Nicolson, Londres, 2018.

MORAES, Rubens Borba de (1899-1986). *O bibliófilo aprendiz*. Lisboa: Letra Livre, 2011, p. 19.

MOTA, Carlos Guilherme. Oliveira Lima e nossa formação. In: COSTA E SILVA, Alberto (org.). *O Itamaraty na Cultura Brasileira*. Brasília: Instituto Rio Branco, 2001.

NOGUEIRA, Paulo. "Wolf Hall", romance histórico de Hilary Mantel, reconstrói reinado de Henrique VIII. *O Estado de S. Paulo*. Caderno Cultura. São Paulo, 17 out. 2020.

O'NEIL, Thomas. *A vinda da família real portuguesa para o Brasil*. Rio de Janeiro: José Olympio, 2008.

PINTO, Irineu Ferreira. *Datas e Notas para a História da Paraíba*. João Pessoa: Editora Universitária da UFPB, 2019. Coleção fac-similar do Cejus. Vol. 2.

PIZANO, Daniel Samper Pizano. *Si Eva hubiera sido Adán: Una versión risueña de la Bíblia*, Panamericana El Ancora Editores, 2007.

PRADO, Maria Claro R. M. *A real história do real*. São Paulo: Record, 2005.

PRETTO, Luana Siewert. Compromisso com a agenda do saneamento. *O Estado de S. Paulo*. Espaço Aberto. A8. São Paulo, 20 maio 2022.

RABIN, Roni Caryn. High fluoride exposure is linked to lower I.Q. in children, study finds. *The New York Times*, p. 18, 12 jan. 2025.

REBOUÇAS, Aldo da Cunha; BRAGA JR, Benedito Pinto Figueiredo; TUNDISI, José Galizia. *Águas doces no Brasil: capital ecológico, uso e conservação*. São Paulo: Escrituras, 1999.

RÊGO, André Heráclio (org.). *Oliveira Lima: obra seleta – história*, Recife: Companhia Editora de Pernambuco Cepe, 2022.

RICUPERO, Rubens. *A diplomacia na construção do Brasil: 1750-2016*. Versal, 2017.

RICUPERO, Rubens. *Memórias*. São Paulo: Unesp, 2024.

RODRIGUES, Alzira de Cássia da Silva. *Tessituras de uma Era Nova: Paraíba dos anos 1920*. In: XXVII Simpósio Nacional de História. Natal, RN, 22 a 26 jul. 2013. Disponível em: https://tinyurl.com/4zrpbcdr. Acesso em: 5 abr. 2025.

SCHWARTZBROD et al. Riscos de contaminação do agroecossistema com parasitos pelo uso do lodo de esgoto. In: SOCCOL, S.; PAULINO, R. C. *Impacto ambiental do uso agrícola do lodo de esgoto*. Embrapa Meio Ambiente, Jaguariúna, SP, 2000.

Sistema Aquífero Guarani – Projeto de Proteção Ambiental e Desenvolvimento Sustentável do Sistema Aquífero Guarani, GEF/Banco Mundial/OEA, 2003-2007.

[SNIS] Sistema Nacional de Informações sobre Saneamento. *Diagnóstico dos serviços de água e esgotos*, 2022. Brasília, 2023.

TRATA BRASIL. *Ranking do Saneamento Básico*, 2021. Disponível em: https://tratabrasil.org.br/wp-content/uploads/2022/09/Resumo_Executivo.pdf. Acesso em: 01 abr. 2025.

TRATA BRASIL. *Ranking do Saneamento Básico*, 2023. Disponível em: https://tinyurl.com/2fxvw43c. Acesso em 05 jun. 2025.

[UN] United Nations. 2021 *World Population Data Sheet, Population Reference Bureau*. Disponível em: https://www.prb.org/news/2021-world-population-data-sheet-released/. Acesso em: 01 abr. 2025.

VALENZUELA, Manuel de Armijo. *Compendio de Hidrologia Médica*. Editorial Científico-Médica de Barcelona, 1968.

VILLAR, Ney. *Comunicação pessoal dados de investimento do BNH/Planasa*. Rio de Janeiro, março/1979.

[WHO] WORLD HEALTH ORGANIZATION. Oral Health Country / Area Profile Programme Department of Noncommunicable Diseases Surveillance/Oral Health. WHO Collaborating Centre, Malmo University, Sweden. 2022. Disponível em: https://www.who.int/teams/noncommunicable-diseases/surveillance/data/oral-health-profiles. Acessado em: 16 set. 2025.

FONTE FreightText Pro, League Gothic
PAPEL Polen Natural 80g
IMPRESSÃO Paym

FSC
www.fsc.org
MISTO
Papel produzido a partir de fontes responsáveis
FSC® C133282

ENTRE EM CONTATO COM O AUTOR:
E-MAIL: srolimmendonca@gmail.com
TELEFONE: +55 83 9921-9813